2021年江苏省主题出版重点出版物
2021年全国高校出版社主题出版

大趋势下的小生境

农村小微企业绿色转型的案例研究

刘凌 著

中国乡村生态文明建设实践研究丛书

丛书主编 ◎ 洪大用

河海大学出版社
HOHAI UNIVERSITY PRESS
·南京·

图书在版编目(CIP)数据

大趋势下的小生境：农村小微企业绿色转型的案例研究 / 刘凌著. -- 南京：河海大学出版社，2021.12

(中国乡村生态文明建设实践研究丛书 / 洪大用主编)

ISBN 978-7-5630-7338-2

Ⅰ. ①大… Ⅱ. ①刘… Ⅲ. ①农业企业—中小企业—绿色经济—转型经济—研究—中国 Ⅳ. ①F324

中国版本图书馆 CIP 数据核字(2021)第 250050 号

书　　名	大趋势下的小生境——农村小微企业绿色转型的案例研究 DA QUSHI XIA DE XIAO SHENGJING——NONGCUN XIAOWEIQIYE LÜSE ZHUANXING DE ANLI YANJIU
书　　号	ISBN 978-7-5630-7338-2
策划编辑	朱婵玲
责任编辑	彭志诚 杜文渊
特约编辑	王　敏
特约校对	倪美杰
装帧设计	独好文化
出版发行	河海大学出版社
地　　址	南京市西康路 1 号(邮编：210098)
电　　话	(025)83737852(总编室) (025)83722833(营销部)
经　　销	江苏省新华发行集团有限公司
排　　版	南京布克文化发展有限公司
印　　刷	江苏凤凰数码印务有限公司
开　　本	787 毫米×1092 毫米　1/16
印　　张	13.25
字　　数	279 千字
版　　次	2021 年 12 月第 1 版
印　　次	2021 年 12 月第 1 次印刷
定　　价	59.00 元

总序

在河海大学出版社等各个方面的大力支持下，通过各位作者的共同努力，目前包含5本专著的“中国乡村生态文明建设实践研究丛书”即将正式出版，这是今夏潮湿闷热天气中的一缕清风，让人精神为之一振。作为丛书的主编，我觉得有必要先写几句，交代一下丛书的来龙去脉以及我在指导研究和编辑丛书过程中的体会，以方便读者审阅。

（一）

自从上个世纪90年代以来，我和我的团队围绕环境社会学做了一些研究，写了一批文章，也出版过几本书，有一点影响，但这些著作总体上是基于文献的理论研究或在抽样调查数据基础上开展的实证研究①。一直以来，我很想有机会就区域环境保护或者单项环保制度的实践开展更加深入、更接地气的案例研究，把学术之根扎进中国实践的“泥土”之中。特别是在党的十八大提出“把生态文明建设放在突出地位，融入经济建设、政治建设、文化建设、社会建设各方面和全过程，努力建设美丽中国，实现中华民族永续发展”之后，我的上述想法更为迫切。

2014年8月，我代表中国人民大学送选调生赴福建任职，得遇时任福建省委常委、宣传部部长的李书

① 例如《中国公众环境意识初探》（洪大用主笔，中国环境科学出版社1998年版）、《社会变迁与环境问题》（洪大用著，首都师范大学出版社2001年版）、《中国民间环保力量的成长》（洪大用等著，中国人民大学出版社2007年版）、《环境友好的社会基础》（洪大用、肖晨阳等著，中国人民大学出版社2012年版）、《生态现代化与文明转型》（洪大用、马国栋等著，中国人民大学出版社2014年版）等。

磊教授，他在交谈中说到福建省长汀县水土流失治理实践值得深入调查总结，这提示了我田野点的一个选择。在他的支持下，我很快带领龚文娟、范叶超、邓霞秋等人专程前往长汀开展预调研，后来在中国人民大学召开了专题研讨会，并在《福建日报》发表过相关文章[①]。当时，范叶超是一年级博士生，我就引导他把长汀县作为田野点，继续深入研究，为博士论文做准备。

与此同时，作为“四个一批”人才计划的入选者，我在2014年9月有幸获得“全国文化名家暨‘四个一批’人才自主选题资助项目”的申报机会。经过认真思考，我以《中国生态文明制度建设实践与评估》为题进行了申报，计划以福建长汀、浙江安吉和河北定州(县)等作为田野点展开研究。2015年8月，我赴浙江安吉开展了预调研，后又于2017年8月带领龚文娟、童志锋、胡溢轩、郭涵潇等人开展正式调研，并引导他们开展专题研究或积累博士学位论文的资料。同样是在2015年8月，按照自主选题的设计，同时也是为了接续李景汉先生开创、郑杭生先生拓展的定县社会调查传统，完成中国人民大学的重大科研立项项目，我带领团队成员赴河北定州开展预调研(后来又去过多次)，先后有黄家亮、陆益龙等教师和李阳、刘凌、杨峥威、何钧力、郝孟哲等在读博士生参加，我也期望他们中的一些人在参与完成定县再研究总任务的同时，

① 洪大用:《长汀县水土流失治理实践对推进生态文明建设的理论启示》,《福建日报》,2014年11月6日。

着重围绕定县的污染治理和绿色发展开展案例研究。

2018年，河海大学陈涛副教授申请到中国人民大学开展博士后研究，希望我作为指导教师。考虑到他有很好的学术基础和比较明确的、与我课题比较一致的研究目标，我很愉快地接受了。当时，我和他交流了制度/政策实践评估的基本思路，引导他就生态文明建设制度实践评估的方法论进行研究，并选择若干类型的制度实践进行深入的案例分析。尽管后来由于研究日程的原因，特别是2020年新冠肺炎疫情的影响，陈涛博士没能完成全部研究，但是其围绕水污染治理中“河长制”实践所展开的分析是有启发性的。在考虑编辑这套丛书时，我请他对以“河长制”为主题的博士后出站报告进行了完善，也将之收入了本丛书。

这样一来，目前收入本丛书的五本著作，都是在作者博士论文写作经历或者博士后出站报告基础上撰写的[①]，大体上都是围绕中国乡村生态文明建设实践的案例分析，有区域层面的多维度研究，也有聚焦小微企业绿色转型、居民生计转型或制度创新的专题研究。作者们共同遵循着“从实求知”的学术传统，努力通过鲜活的材料、社会学的视角来揭示并反思乡村生态文明建设的实践过程。这些成果构成了我和我

① 其中，《内生之美——美丽乡村建设的核心逻辑》一书，由我草拟了初步的写作提纲，原计划基于典型案例，深入分析美丽乡村建设的理论逻辑、历史逻辑和实践逻辑，特别强调揭示典型案例中的内生力量及其作用机制，阐述其对乡村绿色发展的一般意义。后来由于公务繁杂，我未能直接参与写作，只能对胡溢轩、童志锋等人提供一些指导性建议。

的团队环境社会学研究议程的新进展，我想通过结集出版的方式与更多的同仁分享。

（二）

胡溢轩、童志锋等人所著《内生之美——美丽乡村建设的核心逻辑》，兼顾历史视角与结构视角、制度视角与实践视角，立足于工业化、城市化、城乡关系演变等时空背景，梳理了中国乡村发展政策的演变过程、内在机理以及实践逻辑，总结了乡村发展的共性规律与多样化特征。在此基础上，作者们对浙江安吉的实践进行了深度剖析，指出其核心特点在于把生态文明建设放到突出位置，统筹了经济建设、社会文化发展以及基层治理，并将美丽乡村建设作为推动乡村发展的主要载体和深度延伸。比较有价值的是，作者们关注到了案例地区与外部社会互动过程中的自主性，特别揭示了乡村发展的内生动力及其作用机制，这是“安吉模式”的内核，也是可持续的乡村建设的基础。如果没有有效的内生力量集聚并发挥作用，美丽乡村建设最终只能是无源之水、无本之木，难以持久，甚至根本就难以开始。

范叶超所著《岁岁炊烟——中国乡村的日常生活与环境变化》，是对福建长汀案例的研究，这是一本有情怀、有深度、有新意的著作，是在案例地区生态保护实践基础上的一种理论叙说。其最为突出的特点是从更加宽广的历史视野考察环境与社会关系的演变，并选取了日常生活实践视角，分析了乡村环境退化的社会根源、乡村可持续性转型的社会干预路径、乡村居民的环境行动以及网络化时代乡村发展的环境后果。由此，作者指出“乡村环境变化并非是肇始于乡村社会现代化转型的一个从外到内、从无到有的突变过程，而是植根于乡村社会内部日常生活的一个长期的、连续的渐变过程”①，日常实践的再生产与变迁构成了乡村环境变化的社会动力，解决乡村环境问题、推进生态文明建设，需要关注实践导向的环境治理模式。该研究的一个更大理论抱负是试图超越中国乡村环境变化研究的“现代化解释框架”，作者认为这一框架“无法解释前现代中国乡村环境问题，放大了乡村发展与环境保护之间的对立，未能清楚阐释乡村居民在乡村环境变化中的能动性，并且对网络化这样一个宏大社会变迁进程提出的新课题缺乏合适的理论工具来拆解”②。

刘凌所著《大趋势下的小生境——农村小微企业绿色转型的案例研究》和李阳所著《重现的村庄——环境治理与居民生计转型》，都是针对河北定县的案例研究，其共同关注的是宏观层面的绿色发展趋势和日趋严格的环境保护政策在基层实践的影响，关注生态文明建设与其他领域建设的配套和协同。其中，刘凌侧重于从小微企业入手，分析其自主适应绿色发展行为的策略、过程、机制、影响因素以及风险。作者指

① 参见本丛书中范叶超著：《岁岁炊烟——中国乡村的日常生活与环境变化》，第176页。

② 参见本丛书中范叶超著：《岁岁炊烟——中国乡村的日常生活与环境变化》，第177页。

出，农村小微企业因应发展环境变化而自觉适度地调整其环境行为，创建了能在一定程度上既适应管制性环境政策又保证自身生存的小生境，推动了绿色转型取得阶段性进展。但是，由于反向驱动作用的存在，以及企业生存发展目标与环保改造目标之间存在一定程度的对立，环境政策的执行效果受到了约束，与预期的转型目标仍然存在距离。李阳的著作则聚焦于与居民生计密切相关的"散乱污企业"治理议题，关注"施害者兼受害者"这一主体参与环境治理的现实逻辑，分析了居民替代性生计方案的设计和实施、环境治理成本的合理分担、村庄原有权力结构和乡土关系等在促进环境治理中的作用，初步揭示了环境治理实践中的公平认知、表达及其实现机制。

前文已述，以上针对福建长汀、浙江安吉和河北定州的案例研究，是遵循我主持的课题研究计划开展的。我之所以选择这样三个案例点，除了机缘的因素之外，更多地是考虑到其各自的代表性。大体而言，三个案例点在经济社会发展水平、面临的环境问题类型、区域资源禀赋以及社会文化条件等方面都是有很大差异的。福建长汀的水土流失问题由来已久，其治理在最近的几十年中取得了显著进展，这是通过追求生态美以实现百姓富的一个典型案例；浙江安吉是经历环境污染、生态破坏之后，痛定思痛，利用区位优势和内生资源把绿水青山变成金山银山的一个典型案例；河北定州则是在快速工业化城市化进程中，不得不同时控制环境污染、谋求绿色发展的一个典型案例。我以为，对这三个案例的深入研究，可以更好、更全面地呈现中国乡村生态文明建设的多样化实践，揭示不同地区推进生态文明建设的个性与共性。与此同时，以上初步的研究成果也提示了我们不断拓展中国乡村生态文明建设研究视角的重要性。

我在指导上述三个案例研究的过程中，曾以不同形式对各位作者强调过以下几种视角，我认为运用好这些视角是很重要的。首先是历史视角。毫无疑问，环境与社会的关系是动态的、变化的，也是连续的，不同社会形态下的环境问题有不同的表现但也有彼此间的联系，只有把当下环境与社会的关系放在历史演变和发展的脉络中考察，才能得出更加科学合理的认识。其次是开放视角。当代乡村已经不是自给自足的封闭体系，而是更大范围体系的组成部分，甚至是全球体系的一个单元，是一个对外开放的系统。因此，分析乡村环境与社会的关系，必须关注乡村与外部社会的各种联系，包括人口的、环境的、经济的、技术的、信息的、政治的以及文化价值等方面的联系，没有对这些联系的认真研究就难以准确把握特定乡村环境与社会关系的实质。再次是整体视角。环境领域是与社会的各个方面密切关联的，要把一个地区的环境与资源、经济、社会、政治和文化等子系统综合起来考察，把环境保护制度与其他各项社会制度安排统筹考虑，不能孤立地看待和推进环境保护。第四是实践视角。也就是要一切从实际出发，关注环保制度/政策在复杂社会关系中的实践过程和效果，关注普遍性制度设计在实践中的再创造和变异，努力发展兼具共性与特色的最适切的制度，不能只局限于文本的分析、教条主义做法和简单的价值倡导。第五是辩证视角。要认识到社会中各种因素与环境关联的客观必然性，一分为二地看待社会中各种破坏或者促进环境保护的因素，不要简单地贴标签，而应实事求是地引导、转化或者预防，最大程度地发挥各种因素的积极作用，凝聚促进环境保护的最大力量。如此，我们才能在科学认识环境与社会关系、把握环境制度/政策实践的基础上，更有针对性、更加有效地推进乡村生态文明建设。

需要指出的是，陈涛所著《河流的承包——河长制的地方试验及其创新扩散研究》，并非是针对我所计划的三个案例点的研究，但是仍然属于该课题的一个有机组成部分，即对生态文明建设的制度/政策进行评估。党的十八大以来，特别强调了健全制度体系，为生态文明建设提供强有力的支撑。“河长制”无疑是生态文明建设制度的重要内容之一，这项制度的创造和推广，对于我国城乡生态文明建设都产生了很大影响。陈涛的著作基于田野调查和文献资料、网络资源等，对“河长制”的起源、创新背景及其扩散过程进行了比较深入的分析，同时也考察、检讨了该制度在推广过程中的一些变异现象，讨论了其有效发挥作用的基础原理和科学机制，强调了田野调查和对地方社会的“理解”在制度实践分析中的重要性。我相信，这类研究对于今后进一步考察乡村生态文明建设的制度创新和实践是有一定启发意义的。

（三）

毫无疑问，以上几本著作的完成是非常不容易的，对于初学者而言，尤其如此。尽管在研究一开始，我就努力与主要作者交流项目的整体设计，商量明确研究方向、调研地点、材料搜集范围和注意事项等，特别是在浙江安吉调研时曾经提出田野调查的八项要点：胸怀大局、有备而来、走村串户、“擒贼擒王”、顺藤摸瓜、眼脑并用、勤能补拙、团结协作，以此指导他们科学开展调查研究。同时，我也尽可能地与大家一起参加调研或者提供各种必要的支持。但是，研究者真正开展田野工作，各种困难常常还是预想不到的。长时间驻村入户，学会独自生活，克服语言障碍和家庭生活等方面的各种难题，这些倒不是主要的，最重要的是发现问题、分析问题的过程，往往是很痛苦的，我时常能够从他们的迷茫、困惑和吐槽中体会到这一点。

事实上，问题意识是科学研究的前提和基础，发现问题、提出问题、分析问题的能力在很大程度上决定了一项研究的质量。我在多年教学实践中发现，至少有三个方面的因素制约了学生问题意识的养成：一是越来越多的学生缺少社会经历，缺乏社会感，他们往往从学校到学校，在读书过程中“两耳不闻窗外事”，对于身处其中的社会现实缺乏必要的理解，其受教育的过程在一定意义上脱嵌于社会过程；二是信息技术的快速发展在很大程度上改变了学生认知和理解社会的方式，他们的想象能力得到拓展，但是也有使自己满足于、安身于、建构于虚拟世界的倾向，与现实世界有所脱节，甚至以虚拟替代现实；三是一些教师非常强调在学术发展的脉络中提出问题，而社会学是一门外来学科，一些教师指导学生读了不少书，养成了学生从概念到概念、从理论到理论的思维方式，这种训练对于知识传承无疑是重要的，但是弱于知识发展。这种模式下训练出来的学生，问题意识是有的，但是往往与中国实际相脱节，至少是存在一定的隔膜。实际上，问题源于实践，学术发展中的问题也不例外。只有参透问题的本质，直面鲜活的实践，并与实践中的人们深入交流，我们才能提出真问题、开展真研究。古人说“世事洞明皆学问，人情练达即文章”，这是很有道理的。对于社会科学研究者而言，具有真切的社会感，从社会自身提出研究问题，是走向成功的关键。从各位作者完成的研究看，他们在形成科学的问题意识方面得到了一定的锤炼。

我在指导作者们开展研究时常常遭遇的另一个问题是他们对于“理论”的纠结和迷茫。有些作者反映，他们面对看到的社会现象、搜集到的研究资料，总是找不到合适的“理论视角”，而一些专家在评阅其研究成果时往往也会提出诸如理论视角不够清晰、理论提炼不够深入、理论与材料“两张皮”之类的意见。这里至少反映出两个方面的问题：一是研究者对于“理论”的误读，把“理论”过于抽象化、神圣化。事实上，理论的本质是论理，是符合逻辑地讲道理，是用这种方式揭示现象背后的规律性，代表着超越感性认识的理性认识和超越特殊的一般表达。理论形成的过程就是通过比较、求同、析异、推理、概括（概念化、形成命题）等方式而不断去粗取精、去伪存真、接近真理的过程，这是任何研究的一个自然过程。因此，所谓“理论”的困境不过是研究不深入、不细致的一种表现而已。二是我们有些教师在教学过程中存在着过于强调既有理论知识的学习、把理论学习当作理论建构的倾向，对于理论的本质以及不同理论背后的观念、思想揭示不够，对于理论与实际相结合强调不够，对于理论思维和理论建构方法的训练不够，这样讲授的社会学理论，学生学得再多、背得再熟、考得再好，也是不会实际运用的，至于创造和建构新理论的能力，则更是罕有。我们的理论教学需要适当的专门课程，但是专门到了与实践脱节的程度，就很难真正训练出学生的理论思维和理论能力了。所以，我总是鼓励研究者，到实践中去，把事情弄明白，把话说清楚，遵循论理的规则，努力超越特殊达成一般的认识，这就是理论思维的训练，就是朝着理论建构的努力。简单地拿着本本、教条去翻检研究所需的“理论视角”，这种偷懒的做法可能是方法上的误读和程序上的颠倒，实际上对理论创新和发展有很大的限制，对研究成果的质量也必然构成一种制约。我想，本丛书的作者们在研究实践中应该对此有所感悟。

收入本丛书的几本著作，都是针对当下中国生态文明建设实践的，体现了鲜明的实践导向，这也是我长期坚持的指导学生开展研究的一种导向。从我指导第一篇硕士学位论文开始，我的绝大多数学生论文选题都是围绕中国现代化实践中各种现实议题的。实践观点是马克思主义的基本观点，是马克思主义社会研究的出发点和落脚点。马克思主义的唯物史观认为“全部社会生活在本质上是实践的。凡是把理论引向神秘主义去的神秘东西，都能在人的实践中以及对这种实践的理解中得到合理的解决”①。我一直认为，一切从实际出发，理论联系实际，实事求是，知行合一，学以致用，是研究者所应坚持的基本立场。一百年来，中国共产党领导中国人民在革命、建设、改革和奋进新时代的实践中作出了伟大创造，“推动物质文明、政治文明、精神文明、社会文明、生态文明协调发展，创造了中国式现代化新道路，创造了人类文明新形态”②。但是相对而言，我们知识界对这种伟大创造的理论认识、总结和传播还不够，突出体现在中国特色哲学社会科学话语体系的世界影响力还不够。这当中，一个非常重要的原因就是哲学社会科学研究的实践导向还不够有力，以我们正在做的事情为中心开展学术研究的意识还不够强，面向实践的研究成果

---

① 马克思：《关于费尔巴哈的提纲》，载《马克思恩格斯选集（第一卷）》，中共中央马克思恩格斯列宁斯大林著作编译局编译，第135-136页，人民出版社2012年版。

② 习近平：《在庆祝中国共产党成立100周年大会上的讲话》（2021年7月1日），新华社北京7月1日电。

水平还不够高，往往是知识复制、传播胜于知识创造。应该说，中国社会学有着相对突出的主体意识，有着重视实践、从实求知的优良传统，并发展出一系列观察、分析中国社会现象的理论、方法和技术，很多优秀的社会学家都以研究和解决中国实际问题为己任，并在这种工作中成就了自己的事业。我们有责任传承并发扬光大中国社会学的优良传统，在面向实践、服务实践、创新实践中不断发展中国社会学。当然，这本身也就意味着实践导向的社会学并不完全等同于解决问题的社会学，它在研究和解决实际问题的过程中也努力发展出具有一般意义的理论、知识和方法，推动社会学学科体系、学术体系和话语体系的发展，不断扩大中国社会学的国际影响力。

问题意识、理论思维和实践导向，是研究者在研究实践中不断提升的综合素养，几乎没有人能够一开始就做得很好，但是需要有持之以恒的自觉行动。我感到比较欣慰的是，参与本丛书写作的各位作者，都体现了比较自觉的努力，他们的成果是中国环境社会学研究最新进展的组成部分。不过，他们的著作还是练习之作，在崭露头角的同时还略显青涩，是与同行交流、彼此互鉴的一个靶子。各位作者在书中也就其不足与缺陷做了相应说明，欢迎读者们不吝批评指正，以便日臻完善。客观而言，诸如研究问题不够聚焦、分析视野不够宽阔、材料组织不够精炼、理论思维不够细致、论证过程不够严谨、观点提炼不够到位、学术对话不够充分等不足，在不同作者的写作中确有这样那样的体现，特别是有的著作仍有比较大的持续改进空间。至于作者们的研究成果对于实践的服务和指导作用，尚待观察。这里情况很复杂，既取决于相关研究发现的政策适切性，也取决于成果转化的实际过程，需要靠时间和实践来不断检验。但是，我相信学术研究是一种修行，只要自信自省、持之以恒，日积月累必有精进，必能学以致用造福社会。

(四)

江山代"须"才人出。一代人有一代人的使命和责任，中国环境社会学的未来发展需要更多年轻人脱颖而出。自从上个世纪 90 年代中期中国环境社会学的学科意识萌生以来，在中国社会学会的大力支持下，通过全国各相关教学科研单位同仁的共同努力，中国环境社会学快速发展，在中国社会学共同体中的地位日益巩固、影响不断扩大。但是，整体上看，中国环境社会学还是比较弱小的分支学科，相比于中国社会学共同体的快速发展、中国特色社会主义新时代的要求和快速推进的生态文明建设实践，还有很大差距。我衷心期望越来越多的年轻人奋发有为，拥抱中国环境社会学的新时代，创造中国环境社会学的新时代，在推动学科高质量发展中成就自己的事业，服务于党和国家事业发展的需要。

中国环境社会学的新时代是我们面对着更加充分的环保社会共识的时代。党的十九大提出，"中国特色社会主义进入新时代，我国社会主要矛盾已经转化为人民日益增长的美好生活需要和不平衡不充分的发展之间的矛盾”，“人民美好生活需要日益广泛，不仅对物质文化生活提出了更高要求，而且在民主、法治、公平、正义、安全、环境等方面的要求日益增长”①。从不断普及的环境知识、不断强化的环境保护意识、不断提高的环境质量要求、不断增加的环境维权和风险规避行动、日渐普遍的自觉环保行为、日趋活跃的民间环保团体等方面看，更大力度、更加有效地加强环境保护、推进生态文明建设，为人民群众创造更多优质的生态产品和更加舒适的生活环境，已经有了更加广泛的社会共识，由此也更加凸显出加强中国环境社会学研究的迫切性和重要性。

中国环境社会学的新时代是我们面对着更加充分的环保政治共识的时代。可以说，党和国家一直重视推进环境保护，但是今天有着更加高远的战略站位、清晰的“人与自然生命共同体”意识、系统的生态文明思想指导、坚定的“人与自然和谐共生的现代化”导向、明确的工作目标规划、扎实的系列制度建设和有力的持续推进举措。党的十八大以来，在习近平生态文明思想指引下，生态文明建设放在了关乎党和国家事业发展、人民福祉与引领文明发展新方向的更加突出的地位，越来越深入地融入经济建设、政治建设、文化建设、社会建设各方面和全过程，成为中国特色

① 习近平:《决胜全面建成小康社会，夺取新时代中国特色社会主义伟大胜利——在中国共产党第十九次全国代表大会上的报告》，参见中国政府网：http://www.gov.cn/zhuanti/2017-10/27/content_5234876.htm。

社会主义事业总体布局的有机组成部分。随着政治共识的深入贯彻，各级党委和政府，各个部门，各条战线，都前所未有地重视推进生态文明建设，习近平生态文明思想正在全国各地落地生根、开花结果，这是中国环境社会学最为鲜活、最为丰富的研究对象。

中国环境社会学的新时代是我们面对着环保政策设计更加重视环境社会治理的时代，这是体现出新的环保政策共识的时代。十八届三中全会提出国家治理现代化的命题之后，驱动了各条战线、各个领域的治理变革。十八届五中全会通过的《中共中央关于制定国民经济和社会发展第十三个五年规划的建议》明确提出要“以提高环境质量为核心，实行最严格的环境保护制度，形成政府、企业、公众共治的环境治理体系”。党的十九大报告提出“坚持全民共治、源头防治”，“构建政府为主导、企业为主体、社会组织和公众共同参与的环境治理体系”。2020年，中办、国办联合印发《关于构建现代环境治理体系的指导意见》，进一步明确提出了“构建党委领导、政府主导、企业主体、社会组织和公众共同参与的现代环境治理体系”，“到2025年，建立健全环境治理的领导责任体系、企业责任体系、全民行动体系、监管体系、市场体系、信用体系、法律法规政策体系”，“形成全社会共同推进环境治理的良好格局”。显然，在持续推进国家治理现代化的进程中，环境治理体系的现代化越来越多、越来越深地包括了社会治理的内涵，出现了新的政策共识。这已经催生了相关的一些研究和专业组织，集聚了一些专业人才，形成了初步的政策路线图和工作重点。我想，环境社会治理是中国环境社会学理应作出贡献的重要领域。

最后，中国环境社会学的新时代也是我们在已有学科发展基础上阔步迈向环境社会学高质量发展的时代。回顾过去二十多年，中国环境社会学在学术组织建立、学术交流制度建设、专业研究机构建设、科学研究、人才培养、社会服务、国际交流等多个方面都取得了不错的成绩，从事环境社会学教学与研究的人越来越多，科研成果发表的数量和质量不断提升，研究领域不断拓展和深化，奠定了进一步发展的良好基础。面对新形势新需求新挑战，继续加快发展中国环境社会学的意义不言而喻，条件和机会也是显而易见的，当下最关键的是要强化质量意识，不断推进中国环境社会学的高质量发展，不断提升中国环境社会学服务支撑生态文明建设实践的能力。这就要求我们在继续深化环境社会学基础理论与方法研究的基础上，更加深入地扎根中国生态文明建设实践，坚持以人民为中心的立场，保持建设性反思精神，扎实工作，深入交流，在互鉴互学中共同进步。特别是，我们期望广大青年学者能够勇担使命，严于自律，快速成长，争做中国环境社会学高质量发展新时代的主力军。

（五）

行文至此，作为一篇序言，似乎已经有些冗长了，该收尾了。我想，读者如果能够耐住性子读完，应该会对本丛书的来历，以及编辑出版本丛书的初衷、考虑和体会等方面有所了解。其中，我在指导研究过程中的一些感悟、想法，如果能够引起读者的一些共鸣，或者激发出读者进一步开展环境社会学研究的兴趣，推出更高质量的研究成果，那我就倍感欣慰了。

最后，我要感谢各个方面为我们团队开展调查研究所提供的宝贵支持，特别是要感谢福建省龙岩市委宣传部和长汀县的有关同志，感谢浙江湖州市和安吉县有关部门的同志，感谢河北定州市委市政府和有关部门的同志。我还要感谢“全国文化名家暨‘四个一批’人才自主选题资助项目”和中国人民大学科学研究重大规划项目“中国农村社会变迁与治理转型——河北定县农村百年演变的调查研究”的立项支持，本丛书也是这些项目实施的成果之一。本丛书能够顺利出版，得益于各位作者的积极工作，得益于江苏省委宣传部的大力支持，在此一并致谢！

中国人民大学

社会学理论与方法研究中心教授 洪大用

2021 年 8 月 13 日于北京

目 录

图表索引

第一章 绪论

农村小微企业环境污染是中国农村环境恶化的重要原因。社会转型理论指出，通过强化政府对企业这一行为主体的环境行为的政策性管治，可以解决企业污染问题。在国家推动的绿色发展大趋势下，自上而下的环境政策显著提升了对农村小微企业环境行为的规制力度。但是，当前小微企业偷排偷放现象在农村仍较为普遍，这表明社会转型理论在阐释转型社会中农村小微企业环境污染现象及其解决方案方面具有局限性。为此，有必要剖析具体案例来对农村小微企业环境行为影响机制进行深入研究，以完善社会转型理论，并推进农村工业污染防治实践。

第一节
问题的提出

一、研究背景

2016 年 1 月中旬，因项目调研[①]的契机，笔者第一次进入定州市[②]经济最活跃的农村之一：李镇[③]留村，该村现有 36 家规模以上企业[④]、300 多个家庭作坊，带动并吸纳了附近多个村的 8000 余名[⑤]剩余劳动力。但是，这个由当地农民经过数十年的努力，逐渐发展起来的，年产值超 39 亿元，90%以上为出口业务的铁网加工业，正被政府强制停产进行环保改造。笔者了解到中央环境保护督察试点启动，首站进驻河北省，督察时间为 2016 年 1 月 4 日至 2 月 4 日，此间，留村及其附近村镇（高镇的新庄、奇村）[⑥]的所有铁网企业均被强制停产，并被要求进行全面的污染治理整改。政府强化环境规制政策直接触及了铁网加工业既有生存和发展模式。

与此同时，国家经济结构调整的相关政策持续推动着资金、技术、人才等生产要素，从低附加值、高能耗、高污染、高排放产业向高附加值、绿色低碳、高新技术等产业汇聚；与之配套的煤炭业和钢铁业去产能，出口退税政策调整等调控措施，使铁网加工

---

① 项目调研是指洪大用教授主持的中国人民大学“统筹推进世界一流大学和一流学科建设”项目的调研（项目批准号：15XNLG04）。2016 年 1 月中旬，项目组组织 20 余名调研员，分 5 个小组分别对定州市 5 个特色乡镇及其特色村落进行实地调研，笔者带领小组负责李镇的调研工作。

② 中华人民共和国成立后至 1986 年，定州市称为定县。1994 年至 2013 年，定州市由保定市代管。2013 年，确立定州为河北省省直管市，具有省辖市级经济社会管理权限。定州市（定县）曾是社会学研究的重要田野点，本书对承接、延续社会学界在定州的观察、分析和研究传统具有补益价值。

③ 基于社会调研的伦理，本着为研究对象保密的原则，本书对涉及的乡镇、村、企业、企业主等真实命名进行匿名处理。

④ 规模以上企业，又称入统企业，从 2011 年起，规模以上工业企业起点标准，由原来的年主营业务收入 500 万元，提高到年主营业务收入 2000 万元。数据来源于“2016 年李镇第三次经济普查工业企业统计表”。本书所使用的地方政府相关资料，均已征得资料提供方知情同意。

⑤ 本书有关铁网行业企业数量、行业产值、行业从业人数、利税等具体数据来源于地方政府工作报告或宣传资料。

⑥ 高镇为李镇的邻镇，同属定州市管辖，高镇也有铁网产业，企业数量比李镇稍少。

业逐渐面临着外部融资困难加剧，原材料价格波动频繁，出口退税进一步减少，营收空间受到挤压等市场挑战。此外，国际经济不景气、人民币增值等国际市场环境变化，进一步加剧铁网加工业当前的发展困境。

总体而言，一方面，以政府主导的环境规制政策为特征的社会情境变化，使得污染防治达标成为铁网企业存续发展的必要条件；另一方面，与此并行的经济供给侧结构性改革等国家宏观调控，以及国际经济的疲弱复苏态势，显著改变了铁网企业的市场环境，并加剧其因不符合环保要求而面临的生存挑战。这表明，在实践层面，以政府主导的环境规制为触发点的社会情境和市场环境变化，迫使铁网小微企业①面临环境行为转变的压力和争取生存发展机会的挑战。但是，当前农村传统工业环境污染问题依旧严峻，在由国家推动的绿色发展大趋势下，政府主导、自上而下的强制性环境政策尚未能彻底解决农村小微企业非环境友好行为带来的负面影响。所以，探寻农村小微企业环境行为影响机制仍具有重要现实意义。

在理论层面，社会转型理论认为，在中国社会加速转型期，环境状况恶化的社会根源在于社会结构转型、社会体制转轨、价值观念变化潜藏着负面环境影响，更深层的原因在于社会成员普遍性的贫穷、愚昧和自私导致种种不合理的短期行为致使整个社会处于失序状态，以及人与社会、人与自然关系的失调（郑杭生，1996a；洪大用，1999）。因此，解决转型期环境问题的两个重要对策分别是：其一，通过调整社会发展战略、强化社会管理、促进环境保护制度化，引导、校正人的社会行为，换言之，社会转型理论提出通过增强对社会主体环境行为的约束来提升环境治理效果；其二，通过社会组织创新优化社会结构，最终扭转环境恶化状况。随着社会转型的深入，构建政府为主导、企业为主体、社会组织和公众共同参与的环境治理体系已纳入国家发展战略，政府主导、自上而下的环境政策已成为规制社会主体环境行为的大趋势，但是社会主体的非环境友好行为所产生的负面环境影响尚未得到有效遏制。社会转型理论在解释这一状况上还有局限，因此，有必要对当前环境治理实践进行具体观察和分析，重新审视社会转型理论的观点。

基于社会转型理论视角，在国家推动绿色发展的宏观背景下，解剖定州农村铁网

① 根据2002年颁布的《中华人民共和国中小企业促进法》，中小企业是指，在中华人民共和国境内依法设立的，有利于满足社会需要，增加就业，符合国家产业政策，生产经营规模属于中小型的各种所有制和各种形式的企业。中小微企业划分标准主要参考2017年国家统计局发布的《统计上大中小微型企业划分办法（2017）》，即根据从业人员、营业收入、资产总额等指标或替代指标，按照大型、中型、小型企业须同时满足所列指标的下限，否则下划一档，微型企业只须满足所列指标中的一项即可。小微企业即小型企业、微型企业、家庭作坊式企业、个体工商户的统称。

企业这只“麻雀”，观察政府主导的、自上而下的环境政策变革，驱使农村小微企业进行环保升级改造的过程，分析政府主导、自上而下的环境政策对农村小微企业环境行为的驱动作用，及该群体能动地调整环境行为创建生存空间的实践逻辑，可增进学界对政府主导、自上而下的环境政策，农村小微企业能动性及其环境行为演化之间关系的了解，进而提升社会转型理论对转型期环境问题存在和解决实践的解释力，并丰富社会学在企业环境行为领域的研究。同时，这对于加强农村小微企业环境污染防治、促进农村经济可持续发展、构建美丽乡村、建设生态文明等实践均具有参考价值。

二、研究问题

本书拟基于社会转型理论视角，观察在生态文明建设、绿色发展大趋势下，政府主导、自上而下的环境政策变革推动农村小微企业环保整改、探索转型、构建小生境的实践，分析外部环境政策推进农村小微企业绿色转型的驱动机制，及其在转型过程中调整环境行为以创建生存空间（即小生境）的能动逻辑，并介绍其绿色转型的阶段性进展和未来发展方向，最终在镇域范围内，呈现政府主导的、自上而下的环境政策变革驱动下的农村小微企业绿色转型的过程图景。

具体而言，本书将聚焦于如下三个研究问题：

（1）在国家推动的绿色发展大趋势下，政府主导的环境政策变革如何推动农村小微企业走向绿色转型？即探究由政府主导的、自上而下的环境变革迫使农村小微企业环境行为转变的外部驱动机制。基于田野的实际情况，环境政策变革通过改变与铁网企业相关的社会主体（即：基层政府、社会公众、行业协会）、市场主体（即：金融机构、市场同业）构筑其绿色转型的外部驱动机制。梳理、分析铁网小微企业转变环境行为的社会根源，以增进我们对农村环境政策驱动下小微企业积极调整环境行为的外部压力体系的理解和认识。

（2）农村小微企业如何在绿色转型过程中能动地调整环境行为，创建新的小生境？即观察农村小微企业能动地适应环境政策转变的行动策略和行为过程，分析指导其环境行为实践的逻辑脉络。通过介绍铁网企业在生存发展目标的驱使下能动地开展环保升级改造实践，其环境意识改观、环境行为转变的决策过程及其表现，由此深描农村小微企业能动地、适度地调整环境行为，创建小生境的实践逻辑。这将为窥探农村小微企业环境行为演化的“黑箱”提供分析参考，并为完善企业环境行为规制提供研究支持。

（3）农村小微企业绿色转型取得哪些阶段性进展？即呈现农村小微企业环境行为绿色转型取得的阶段性进展，分析其未来发展的方向。铁网企业绿色转型实践的阶段性进展主要体现在环境意识和环境行为的变化上，而其对铁网工业园区规划的态度、转移和转产的尝试则预示着未来发展的方向。对该问题的思考将为完善企业环境政策、改进农村工业企业污染治理提供一定借鉴。

综上所述，本书拟借鉴社会转型视角，从探究铁网企业绿色转型的外部驱动机制出发，观察、分析其在转型过程中的环境行为过程，并思考其可能的发展方向，以期增进学界对农村小微企业环境行为转变的影响机制及其行为过程的理解，从而丰富社会转型理论视角下的企业环境行为研究，并为基层政府规制农村小微企业环境行为的实践提供一定参考。

三、本书篇章结构

本书以定州市高、李两镇传统铁网加工业小型、微型企业绿色转型为案例，沿着“铁网企业因何绿色转型？如何开展绿色转型？其绿色转型有何进展？”这一问题脉络，借鉴社会转型理论视角，具体呈现了铁网企业环保升级改造的实践过程和阶段性进展，并由此梳理出绿色发展背景下，由政府主导的环境政策变革对铁网企业环境行为的外在驱动作用和企业能动性对铁网企业环境行为的内在影响机制。其中，有关三个主要问题的观察和分析对应本书的第三、四、五章。第三章主要分析了政府主导的、自上而下的环境政策变革推进铁网企业环境行为转变的外部驱动力。第四章在分析铁网企业绿色转型过程的基础上，具体呈现其能动地追求保生存、求发展目标，调整环境行为的演化逻辑。第五章介绍了铁网企业绿色转型的阶段性进展及其绿色转型的方向。

具体而言，在第一章绪论中，对选题背景、研究问题、研究综述、研究方法进行说明。其中，文献综述主要围绕社会转型理论范式、乡镇企业①环境影响和农村环境政策、企业环境行为三个主题的研究，对已有文献进行梳理、评述；研究方法由说明个案的选取、介绍资料的收集与分析三个方面组成。

第二章为案例概况，共分两个部分。第一部分以描述铁网加工业曾经发展和现在转型所面对的不同时空背景为目标，分别从环境条件和环境变化两方面呈现田野环境。其中，环境条件由当地气候条件、水资源、土地资源、能源资源以及社会历史条件五个部分构成，特定环境条件孕育了铁网加工业。环境变化大趋势主要包括自然环

---

① 乡镇企业是指中国农民投资为主兴办的从事生产经营和服务的各类经济实体的总称，其主体是中国中小企业（温宇，2008）。因此，本研究所关注的农村小微企业是乡镇企业的重要组成部分。2011 年 7 月，微型企业正式纳入官方统计，同年 11 月，郎咸平提出“小微企业”一词，并受到社会和学界关注（李佰帆 等，2015）。在此之前并无以“小微企业”指称的相关研究，故本书在此围绕乡镇企业作研究述评。

境、政策环境、国内外社会经济环境的变化，这是铁网加工业转型发展的重要原因。第二部分重点梳理了铁网加工业的发展历程，力求以铁网加工工艺和环境影响为线索，分萌芽期、成长期、转型期三个阶段呈现该产业发展壮大的动态图景。总言之，随着铁网加工链的延伸和工艺的拓展，其所带来的经济社会贡献和不良环境影响均显著提升，解决因环境政策变革引致的生产危机成为驱动其转型的首要目标。

第三章在分析政府主导的、自上而下的环境政策改变铁网企业社会情境和市场环境的基础上，构建其企业环境行为转变的外部驱动机制。推动铁网企业调整环境行为的力量，来自环境政策变革带来的社会环境和市场环境压力，这一压力分别通过社会主体和市场主体传导至铁网企业。该章通过识别各类主体压力的作用方式和表现形式，评估压力的性质、方向、持续性和作用范围，梳理各类压力之间的关联，从而建构铁网企业环境行为绿色转向的外部驱动机制。具言之，第一节识别和评估了社会主体产生的压力，包括基层政府的政策压力、行业协会的行业压力和社会公众的舆论压力。第二节识别和评估了市场主体带来的压力，包括金融机构的融资压力和市场同业的竞争压力。第三节对社会主体压力和市场主体压力之间的关系进行梳理。

第四章通过呈现铁网加工业环保升级改造的实践过程，勾画其企业环境行为转变的内在演化逻辑。该章共分三节：第一节对其意识层面的能动性进行描述，即分析企业主的环境认知和环境态度；第二节为铁网企业环保改造过程，介绍其以保生存、求发展为目标能动地调整环境行为，创建小生境的过程；第三节以铁网企业环保意识和环保行动为坐标，将其环境行为分为四类，并归纳其环境行为演化的基本逻辑。

第五章简要介绍了铁网企业绿色转型的阶段性进展及其未来发展方向。第一节通过铁网企业环境意识、环境行为变化以及污染防治效果的提升，对其转型的阶段性进展进行分析。第二节主要介绍了铁网企业主对工业园建设规划的基本态度和看法，及部分企业尝试进行产业转移的实践举例，由此展望铁网企业绿色转型的发展方向。

第六章为结论和讨论。基于前文的分析，形成基本的研究结论，并进一步讨论研究主题相关内容。

第二节
相关研究综述

基于研究目标，即探究国家主导的、自上而下的环境政策、企业能动性对农村小微企业环境行为的影响及其效果，本书首先呈现社会转型理论在环境问题研究方面的理论观点和实践进展，其次梳理与乡镇企业相关的农村环境政策变迁历程，以及乡镇企业环境影响的加剧过程。然后，重点评述国内外有关企业环境行为影响因素的研究及其进展，最后，对有关绿色转型和农村小微企业的研究进行简要分析。

一、社会转型视角下的环境问题

（一）社会转型理论

社会转型理论的发展时间并不长，该理论的提出大体可追溯到20世纪90年代初期，作为一个较新的理论，学界对社会转型这一概念的界定表述不一（章辉美，2004：4；郑杭生，1996a：1；石云霞，1996）。具体从社会学视角来说，社会学家郑杭生提出：社会转型（social transformation）是指社会结构和社会运行机制从一种形式向另一种形式转换的过程，就是从传统社会向社会主义现代化社会转换的过程（郑杭生，1996a：1）。从总体上说，中国社会转型开始于1840年的鸦片战争，到目前为止，这一转型过程已大致经历了三个阶段：1840年至1949年为第一阶段；1949年至1978年为第二阶段；1978年至今为第三阶段（郑杭生，2003）。社会结构、社会运行机制以及价值观念体系的转换是考察社会转型的三个主要方面，当前中国正处于从传统型社会结构向现代型社会结构的转型，从高度集中的计划经济体制向市场经济体制转换，从以阶级斗争为中心向以经济建设为中心的第三个社会转型阶段（郑杭生，1996b、1996c、2003；洪大用，2000）。在观察和分析中国转型社会中的社会问题方面，社会转型理论作为基于对中国社会变迁研究提炼出的本土理论具有很强的解释力和针对性。

郑杭生先生在其主编的《中国社会转型中的社会问题》一书中，提出“当前中国的各种社会现象无不带有转型的特点，社会成员也无不这样或那样地受到转型的影响和制约。当前中国社会的发展，正是突出地表现在中国社会转型，特别是社会结构转型的快速推进中”（郑杭生，1996a：1）。该书基于中国社会转型健康发展的目标，就中国社会转型中的十一个突出的社会问题（如人口、环境、家庭、教育，等等）的现状、根源及减缓对策、建议进行了分析。该书创造性地提出从社会转型理论分析当代中国社会的一般问题，为后来学者们研究中国社会问题提供了一个可借鉴的本土理论视角。这种以社会转型理论为视角研究社会问题的实践，对本研究有直接指导意义。

补充说明的是，当前，在学术界关于社会转型理论的相关议题，如：社会转型的概念、特征、主体、客体（如：王雅林，2003；赵凡，2013；包双叶，2014，等），以及中国社会转型的性质判定和表现（如：卡尔·波兰尼，2007；章辉美，2004；荆学民，2001；石云霞，1996，等）等，仍有不同的观点。由于本研究的目标是基于该理论视角观察和分析农村小微企业绿色转型实践过程，因此，本书不细究社会转型理论的内在分歧，而是将重点放在观察和阐释转型社会中，国家推动的绿色发展大趋势下环境政策变革及农村小微企业能动性对其环境行为转变过程的影响上。

（二）社会转型与环境问题

郑杭生先生对转型期环境问题的社会根源及其解决对策的概要性论述，为后续社会学学者开展具体的环境问题研究提供了富有启发性的参考。在此基础上，社会学学者基于社会转型理论视角，对社会变迁与环境问题之间的关系进行了更深入、具体的阐释，充实了社会转型理论在环境社会学领域的研究实践。

1. 阐释环境问题的社会转型范式

最早用社会转型理论阐释中国环境问题的是洪大用教授（张斐男，2017）。他提出关于当代中国环境衰退的“社会转型范式”，系统地介绍了社会变迁与环境问题的关系，其基本观点详见于《社会变迁与环境问题》一书中。该书对20世纪70年代末以来，中国环境与社会关系的演变给出了一种总体性解释，并进一步探讨中国环境状况整体恶化的社会因素以及可能的环境治理路径（洪大用，2000：85－86）。首先，关于转型社会中环境问题的成因，该书指出中国社会转型影响环境状况的主要方面有：(1) 以工业化、城市化和区域分化为主要特征的社会结构转型。一方面，工业加速发展加重了环境负担，其中，乡镇企业由于规模小、稳定性差、随利转移，技术起点低，能源和原材料消耗多，布局不合理且不易集中管理，片面追求产值且污染防控投入有限等原因，造成了极大的环境污染和破坏（洪大用，2000；曲格平，1998）；另一方面，高速城市化过程中较低的市民环境意识和土地利用率，落后的城市规划和管理，无序开发，以及区域分化形成的污染转嫁均加剧了环境问题。(2)以建立市场经济体制、放权让利改革和控制体系变化为主要特征的体制转轨。从计划经济到市场经济、从集权管理到分权治理的改革,以及城乡二元控制体系形成等社会变迁均潜藏着负面环境影响的致因。比如,乡镇企业获得地方保护主义支持,将内部环境成本外部化,同时,农村环境保护机构和组织薄弱,针对乡镇企业的环境政策和法规体系不健全,以致农村环境污染加剧日趋严重(洪大用,1999、2000)。(3)以道德滑坡、消费主义兴起、行为短期化和社会流动加速为主要特征的价值观念变化。比如,社会公德败坏,缺乏社会关怀,只顾眼前、没有长远眼光,消费急剧增长,社会流动成为常态,等等,导致环境关心缺失,环境污染加剧,环境负担加重。总言之,中国社会加速转型与中国环境状况的恶化紧密相关,当代中国社会结构转型、体制转轨和价值观念变化都对环境产生深远的负面影响。换言之,当代中国环境状况的日趋恶化是与中国特定的社会转型过程直接相关的(洪大用,2000)。

其次,关于转型期的环境保护对策的适用性和环境治理的新的可能,具体如下:(1)当代中国社会转型凸显了环境问题,即由于意识形态禁区的打破、环境信息的传播和对外开放等,使越来越多的人意识到了环境问题,也使中国不得不认真对待环境问题并采取应对措施。这表明转型社会中社会成员环境意识的提升为环境问题的解决增加了便利。(2)当代中国社会转型加剧了环境问题,由于在中国加速转型阶段,经济发展和环境保护很难协调,加之社会分化加速进行,这使得该阶段环境问题具有特殊性。也就是说,由于转型社会的环境问题存在特殊性,因此,需要采取具有针对性的治理对策。(3)当代中国社会转型加剧了环境管理的难度,即转型期的"形式主义"特征和社会控制体系的弱化,使得环境管理的效果大为弱化。从计划到市场的社会体制过渡存在市场机制和环境政策双重失灵,放权让利的改革使得地方保护主义成为环境污染的保护伞,诸如此类转型期的特殊因素阻碍了环境治理目标的达成。(4)当代中国社会转型也为改进和加强环境保护提供了新的可能。发展战略的转变意味着可能更有利于环境保护,同时,也为环保组织创新提供了空间和有利条件。通过社会组织创新优化社会结构,增强社会公众环保意识和参与行动力,为更好地解决转型期的环境问题提供了新的方向。

社会转型范式在解释环境问题成因及其解决对策上有两个基本理论预设:(1)当代中国社会正处于社会转型加速期。转型社会有独特的、造成环境问题加剧的具体机制,并且转型社会的环境问题具有其特殊性。这表明中国转型社会中的环境问题相比西方国家面临的环境问题,既相似又有显著差异。(2)环境与社会是相互作用的。当代中国的环境问题在一定程度上是特定环境状况与特定社会过程交互作用的产物,因此,应对环境问题的策略必须考虑到中国社会转型期的特点,同时,因社会转型而加剧的环境问题，只能通过进一步的社会变革去解决。

综合来看，在社会转型理论视角下，当前的环境问题（即自然环境问题，具体为环境污染、生态破坏、自然灾害）是在转型前后两个社会发展阶段均存在，且在社会转型加速期更突出、更严重的社会问题。环境问题产生的原因并不局限于人口压力、工业化和城市化加速发展等社会结构转型和运行机制转变所伴生的因素，其深层原因在于社会成员普遍性的贫穷、愚昧和自私导致种种不合理的短期行为，这使整个社会处于失序状态，造成人与社会、人与自然关系的失调（郑杭生，1996a：31-37；洪大用，1999）。因此，解决转型社会中环境问题的关键在于引导、校正人的社会行为，比如：调整社会发展战略、强化环境管理和提高全民环境意识水平（郑杭生，1996a，1996b：33-46）。综上，社会转型理论认为：由于在转型社会中贫、愚、私的普遍性导致社会失序，进而加剧环境问题；改善社会主体的行为是解决这一阶段环境问题的突破口。这为本研究从企业环境行为规制角度考察环境政策变革对农村工业污染治理的影响提供了理论参考。

社会转型理论探讨了中国环境状况整体恶化的社会因素以及可能的环境治理路径，并对包括企业在内的社会主体的环境行为进行深入的社会学分析，有助于提出改善其生计和推进产业可持续发展的制度安排，从而促进环境保护制度化、提高环境治理效果。

2. 社会转型与环境问题研究

在以社会转型和环境问题为主题的研究中，一方面，学者们基于宏观或中观层面的经验观察，对社会转型与生态文明建设（如：王玉良，2015）、可持续发展（如：蔡拓，2000；赵金山 等，1999）的关系进行阐释或讨论，这些研究得出的结论与社会转型范式的观点基本一致，即社会转型对生态文明建设有“双重”影响，前者既造成转型期的环境恶化，又内含可持续发展的机遇（如：包双叶，2014；赵凡，2013），因此，需要站在社会转型的战略高度，通过加强社会结构的优化、完善社会建设，以更好推进生态文明建设实践（如：庞玉珍 等，2010）。

此外，宋伟和闫俊具体分析了社会转型与中小企业行为逻辑的关联，认为转型期中小企业处于特殊经营环境中，如：环境保护压力增加，市场竞争更激烈，要素成本攀升；同时，中小企业的行为也对转型社会的生态环境、国民经济、社会发展产生负面和正面双重作用（宋伟 等，2012）。

另一方面，有学者在理论分析的基础上，从微观层面讨论了社会转型与环境问题（生态文明建设或可持续发展）的关系。王芳认为转型期环境问题的社会根源是个人理性与集体理性的矛盾，这一矛盾体现在传统文化的惯性、当代价值观念变化和制度变迁对环境的负面影响上（王芳，2007）。该研究在微观层面对社会转型范式进行了理论拓展，对本研究从微观视角观察和分析个案具有参考意义。

整体而言，以社会转型和环境问题为主题的社会转型理论范式仍可在以下方面进行拓展和延伸：(1) 在理论层次上，该范式是概要性宏观与中观理论的整合，尚缺少在微观层次上对具体实践经验进行详细阐释。在社会转型加速期，国家发展战略、农村环境政策体系、基层环境保护力度、社会情境要素等均已发生显著变化，尤其是在政府主导的、自上而下的环境政策变革大背景下，农村环境恶化状况是否得到遏制？农村小微企业(或乡镇企业)环境行为及其污染防治是否彻底改善？随着社会转型深入，再加上社会变迁和环境政策变革，微观社会主体环境行为会如何改变，这是社会转型理论需要重新审视和回答的问题。(2) 就理论阐释对象而言，该范式是对整体社会变迁与环境问题关系的综合性分析，缺乏对具体环境污染或生态破坏现象的实证研究支持。社会转型理论指出乡镇企业污染形成的重要外部原因是环境政策和法律体系不健全、环境保护机构薄弱等，但是，随着社会转型深入，乡镇企业环境污染致因已显著变化，但农村工业污染现象仍普遍存在，因此，需要对当前的乡镇企业污染治理进行观察和分析，以提升社会转型理论对当前乡镇企业环境污染行为的阐释力。(3) 从研究结论来看，该范式未在实践层面对解决转型期环境问题的新的可能性进行论证。社会转型理论提到社会组织创新优化社会结构是提升环境保护和污染治理的新的可能。但是，关于社会组织如何参与环境治理，如何实现提升环境效应目标，社会转型理论并未提出具体路径，尚需要在具体研究中进行补充和拓展。(4) 从环境问题的解决策略来看，社会转型理论认为解决转型社会中环境问题的关键在于通过强化环境管理等方式引导、校正人的短期不合理环境行为。但是，该理论忽视了人的主观能动性，在环境规制效果的阐释方面存在局限性。因为，社会主体并非被动接受社会规范约束，而是在实践过程中发挥主观能动性构筑各自的行动路径，强化环境管理将如何影响具有能动性的社会主体的环境行为？在政府主导的环境政策规制下，企业如何在绿色转型实践中发挥主观能动性构建小生境？这是社会转型理论需要在微观实践层面回答的问题。

当然，已有研究对转型社会中环境问题的成因有较系统、全面的分析，表明从社会转型角度考察环境政策变迁对农村小微企业环境行为影响的合理性、必要性。这对本研究的启发主要有三点：(1) 将铁网企业环境行为的绿色转变置于绿色发展的宏观社会背景中，深入剖析环境政策变革对企业环境行为的驱动作用；(2) 观察铁网企业在停产整改期间发挥能动性进行环境行为决策，构建小生境的实践，并分析其内在逻辑及其对环保升级改造的影响；(3) 已有研究对转型期存在的、新的解决环境问题机会及其实践尚缺少具体观察和研究，这促使笔者深入观察行业协会在铁网企业环境治理中的角色功能。因此，本研究借鉴该范式，从微观层面具体观察和分析环境政策变革的背景下，农村小微企业环境行为绿色转型的实践，以期在实证研究方面对其进行有益延展和补充。

二、乡镇企业环境影响与农村环境政策变迁

（一）乡镇企业持续加剧的负面环境影响

环境政策制定的目的是规范和约束人类行为对自然环境的影响（王霖，2015），因此，环境政策的演变与社会变迁过程中人类行为（包括生产和生活）带来的环境影响的变化息息相关。具体就农村环境政策而言，以工农业生产方式和农民生活方式转变为重要特征的农村社会经济变迁，及其产生的深远环境影响是推动农村环境政策陆续制定和执行的直接原因。为明确农村社会变迁背景下乡镇企业环境行为规制与农村环境政策之间的关系，本研究首先对乡镇企业环境影响变迁和农村环境政策发展历程进行简要梳理。

自中华人民共和国成立至改革开放的近 30 年，中国农村社会经济发展长期处于落后状态。在以家庭联产承包责任制为起点的中国农村经济体制改革中，允许土地转让和鼓励农民离土就业的政策有效促进农村生产要素流动，推动农村工业化加速发展，中国乡镇企业正是在这一背景下快速成长起来的（郭晓鸣 等，1995）。中国乡镇企业的前身是 20 世纪 50 年代的社队企业，1959 年，全国社队企业达 70 万个，就业人数 1 800 万，总产值 100 亿元（王凤林 等，1988）。1978 年，改革开放之后，随着《中共中央关于加快农业发展若干问题的决定》和《关于发展社队企业若干问题的规定》的颁布，社队企业有了更大的发展。1984 年，社队企业更名为乡镇企业，并进入高速增长期，成为农村经济的支柱产业和国民经济的重要力量（郭晓鸣 等，1995）。到 1987 年，乡镇企业产值超过农业总产值，及至 2007 年，乡镇企业增加值已占农村社会增加值的 68.68%，成为支撑农村经济最坚实的支柱（冯克，2008）。这种在强烈致富欲望的驱动下，依靠自身积累起步的乡镇企业，在很大程度上满足了农民温饱需求，并有力地推动了农村经济和县域经济的发展，但是，由于这一发展缺乏必要的宏观调控，具有很强的自发、自主色彩，因此，不可避免地产生诸如占地过多、污染较重等问题。

有研究指出，1978 年至 1995 年期间，中国乡镇企业工业产值以年平均 35%的速度增长，同时环境污染严重（任红艳 等，2002）。中国分别于 1989 年、1996 年组织两次官方乡镇企业环境污染情况调查，即“全国乡镇工业主要污染行业污染源调查”。调查结果显示，1995 年，全国乡镇工业烟尘排放量 849.5 万吨，占全国工业烟尘排放总量的 50.3%；工业粉尘排放量 1 325.3 万吨，占全国工业粉尘排放总量的 67.5%；工业废水

排放量为59.1亿吨，占全国工业废水排放总量的21%；工业固体废物排放量1.8亿吨，占全国工业固体废物排放总量的88.7%；且与1989年相比，四者分别增加56%、18%、12%和55%(陈洪燕 等,2012;夏龙池 等,2000)。2000年后，中国在每年的《中国环境状况公报》和《全国环境统计公报》中取消了“乡镇企业”这一统计类别，使得此后的乡镇企业污染情况大多依据估量或者实地的考察来了解(陈洪燕 等,2012)。据国家统计局2006年的《中国绿色国民经济核算研究报告2004》显示，2004年全国因环境污染造成的经济损失为5 118亿元，其中乡镇工业污染损失值超过50%，乡镇工业已经成为中国环境污染的重要主体。这与学者们的估测情况基本一致。杨宜等研究认为中国中小企业中80%以上的工业生产存在污染，占全国污染源的60%，是国家环境污染的主导因素(杨宜 等,2009)。

2019年国家统计局发布《第四次全国经济普查系列报告之十二》(以下简称《报告》)指出，第四次全国经济普查结果显示，中小微企业发展迅速，成为吸纳社会就业主体。《报告》指出，2018年末，全国共有中小微企业法人单位1 807万家，占全部规模企业法人单位的99.8%。其中，中型企业23.9万家，占比1.3%；小型企业239.2万家，占比13.2%；微型企业1 543.9万家，占比85.3%。中小微企业吸纳就业人员23 300.4万人，占全部企业就业人员的比重为79.4%；拥有资产总计402.6万亿元，占全部企业资产总计的77.1%；全年营业收入188.2万亿元，占全部企业全年营业收入的68.2%。这表明，中小企业已成为促进国民经济发展、优化经济结构、保持社会稳定的重要生力军。

由现有研究和发展实践可知，乡镇企业在推进农村工业化、城镇化、现代化发展，促进国民经济繁荣，推动农村社会变迁方面作出了重大贡献，与此同时，其所产生的负面环境影响现已成为阻碍农村绿色发展的重大制约，因此解决农村工业污染问题是农村环境治理的重要任务。需补充说明的是，定州农村铁网企业作为乡镇企业的典型，其发展路径和环境影响演变历程，与既有研究中对乡镇企业的观察和分析是相符的，本书将在案例概况中对此进行具体分析。

（二）不断强化的农村环境政策规制

在国家层面，针对乡镇企业环境行为的政策规制最早见于1979年[①]的《关于发展社队企业若干问题的规定》中，这滞后于社队企业起步的20世纪50年代。该规定提

① 在1979年颁布的《中华人民共和国环境保护法(试行)》和1989年颁布的《中华人民共和国环境保护法》中，均无专门针对农村乡镇企业环境问题的具体法规。

出:"劳动、卫生部门要积极帮助社队企业改进防尘、防毒工作,搞好安全生产和环境保护","新办企业不要污染环境,已办的要努力消除污染,问题严重的要限期解决"。值得注意的是,当前国家限制发展或取缔的对环境影响较大的部分小企业,比如"小铁矿、小煤窑、小电站、小水泥",在当时仍是国家鼓励发展的对象①。在此基础上,1984年的《国务院关于加强乡镇、街道企业环境管理的规定》明确列出"不准从事污染严重的生产项目"②,并要求对排放"工业三废"和产生噪声污染的乡镇企业征收排污费。这表明,该阶段的环境政策主要是从外部以单一非强制方式在生产末端防治乡镇企业污染,随着农村社会转型深入和乡镇企业发展,国家对乡镇企业环境管理的角度和力度均在不断调整。

1990年,《国务院关于进一步加强环境保护工作的决定》明确提出:"对浪费资源和能源、严重污染环境的企业,特别是小造纸、小化工、小印染、小土焦、土硫磺等乡镇企业,根据管理权限,必须责令其限期治理或分别采取关、停、并、转等措施。"该法规对乡镇企业环境行为的规制措施走向具体化,并成为1997年《关于加强乡镇企业环境保护工作的规定》的指导性文件。后者明确提出通过信贷政策引导、科研技术支持、人民群众监督等多种方式,帮助乡镇企业提高污染防治能力,并切实加强乡镇企业环境管理,"到2000年,所有乡镇工业企业必须稳定达标排放污染物"。同年,《中华人民共和国乡镇企业法》从法律层面明确了乡镇企业的环境责任,第三十六条要求有环境影响的乡镇企业项目严格执行环境影响评价制度和"三同时"制度③。与此同时,1997年《中国农业银行、国家环境保护局关于加强乡镇企业污染防治和保证贷款安全的通知》颁布,把信贷政策与乡镇企业环境治理紧密联系起来,明确指出银行对污染严重的企业类型进行贷款限制支持和清收。可见,国家对乡镇企业污染问题的解决对策逐渐转变为从外部和内部、源头和末端同时着手,结合政策和法律合力对企业的筹建、生产各个阶段的环境行为进行约束。

在此后国家陆续出台的多项环境政策中,涉及乡镇企业环境管理的内容均是在如上转变趋势中进行再强调、强化或拓展。比如,1999年,《国家环境保护总局关于加强农村生态环境保护工作的若干意见》提出:进一步加强乡镇企业环境管理④,防止污染

---

① 《关于发展社队企业若干问题的规定》明确提出,自1978年起,这些企业或新办的该类企业享有免征工商税和所得税三年的政策支持。

② 《规定》指出:乡镇、街道企业不准从事污染严重的生产项目,如石棉制品、土硫磺、电镀、制革、造纸制浆、土炼焦、漂染、炼油、有色金属冶炼、土磷肥和染料等小化工,以及噪声振动严重扰民的工业项目。

③ 即乡镇企业建设项目中防治污染的设施,必须与主体工程同时设计、同时施工、同时投产使用。

④ 比如要加大对国家强制关停或淘汰的"15小"企业及国家产业政策明令淘汰的乡镇企业的监督检查,防止死灰复燃,防止落后设备和工艺由东部向中西部转移。

蔓延，"要通过规划，引导乡镇企业产业结构调整，加强污染集中控制，加速城镇污染处理设施的建设"。2006年，《国家环境保护"十一五"科技发展规划》再次强调乡镇企业发展带来的环境问题日益严重，规划拟通过环境科技技术为农村环境管理提供支持；《国家农村小康环保行动计划》提出要强化乡镇工业污染防治，以遏制农村环境污染加剧趋势。2007年，《关于加强农村环境保护工作的意见》和《国家环境保护"十一五"规划》均指出应当在乡镇企业环境管理过程中，严格执行国家产业政策和环保标准，以及加强污染治理和技术改造力度。此后，通过提升环境政策力度强化对农村工业污染治理、推进绿色发展的趋势充分体现在近几年的国家发展战略调整上。

十七大以来，生态文明建设和绿色发展思想逐渐成为国家战略布局的重要指引。2012年，党的十八大明确提出要把生态文明建设融入经济建设、政治建设、文化建设、社会建设各方面和全过程，努力建设美丽中国和实现中华民族的永续发展。2013年，《大气污染防治行动计划》（简称"大气十条"）提出加强工业企业大气污染综合治理；推动产业结构和空间布局优化、产业转型升级；构建落后产能淘汰机制和"两高"行业[①]过剩产能退出机制等措施，为改善空气质量、建设美丽中国制定了切实的行动路线。2015年，《中华人民共和国国民经济和社会发展第十三个五年规划纲要》（简称"十三五"规划）对生态文明建设和绿色发展思路进行了具体阐述，指出要通过"树立节约集约循环利用的资源观、推动低碳循环发展、支持绿色清洁生产、推进传统制造业绿色改造、实行最严格的环境保护制度"等努力，着力改善生态环境，形成绿色发展方式和生活方式。2017年，"推进绿色发展、着力解决突出环境问题、加大生态系统保护力度、改革生态环境监管体制"作为生态文明体制改革和建设美丽中国的重要举措，被列入党的十九大报告，其中，加强大气、水、土壤等环境的污染治理，加强农业面源污染防治，开展农村人居环境整治等被列为着力解决环境问题的重要举措。2018年，中央一号文件提出乡村绿色发展，"加强农村突出环境问题综合治理……严禁工业和城镇污染向农业农村转移"。这意味着，中央政府自上而下地强化环境政策，已成为农村工业污染防治、建设美丽乡村和推进农村经济绿色转型的重要抓手。

以上有关乡镇企业环境管理的政策，确立了涉污企业环境行为规制的基本原则（比如工业企业适度集中、污染者负责、保护优先、预防为主、防治结合等）和规制办法（比如办理排污许可证、收缴排污费、达标排放规定、环境影响评价制度、"三同时"制度等），并构建了围绕污染物产生、处理和排放全过程的审核、监督和检查制度体系。这表明：(1)农村环境政策体系的建立过程，体现了从外部到内外兼顾、从末端到源头、从

① "两高"行业为高污染、高能耗产业。

单一到复合、从宽泛到具化、从宽松到严格的政策发展趋势。(2)强化农村环境政策对乡镇企业环境行为规制，一直是政府自上而下解决持续恶化的农村工业污染问题的重要举措。(3)正在进行的政府主导的、自上而下的环境政策变革从侧面说明，农村工业污染问题持续存在且不断恶化，因此，需要不断强化对乡镇企业环境行为的规制力度。当前，学界已关注到环境政策持续强化对企业环境行为的影响及其局限，本书将在企业环境行为研究的综述中对此进行详细介绍。

三、企业环境行为影响因素研究

在环保相关的各个社会主体中，企业无疑是重要的主体之一，有时甚至是最为重要的主体(洪大用，2017)。因此，企业环境行为是政府进行环境治理、加强环境规制实践的重点，同时，企业环境行为研究也相应地成为20世纪70年代以来，环境科学、经济学、管理学等多个学科关注的重要研究领域。国外企业所处的社会背景和市场环境与国内企业有较大差异，同时，国内企业环境行为研究相比国外的研究进展尚存在较大差距，为更全面、深入地了解已有研究进展，笔者分别对国外和国内相关研究成果进行评介。

(一) 国外研究

西方发达国家环境污染问题和环境保护运动的出现推动了企业环境行为研究在多个学科领域的发展。从研究路径来看，国外的研究成果呈现出以“完善或改进企业环境行为规制”为目标，以多维理论视角和多元实践经验为基础，以识别“企业环境行为影响因素”和判定“企业环境行为影响效应”两大问题为任务的研究脉络。国外研究表明，影响企业环境行为的因素及其影响机理是企业环境行为研究的核心(孟庆峰 等，2010)。对企业环境行为产生影响的因素，不仅来自企业外部，而且与企业内部因素密切相关，为此，本书将企业环境行为影响因素分外部和内部两类进行综述。

1. 在诸多影响企业环境行为的外部因素中，环境政策或许是最重要的

早在20世纪中期，已有研究提出政府对企业环境行为的管理具有积极的经济效应和环境效应(Valentine，2012)。及至20世纪末期，波特(Porter)和林德(Linde)系统地研究后，将这一观点更具创新性地提出来。他们认为设计合理的环境规制在增加企业环境成本的同时，会激发企业的环境创新行为，这有助于企业获得环保先行优势、降低生产成本、提升产品价值，最终可弥补企业因环境规制而增加的环境成本，为企业带来更大经济效益(Porter et al.，1995)，这就是“波特假说”。根据该假说，设计良好的环境规制最终能实现被规制企业和社会“双赢”的目标。尽管该假说的重点在于针对受

环境政策约束的企业环境行为的结果进行考察，但是，它同时强调这是环境政策对企业环境行为产生的积极影响，后续研究者们的实践观察支持了该观点。

基于环境经济学理论视角，有研究发现政府规制能促使企业将环境成本转化成生产成本，从而解决企业环境影响外部性内部化的问题(Biglan，2009)。基于新制度主义理论，有研究表明企业环境行为是其获得组织合法性的方式。比如，格雷(Gray)等对41家美国钢铁企业环境行为的研究表明，政府较强的执法力度能迫使企业更好地遵守环境法律、法规(Gray et al.，1996)。有研究分析表明，政府的环境激励政策(包括在企业生命周期的3个阶段依次提供环境知识、技术和社会认可支持)能推进企业实施积极环境管理行为；而为了经济可持续发展，政府强硬的环境保护措施则可强化对企业环境污染行为的控制(Hart，1997；McDonough et al.，1998；Valentine，2012)。

大部分研究结论认为，环境政策是对企业环境行为产生积极作用的重要外部因素。但是，关于政府规制对企业环境行为的影响，各学者的研究结论并不一致。哈克(Huq)等调查孟加拉国7大国有肥料企业发现，政府的规制对企业环境行为的影响非常有限，其中3家企业是因受到较大的社区压力而采取了环境友好行为(Huq et al.，1992)。伊洛马基亚(Ilomakia)等通过对芬兰41家中小型工业企业的访谈调查发现，对企业制定环境管理计划影响最为显著的是外部消费者传导给企业的压力，而非政府的环境约束(Ilomakia et al.，2001)。安德森(Andersson)和贝特曼(Bateman)对164位企业环保倡导者进行问卷调查，其结论是政府的规制压力、市场竞争压力、其他企业的环保范例均是显著影响企业的环境管理决策的外部因素(Andersson et al.，2000)。格雷厄姆(Graham)和伍兹(Woods)对发展中国家企业的研究认为，企业采取积极环境行为的动力源于以消费者为主构成的市场压力(Graham et al.，2006)。来自英国的经验研究表明，企业的社会责任承诺决定了企业环境行为表现(Bansal et al.，2000)。由上可知，政府制定的环境政策对企业环境行为的积极影响与市场机制和其他外部因素的作用之间有复杂的内在关联，因此，在明确各因素对企业环境行为产生具体作用的同时，需要切实关注外部影响因素间的关系。

此外，对以上研究结论与"波特假说"之间的分歧，阿姆贝克(Ambec)和巴尔拉(Barla)列举了一些经验性研究发现进行分析。两位研究者认为：一方面，环境规制激发企业创新行为的证据尚少且薄弱，但是，许多证据表明环境友好型产品中存在价格优势，这更可能是促使企业进行环境技术创新投入的外部动力。另一方面，他们指出当前的实证研究尚存在一定缺陷，比如，大多数研究忽视了"波特假说"的动态视角；简单分析外部因素与企业污染控制、环境管理等支出的关系具有片面性，因为高额环境支出有可能是企业较差的内部管理所致(Ambec et al.，2007)。因此，这两位研究者表示，在现阶段，简单地对某个观点提出反驳是不合理的，需要更多学者对相关实践经验深入分析，以全面、恰当地考量传统经济学观点、“波特假说”和现有研究发现的成立条件。

2. 已有研究认为企业自身特征、利益相关者（员工、管理者、股东）等内部因素同样对企业环境行为产生影响

在理论分析方面，早在20世纪60年代，哈丁（Garrett Hardin）提出“公地的悲剧”概念时，就已经注意到企业追求利润的“经济人”理性会对环境产生负面影响（何劭玥，2017）。这一观点已被后续研究支持，并在此基础上进行了拓展，管理学和生态经济学研究者分别提出企业的“社会人”理性和“生态人”理性（李炳贵，2001）都对其环境行为有影响，即企业在行为决策过程中不仅关心经济利润、也关注社会压力和环境压力。如上理论分析对于理解企业环境行为选择的实践研究发现具有指导意义。

在实践研究中，塞尔（Theyel）的实证分析表明，企业的环境管理实践与企业内部特征相关：成熟产业中的污染密集型企业更愿意通过环保技术创新减少污染；规模越大的企业开展环境创新以减少污染的可能性越小（Theyel，2000）。对此，达斯古普塔（Dasgupta）等提出了不同观点，他通过员工人数和销售收入分析公司规模和环境努力的关系发现，大规模的公司更倾向于在环境管理上进行努力（沈灏 等，2010）。可见，对企业环境行为有显著影响的内部因素，在不同特征的企业群体中具有差异性，已有研究结论不适用于对所有企业环境行为的观察和分析。

另外，有研究者对比了内外因素对企业环境行为的影响力，认为内部因素更有效。德比（Debby）对耶路撒冷小型家庭服务企业（61家洗衣店和46家机动车维修公司）环境行为的影响因素进行调查发现，相比于政府的压力，企业管理者的环保意识和态度是对企业环境行为更重要的影响因素（Debby，2007）。布依（Buysee）和韦贝克（Verbeke）研究认为，企业的积极环境行为是由来自内部员工或股东等利益相关者的压力，而非外部客户和供应商的压力所致（Buysee et al.，2003）。柯达诺（Cordano）等对美国葡萄酒行业的研究结果表明，相对于外部因素来说，中小企业股东和管理者的环保态度，及其对企业的施压程度对企业自愿环境管理行为有更直接的影响（Cordano et al.，2010）。

综上，国外研究对不同时期、不同属性（如地区、行业、规模、组织形式等）企业的环境行为有影响的多个内外因素作了分析，这为本研究的观察和分析提供了丰富的参考。但是，现有国外研究仍存在如下不足：(1) 已有研究将政府的环境政策规制作为独立作用的因素进行讨论，对环境政策与其他外部因素之间的关系关注还不够，这不仅约束了对既有研究结论分歧的理解，而且未能充分揭示企业环境行为的外部驱动机

制，难以回答环境政策如何驱动企业环境行为产生积极变化的问题。(2) 国外已有研究虽发现多个影响企业环境行为的内部因素，也指出企业具有不同理性思维，但是大多研究将企业环境行为视为企业回应外部压力的被动之举，缺乏对企业内在能动性的关注，未能很好地解释这些因素产生作用的原因，也未能梳理出企业环境行为决策背后的逻辑。(3) 既有的对企业环境行为影响因素的研究倾向于进行静态时点的统计分析，在一定程度上忽视了对企业行为动态演化过程的关注，尚未揭开企业内、外各因素产生影响的复杂、动态过程的"黑箱"。(4) 缺乏社会学视角，对企业所处宏观社会结构转型、机制转轨对其环境行为的作用的关注还不够，未能将企业作为社会组织置于特定历史背景中进行观察，也未能充分说明企业环境行为过程中社会变迁的意义。

此外，已有研究结论之间存在诸多差异，这表明企业环境行为的影响机制非常复杂，且当前相关研究发现的适用性是很有限的，有必要对企业环境行为进行深入的实践观察，进一步甄别、判断各影响因素的具体作用和内在关联。为此，本研究借鉴社会转型理范式，以定县农村小微企业绿色转型实践为例，研究在国家推动的绿色转型大趋势下，政府主导的、自上而下的环境政策变革对农村小微企业环境行为的作用，并着重关注企业能动性对其环境行为转变的内在影响，呈现农村小微企业环境行为的驱动和演化过程，以期对已有研究中的不足进行补充。

（二）国内研究

具体就中国学术界的状况而言，有关企业环境行为的研究成果并不多。2018 年 4 月 1 日，笔者以"企业环境行为"作为篇名在"中国期刊全文数据库（中国知网）"中进行线上文献搜索，仅找到 77 篇文献①，详见表 1.2-1。

表 1.2-1 "企业环境行为"相关文献分类统计表

时间段	1995—2000 年	2001—2005 年	2006—2010 年	2011—2015 年	2016—2018 年
论文数	8	10	18	25	16
论文占比	10%	13%	23%	33%	21%
所属学科	6 篇——环境科学 2 篇——经济学	9 篇——环境科学 1 篇——经济学	13 篇——环境科学 11 篇——经济学	26 篇——经济学 17 篇——环境科学	13 篇——经济学 11 篇——环境科学

① 检索结果显示为 79 篇，但是，因 2001 年和 2010 年各有一篇为一稿多投，实际检索到的发表论文数应为 77 篇。

（续表）

时间段	1995—2000 年	2001—2005 年	2006—2010 年	2011—2015 年	2016—2018 年
研究内容	3 篇——CEB 信息公开化，3 篇——企业环境资质认证制度	6 篇——CEB 评级与信息公开，3 篇——CEB 影响因素	6 篇——CEB 评价，5 篇——CEB 影响因素，3 篇——研究综述	13 篇——CEB 影响因素，4 篇——CEB 与环境规制，3 篇——CEB 评价	5 篇——CEB 与环境规制，5 篇——CEB 评价，4 篇——CEB 影响因素
研究方法	2 篇——质性研究	2 篇——定量研究	3 篇——博弈分析 2 篇——定量研究	11 篇——博弈分析 4 篇——定量研究 3 篇——质性研究	7 篇——博弈分析 6 篇——质性研究 2 篇——定量研究

注：1. 表格中“企业环境行为”简称：CEB，即 Corporate Environmental Behavior。2. 表格中论文数和论文占比，均为除去两篇一稿多投文献后，以 77 篇文献总数进行的统计。3. 所属学科为在知网学科细分类别基础上进行再整合，有交叉统计的情况，因此，分类子项加总存在大于对应论文数的情况。4. 研究内容与研究方法分类统计中，未计入资讯类、政策评议类文章，因此，分类子项加总少于对应的论文数。

从以上检索结果可知，自 2011 年后，国内有关企业环境行为的研究显著增多。具体来说，国内的研究成果有如下特点：第一，从学科视角来说，企业环境行为一直受经济学（包括宏观经济与可持续发展、企业经济、贸易经济、工业经济、农业经济等分支）和环境科学（包括环境科学与资源利用、环境监测管理与技术、畜牧与动物医学等分支）学者关注。但是，其中基于社会学学科视角的文献非常少，几乎没有由社会学学者完成的相关研究（洪大用，2017），这表明加强和发挥社会学在企业环境行为研究领域中学科优势的迫切性和必要性。

第二，从研究内容来看，学者们较为关注企业环境行为评价、企业环境信息公开、企业环境影响因素相关的内容。一方面，研究者基于制度实践逻辑，对企业环境行为信息公开和评价、信用评估、等级评定等相关制度设计在不同地区、不同行业、不同企业的实践效果进行介绍（王远 等，1999；王远 等，2000；王华，2000；张劲松，2008），并总结经验、提出相应的制度完善建议。根据已有研究对国内企业环境行为信息公开制度实践的关注，2000 年左右各省和各地方政府已开始实行环境信息公开制度，及至 2008 年《环境信息公开办法（试行）》颁布，该制度存在的缺乏法律依据、工作机制不健全、指标体系不客观、公开对象局限、公众参与不够等问题已得到很大改善（王晓纲，2003）。

另一方面，学者从企业行为应激性假设出发，对各类企业环境行为（如企业自律式环境管理、企业主动环境行为、企业自愿环境行为）的外部环境、内部驱动因素进行分析（陈兴荣 等，2012；王宜虎 等，2007；王凤 等，2015），并基于此提出完善规制企业环境行为的制度建议和研究参考（Wang Hua 等，2007；余瑞祥 等，2009）。总体来说，国内现有研究更为关注企业环境行为评价与信息公开制度实践，以及企业环境行为的影响因素分析，这些研究发现提供了在本土社会环境中探究本土企业的环境行为驱动机制及其演化机理的信息参考。

第三，从研究方法来说，博弈分析、定量研究是学者们在企业环境行为研究领域较常用的分析和研究范式。博弈分析是以微观经济学中博弈论为理论基础，将环境保护中涉及的行为主体，即企业及其博弈方（如政府、社会公众、环保组织等）之间的行为决策数量化（邓峰，2008；张倩 等，2013；邹伟进 等，2009；邹伟进 等，2014；张洪 等，2007），并在理性人假设前提下构建博弈模型，分析博弈各方的相互影响机制。其中，政府与企业之间的环境博弈是学界最为关注的。不过，博弈分析通过模型假设将博弈各方关系抽象化，使得现实情境下各方复杂的互动机制简单化，这种对真实社会现象的切割，在一定程度上约束了对企业环境行为过程的研究和理解。

量化统计分析在企业环境行为影响因素及其影响效应的研究中使用较多。不过，关于企业环境行为的影响效应，已有研究结论并不完全一致。比如，贺灿飞等（2010）以昆明市环保局重点监控的 439 家污染企业的环境行为数据为基础构建实证模型，分析发现当地国有企业比其他企业投入更多资金用于环保，而外资企业和私营企业的环保行为与其属性并无显著关联。但是，关劲峤等（2005）分析无锡市 30 家印染企业 1995—2001 年的环境监测数据后发现，国有集体企业的环保投入水平低于私营合资企业。这种可能因研究对象所属地域或所处社会经济背景不同，或研究样本、统计口径、分析模型等差异，而产生的研究结论分歧，进一步说明企业环境行为影响因素和影响效应的复杂性和多样性。同时，也表明量化分析在解释企业环境行为影响效应差异方面的局限性，难以充分解释相同属性企业在不同地区、不同行业、不同时期的环境行为表现的不同。这更凸显出以扎根田野、实地观察、质性分析的方式对企业环境行为研究进行补充的必要性。

第四，具体就与环境政策对企业环境行为影响相关的研究来说，已有研究肯定了前者对后者的正向规制作用，并指出其存在局限性，且原因是多方面的。

比如，Dasgupta 等（2001）对中国镇江 640 家工厂 1993—1997 年的环境数据进行分析，发现政府的环境监察制度显著改善企业的环境绩效表现。已有的对环境信息公开制度（Zhang Lei et al.，2016）、中央环保督察制度（Zhang Bing et al.，2018）、企业环保升级改造制度（Wu Jiawei et al.，2018）、基于市场的环境规制（Market-based regulations）的研究（Li Ruiqian et al.，2018），也支持了环境政策对企业环境行为有积极影响的观点。

从农村的情况来看，农村环境政策在促进农村生态文明建设方面发挥了积极作用，但是，农村环境治理形势依然严峻（王西琴 等，2015）。在环境政策（含制度、法律）体系建设投入持续增加的情况下，国家每年的环境治理目标完成难度较大（Rui Mu，2018）。这表明，环境政策对企业不良环境行为的规制存在局限性。究其原因，现有研究发现乡镇企业发展与农村工业污染之间存在相互制约关系(张卫东 等,2007),政策执行过程中存在信息不对称(张倩 等,2013),政策未得到充分执行(Swanson K E et al.,2001)等多种因素均约束着环境政策效果。此外,有学者从对环境政策的反思中寻找原因,研究指出,我国环境政策以行政管控(马小明 等,2005)、命令和控制(彭海珍、任荣明,2003)的方式为主,过于依赖政府的行动(夏光,2001),由此产生两种相反且不利于企业环境行为约束的政企关系,即政府与企业长期处于非合作状态(马小明 等,2005),以及基层政府与地方企业合谋(李国平 等,2013;张俊 等,2014)。

如上研究表明,在环境政策与企业环境行为之间还存在多种中介变量影响着政策规制效果,但是,当前的研究还不能充分解释在社会加速转型、绿色发展大力推进的趋势下,政府主导、自上而下的环境政策在驱动农村小微企业环境行为转变方面的合理性、有效性和局限性。

第五,具体就影响企业环境行为的内因来说,当前研究已列证了多个内部因素对企业环境行为的影响。比如,员工环境行为和企业主环境意识(王凤 等,2015)、企业所有制属性(贺灿飞 等,2010;Wang Hua et al.,2007)、经济规模(陈兴荣 等,2012)、"经济人"理性(王宜虎 等,2007)、"生态人"理性(孙健,2004)等,均是对企业环境行为产生显著影响的因素。由于多数研究仅将企业环境行为视为应对外部压力的被迫行动,忽视了企业的能动性,而少数从企业理性角度出发的研究在回应企业环境自律行为表现上仍显乏力。因此,本研究认为在观察企业环境行为时,既要看到外部压力,又要关注内部能动力,才能更全面地分析企业环境行为决策过程及其内在逻辑。

综上所述,国内有关企业环境行为的研究相对较少,缺乏社会学学科视角,研究方法偏重博弈模型分析和量化研究范式,研究内容覆盖面较全,但是,在解释环境政策规制局限性、揭示企业环境行为选择等方面仍有不足。因此,本研究借鉴社会转型理论视角,对绿色发展大背景下,政府主导、自上而下的环境政策对农村小微企业环境行为的驱动作用,以及企业能动性对后者的影响进行研究,以期弥补现有研究不足。

四、其他相关研究

(一)绿色转型研究

1962 年,美国海洋生物学家蕾切尔·卡逊(Rachel Carson)的著作《寂静的春天》拉开了绿色发展的帷幕(程天权等,2012)。该书主要描述了美国在农业生产中过量使用杀虫剂等农药,导致农村不可逆的生态失衡和严重的环境污染,这在很大程度上唤起了人们的环保意识和对环境问题的关注(程鹏立 等,2013)。1989 年,英国环境经济学家皮尔斯(Pearce)在其著作《绿色经济蓝图》中提出绿色经济(Green Economy)这一概念。皮尔斯认为,应从社会及其生态条件出发建立起"可承受的经济",即自然环境和人类自身能够承受的、不因人类盲目追求经济增长而导致生态危机与社会分裂,不因自然资源耗竭而致使经济不可持续发展的经济发展模式(郑德凤 等,2015)。随着绿色经济、可持续发展理论达成全球共识,绿色经济在中国学界引起广泛讨论。

2018 年 4 月 1 日,笔者以"绿色转型"为篇名,在中国知网进行文献搜索,结果显示共有 598 篇相关研究成果发表,其中,最早为 2002 年的两篇关于绿色经济、绿色物流的文章。从研究主题来看,已有研究中 199 篇为工业经济相关的研究,180 篇为宏观经济管理与可持续发展相关的研究,151 篇为经济体制改革相关的研究,105 篇为环境科学与资源利用相关的研究①。由此可见,工业绿色转型、宏观经济可持续发展以及经济体制改革,是该领域研究者较为关注的研究内容,这表明经济绿色转型在生态文明建设和绿色发展战略中占有重要位置。但是,绿色转型研究目前仍存在不足,因此为新的研究提供了突破的可能性。

(1) 国内有关宏观层面绿色转型的研究很丰富,但对微观经济主体转型发展的关注还不够。当前学者们对转型的战略意义、路径选择、面临的问题及解决方案有诸多研究成果。比如,齐晔(2014)指出,绿色转型是针对中国工业化、城镇化过程中面临的资源环境约束与经济发展之间的矛盾所提出来,其战略意义在于"探索生态文明建设有效路径、促进人口经济资源环境相协调",绿色转型的核心标志是资源生产率大幅提高和环境污染大幅下降。基本上,学界对绿色转型的必要性已达成共识,在此基础上,有研究进一步对中国工业、金融业、传统产业、镇域产业的绿色转型路径、障碍和出路进行了具体分析。中国社会科学院工业经济研究所的研究表明,工业是中国经济的主体产业,工业绿色转型势必会对经济社会发展产生重大影响。一方面,在推动工业向绿色、低碳化转型过程中,需要付出一定的成本和代价;另一方面,实现工业绿色转型也将产生显著的效益。总体而言,工业绿色转型的效益远高于成本,这将成为中国工业绿色转型的根本动力(中国社会科学院工业经济研究所课题组,2011)。蓝庆新、韩晶(2012)指出中国工业绿色转型面临体制、技术、阶段性阻力,需要立足国情、借鉴发达国家工业绿色转型的经验,如完善绿色政策体系,推动工业技术升级等。王遥、潘冬阳(2015)基于金融学视角研究认为,由于金融市场失灵的存在,中国经济绿色转型的资金需求无法充分满足,因此需要国家进行干预,构建绿色金融体系支撑经济绿色转

① 研究主题分类参考知网学科分类结果,存在子类型交叉的情况,因此,子类加总文章数量多于检索文章总数。

型。刘佳宁(2013)基于广东省的经验提出，在传统产业绿色转型方面，应当重点扶植优势传统产业、扶强传统产业中的新兴领域、建立以专业镇为载体的要素支撑。总体而言，学界在宏观层面对绿色转型的战略意义进行了较充分的论证，并对不同产业和地区的绿色转型实践提出改进建议。

但是，经济绿化过程中最为关键的是企业这一经济主体的绿色转型实践。现有的绿色转型研究缺少对微观经济主体，尤其是农村传统工业企业绿色发展过程的观察和分析。农村经济绿色发展的重点在于农村传统工业企业改造升级和绿色转型，农村小微企业是农村企业中占比最大、数量最多、分布最广、吸纳就业人口数最多的经济体，其中也包括大部分污染严重、技术落后、能效低的传统工业企业。这些企业的转型发展与美丽乡村建设、绿色城镇化直接相关，因此，深入观察镇域范围内传统工业企业绿色转型过程，分析农村小微企业环保改造和绿色发展实践，对于生态文明建设和农村经济绿色发展具有现实性和必要性。

(2) 当前研究表明，环境规制与企业绿色转型的关系在不同时空、不同企业中存在差异性，有必要进行更深入、具体的实践观察，以明晰其内在关联。赵红(2008)从企业管理角度出发，以中国30个省市大中型工业企业1996—2004年的面板数据进行实证分析，结果显示，在中长期里，环境规制对中国企业技术创新有一定促进作用，“波特假说”在一定程度上得到了证实。与此同时，彭星、李斌(2016)基于2000—2012年中国省际面板数据，对不同类型环境规制对工业绿色转型的影响进行实证研究表明，经济激励型环境规制与自愿意识型环境规制的增强，可明显提高绿色技术创新水平及促进工业绿色转型，但具体就中西部地区而言，该关联并不明显，并且在中西部地区命令控制型环境规制有着负向影响效应。

可见，环境规制对企业技术发展和绿色转型有一定作用，但在不同时期、不同地区、不同类型企业中呈现差异性，这表明简单地通过数据分析判定二者的关系，尚不能充分解释其差异性。因此仍有必要对一定地域范围内，具体环境规制政策对具体产业转型发展的作用过程进行观察和分析，以补益实证分析的不足。

(3) 由于缺乏有关农村地区小微企业的统计数据，已有实证研究的分析样本几乎均为城市的大、中、小型企业，其研究结论在农村小微企业的绿色转型实践中的适用性是有限的。因此，有必要对农村小微企业的绿色转型、绿色发展进行实地观察和思考，以充分了解基层环境规制对农村传统工业绿色转型过程和效果的影响。

此外，已有研究多为对政府、产业或企业主动寻找新的发展机遇的分析，较少研究因环境政策强化，倒逼企业进行绿色发展路径探索的案例研究。这使学界在一定程度上忽视企业绿色转型驱动机制的研究，难以为政府提升环境规制政策效果和推进企业绿色转型提供有启发的研究参考。为此，本书以生态文明建设、绿色经济发展战略下的环境规制政策强化为背景，观察农村工业小微企业的绿色转型过程，并重点关注企业环境行为的驱动机制和演化机理。

（二）农村小微企业研究

经济学、金融学、管理学有关乡镇企业、中小企业的研究成果较多，研究内容聚焦于乡镇企业发展模式（陈吉元，1989）和运行机制（叶扬，2004），乡镇企业产权结构（陈剑波，1995）及其改制过程与结果（张建君，2005），中小企业融资困难（王钦广，2014）及其集群管理对策（赵君 等，2015），民营企业融资结构及其运营机制（蔡欣怡，2013），等等。

(1) 学界对乡镇企业的研究，为本研究提供了丰富的文献支持。社会学基于乡镇企业发展、改制的社会运行背景，尝试为乡镇企业的生成结构和运行机制（渠敬东，2013）、存续的合理性（周飞舟，2013）、发展的制度环境与改制的政治经济影响提供解释框架（邱泽奇，1999），并基于学科角度总结其 30 多年发展改革经验。现有社会学的研究有助于笔者勾勒铁网加工企业在乡镇发展、变迁过程中的历史脉络，并增进对农村小微企业发展现状的理解。但是，一方面，乡镇企业（中小企业）与本研究的农村小微企业在外延上有重叠但不完全重合，前两者的研究结论未必完全适用于后者，有必要对小微企业集群进行具体观察和分析；另一方面，已有研究较少关注农村小微企业的绿色转型及其环境行为过程，这为本研究留下了发挥的空间。

(2) 已有关于对农村工业污染成因及治理建议的研究成果，既是本研究田野观察的参考，也是本研究考究的对象。对农村（乡镇）中小企业污染的形成原因，环境科学、经济学学者认为主要有：乡镇生态环境本身的脆弱性；“经济人”对短期经济利益的追求；产权模糊，使政府成为企业的利益相关者；当地居民和企业员工缺乏保护环境的内在动力，等等。社会学学者认为，一是由于“生产跑步机”驱动下一些地方环保部门的“稻草人”式微角色所致（陈涛 等，2010）；二是由于利益相关者中普通村民在强势企业、政府面前的“沉默”（陈阿江，2008）；三是企业利用村民缺乏对企业生产经营的了解，通过欺骗清除了污染的阻力（王娟，2009）；四是政企达成“同盟”使环境保护在实践中异化为“环境污染”（张玉林，2006）；五是城乡二元结构导致城市污染向农村转移（洪大用 等，2004）。以上对农村（乡镇）工业污染原因的分析，增进了笔者对铁网企业环境污染形成过程的理解，为本研究田野观察和深度访谈提供了有启发的信息支持。

关于农村（乡镇）中小企业污染治理，苏杨、林家彬（2004）通过对中小企业市场最发达的浙江和人均 GDP 最少的贵州两省的中小企业治污调研，指出有两种现实可行的做法改善中小企业污染治理：一是“工业园区集中模式”，即建设具有经济活力和统筹规划较好的工业园区，扶持专业污染治理公司，由其对中小企业污染进行集中治理；二是“循环经济模式”，即对某些高污染资源型产业，可通过扶持中型企业发展资源循环综合利用产业，进而带动周边相关小企业的“三废”处理。任红艳、李琪(2002)从经济学基本理论视角出发，认为理性“经济人”的本质无法改变，必须通过政府的外部强制力量来改变企业外部不经济的现状，同时根据污染所要达到的目标选择运用庇古税①或科斯定理②，即前者适于实现单一环境清洁目标，后者可助于兼顾经济与环境目标。社会学学者提出，可从制度创新、提升利益相关者环境认知、确保农民参与农村环境治理等方面改善农村企业污染治理现状。

(3) 前文有关乡镇企业环境影响的文献梳理中已提到，农村地区亟待解决乡镇企业带来的环境污染问题，凸显了研究农村工业绿色转型的紧迫性和必要性。整体而言，已有研究提出的企业污染治理建议，为本研究提供了从多个角度观察农村小微企业环保升级改造、绿色转型实践的研究参考，但田野点铁网企业及其所处的地域、行业，所面临的政策、市场环境均具有特殊性，直接运用已有研究结论的可行性仍待考究和实践检验。

---

① 庇古税是指，根据污染所造成的危害程度对排污者征税，用税收来弥补排污者生产的私人成本和社会成本之间的差距，使两者相等。转引自百度百科词条阐释，检索“庇古税”。

② 科斯定理是指，在某些条件下，经济的外部性或曰非效率可以通过当事人的谈判而得到纠正，从而达到社会效益最大化。转引自百度百科词条阐释，检索“科斯定理”。

第三节
研究方法

笔者主要从个案的选取理由，调研资料的收集和分析介绍研究方法，其中，个案选取主要从典型性、研究可行性考虑，资料的收集和分析详细呈现了本研究的田野观察经过、研究资料的构成及其整理和分析过程。

一、个案的选取

定性个案研究不同于量化统计研究，个案研究方法的逻辑基础不是统计性的扩大化推理（从样本推论到总体），而是分析性的扩大化推理（从个案上升到理论）。在定性个案研究中，所追求的是通过相对实现“最大差异信息饱和”满足“研究主题归纳程度”的需要，而不是选择更多个案达到定量统计分析所要求的代表性（潘绥铭 等，2010）。由于难以确定整体中不同类型个案的数量和占比，个案所代表的类别范围是模糊的，因此，个案研究类比于统计样本分析，要求个案具有代表性是不合适的。个案研究所关注的是个案的典型性，不是个案“再现”总体的性质（代表性），而是个案集中体现了某一类别的现象的重要特征，如果个案能较好地体现某种共性，那么，对于这个共性来说，这个个案就具有典型性（王宁，2002）。具体来说，定州铁网加工业的环保改造升级具有农村小微企业绿色转型的共性，是当前亟须转型发展的传统工业农村小微企业中的典型个案。

（1）铁网企业绿色发展是农村传统工业环保升级和绿色发展的典型。铁网加工业在定州已形成一定的集聚规模，并为当地经济社会发展作出了突出贡献，但是，该产业存在的环境污染问题已成为其生存和持续发展的障碍，绿色转型成为企业不得不探索的方向，而这正是农村传统“三高”（高投入、高污染、高能耗）工业面临的发展现状。因此，剖析定州铁网企业绿色转型个案，有助于深入了解当前农村传统工业绿色发展的内外机制及其转型的基本特征。

（2）定州企业环保规制强化实践是基层政府力行中央环保政策要求的典型。近年来，从中央到省、市、县，政府渐加强环境治理力度，采取强制执行环境政策的方式成为大势所趋。在京津冀协同发展区域范围内，以产业结构优化、大气污染防治、散煤治理、散乱污企业取缔等为重点的环保工作正全面推进。定州的企业环保政策强化正是区域环境治理布局在基层落地的缩影，恰好为笔者提供了机会，观察和跟进政府主导的、自上而下的环境政策变革推动农村小微企业绿色转型的实践。

(3) 铁网企业具有农村工业小微企业的一般特征，如扎根农村、固定投入大、技术落后、资源依赖、价格敏感、劳动密集、规模相对小、整体布局分散、环境污染问题突出等。当政府强制其进行环保升级改造时，大部分企业面临“不上环保设备，等死；上了环保设备，找死”的困境。这使得铁网加工业成为研究镇域范围内、传统工业小微企业绿色转型机制的理想选择。此外，铁网加工业以外贸为主，该产业的绿色发展也为观察传统乡镇工业探索出口贸易转型提供了机会。

总言之，定州铁网加工业绿色转型的个案汇集了传统乡镇工业、小微企业、环境规制强化实践的诸多共性，为笔者提供了观察和研究在国家推动的绿色发展大趋势下，农村小微企业能动地调节环境行为，转向绿色发展模式，应对宏观环境政策变迁过程的机会，是研究农村小微企业环境行为内外作用机制及其演化逻辑的理想之选。

二、资料的收集

基于个案研究的方法路径，并结合研究主题的需要，资料的收集过程可大致归纳为“两个类别、三个阶段、四种方法”，即资料由一手资料和二手资料两类组成，分三个时间段完成基础资料的收集，采用了四种质性资料收集方法。

(1) 本书的研究资料以一手资料为主，二手资料为辅。其中，一手资料包括访谈资料(63 人)、非参与观察(19 天)和参与观察(112 天)的体悟、调研期间的文字记录、照片、测量记录(如声音分贝测试)；二手资料主要由学术文献(如中外学者以定县为个案的研究成果、与研究主题相关的参考文献)，地方历史资料(如市志、水利志、土壤志、统计年鉴等)，政策或制度文案(如各级政府颁布的相关环保制度、法律法规、红头文件、工作报告、宣传文稿等)，网络资讯(如定州市、乡镇政府官网和微信公众号信息、《定州日报》资讯等)组成。

(2) 所有研究资料分“三个阶段”完成收集，分别使用“四种方法”进行收集。笔者根据调研时间轴将资料收集阶段大致划分为初入田野、融入田野和往返田野三个阶段，并对各阶段所使用的主要收集方法及资料内容进行介绍。

第一，初入田野阶段的非参与观察和深度访谈。2016 年 1 月上旬，项目组师生 20 余人，分 5 个调研小组前往定州，进行为期 10 天的农村社会概况调研。此行的任务有两个：一是了解定州5个特色乡镇基本情况，包括乡镇人口、经济、教育、特色产业、社会治理等内容；二是从每个乡镇分别抽选2个特色村，了解各村的村委组织架构、乡村治理、人口结构、农业发展、卫生医疗、社会保障、基础教育等内容。因李镇经济发展水平位居定州50多个乡镇前列，被纳入项目组5个调研乡镇之列。笔者的调研小组一行四人负责在该镇的调研工作。其间，乡镇政府介绍“以留村为中心的辐射周边多村的铁网加工业不仅是该镇土生土长的经济支柱，而且，当地的铁网产品九成以上出口国外，是李镇最富特色的产业”。为此，经镇政府协助，调研小组对留村村委干部、村医生、村小学校长、低保户、村民，以及三家铁网企业业主、一家铁网作坊主等主体进行访谈，了解该村及其铁网加工业的基本情况。这次初访不仅为笔者铺垫了后续自行前往留村调研的信息基础，而且激起了笔者对铁网加工业发展历程及其环保现状的强烈好奇。

因此，2016年5月和6月，笔者先后前往留村继续调研。通过对初次访谈资料的梳理，笔者以加工工艺、产品种类、产值规模、发展阶段等为分类标准选取典型企业和作坊，深入访谈业主、观摩加工过程和生产环境，拓展、深化对该产业发展及现状的了解。在田野探索期，笔者未预设格式化访谈提纲，基于初访和新访案例所获信息，大致沿着“生产工艺变化、产业链形成、经销模式变迁、组织形式和融资渠道演变、污染类型及其环境规制转变”等线索，了解不同受访者的观点、感受，最终将田野所得与历史统计资料结合，临摹出铁网加工业的发展历程及其现状图式。

经过实践，笔者认为这种差异化受访者、非格式化、深入访谈的调研方式至少可在以下四个方面助益研究：首先，提升资料丰富性和可信度。多个异质性的受访者往往对相同的访谈提问，会有不同的回答，这既增进研究者对该问题的理解，同时也可帮助审视访谈对象提供的信息的真实性。其次，提供可追溯的调研线索。不同受访者的信息分享通常意味着访谈资料边界线拓宽的可能性，以及引导研究者寻找下一个受访者以充实当前信息的机会。再次，深化重点问题的思考。部分访谈问题是研究者希望深入了解的，但单一受访者对此的反馈是有限的，甚至有些受访者并不了解或不愿意分享，而差异化受访者可在一定程度上对此有所弥补。最后，降低受访者的不信任感。受访者相互间原本有相对稳定的交往圈子，对于他们而言，研究者是完全陌生的。尽管研究者在访谈前会介绍研究背景，并征询受访者被访意向，但由于笔者是在乡镇政府、村委这样的基层权威代表的引介下接触到受访者的，这虽然大为增加受访成功率，但也增加受访者出于防范考虑，进行有限分享的可能性。因此，当受访者了解到他的圈子里的其他人接受了访谈，并且这些受访者并无某种明显相同特征时，他的配合度和信任感相对更高，对笔者提问的反馈也更充分。

再入田野，本研究有两个大进展：一是对铁网企业、作坊的发展历程、当前生产经营情况，以及从业人员环境意识和行为表现有了大致的观感和体悟，同时，政府主导的环保规制与铁网企业渴求恢复正常生产之间的矛盾渐显，而这正是铁网企业环境行为转变的最直接原因，也是本研究关注的重点内容；二是随着调研的推进，笔者开始以田野关键人物为中心搭建未来可再拓展、再深挖的访谈对象网络，这是支撑笔者在铁网加工业持续、深入开展调研的重要力量。

第二，融入田野阶段的参与观察和深度访谈。在初步调研的基础上，笔者通过整理访谈资料、检索相关研究文献、咨询专家，最终将研究重点锁定在“绿色发展背景下农村小微企业转型”这一主题上。2016 年 9 月至 12 月，笔者以“中国人民大学社会调查与实践教学基地”①首批驻点调研员的角色入驻李镇，集中开展参与观察和深度访谈。

驻点调研员的角色为笔者提供了如下便利：一是从田野内部破除进入壁垒，受访者配合度和支持度更高。通常来说，质性研究的首要困难是研究者难以进入田野，或是进入后难于取得受访者的信任与配合。在中国农村这常常表现为，由于村民对社会调研缺乏了解，将访谈误解为官方的“调查”②或者新闻媒体的暗访。在定州包村治组织结构下，乡镇工作人员与辖区内各村委、企业主日常接触较多，相互熟识，是笔者解除田野进入壁垒的内部突破口。为此，在调研前期，笔者会请镇政府职员或村委领路；见到受访者后，先由他们介绍笔者的身份、调研目的、需要受访者提供的支持等；同时，在正式访谈前，笔者会简要说明“如何来到定州、如何进入李镇、因何调研铁网、为何选择受访者、有何访谈期待、访谈资料做何使用”等情况，待受访者心中疑虑降低或解除，且同意接受访谈和访谈录音之后，才开始正式调研。遇到镇政府和村委未能领路的情况，笔者会先请他们电话联系受访者，介绍相关情况、表达访谈意向并约定访谈时间，以获得其充分理解和访谈支持。二是住宿安排便于参与观察和资料整理。李镇镇政府腾出办公楼二层最西边一个单独房间供笔者借住，此后笔者的田野落脚点均在此处。李镇办公楼③二层共 28 个房间，除了办公室、会议室等公共空间，其他房间为包括镇长、书记、人大主席等在内的 7 位副科级以上工作人员的个人办公室兼值班宿舍，因此，李镇主要管理决策和活动、对外接待工作均是在二层开展的。一方面，

① 该基地为中国人民大学与定州市政府开展校市合作的落脚点，基地办公室由定州市政府工作人员和中国人民大学社会与人口学院老师组成，旨在为双方开展研究交流和社会实践提供支持。

② 村民口中的调查是指某人因违反法律、法规而受到官方调查，因此，受访者因担心说实情而带来不可预知的不利影响，常有所保留、选择性地说或干脆表示不知其详。这是进入壁垒的表现之一。

③ 李镇办公楼建于 1987 年，共三层，每层均有冲水厕所。其中，一层主要为科室办公室和两位后勤人员的宿舍，二层为主要办公区，三层为大会议室和普通工作人员的二人间宿舍。

笔者的住宿位置便于随时参与其中，并以局内人的身份进行田野观察；另一方面，在非观察时间，笔者又可以回到研究者身份，在独立住宿空间不受外部干扰地梳理调研资料，寻找可深挖的田野线索或需补充的新信息点。三是有足够时间和充分机会融入田野，全面体验田野日常生活。在此期间，由于笔者吃住都在当地，在乡镇调研方面，笔者可参与李镇日常工作过程，如镇政府的晨会、巡村检查、政企洽谈等，并可在非工作场合、非工作时间与受访者进一步交流，如在镇政府食堂或外出聚餐、傍晚散步、搭工作人员便车到市里①等。在企业调研方面，笔者以参加车间和作坊劳动，帮助企业撰写文案材料等方式，参与企业和作坊的日常生产过程和行业协会组织协商过程，体验铁网企业、作坊日常生产、组织和交流过程，同时，有效增进受访主体对笔者的信任、理解和支持，提升研究资料的广度和深度。在日常生活感知方面，笔者从衣、食、住、行、娱各方面切身感受田野生活场景和环境状况，并通过与其他社会主体（如食堂阿姨、餐馆老板、集市商贩、公交车乘务员等）的交流，充实访谈和观察资料。

初入田野为笔者在融入田野阶段的探索指明研究主题和调研线索，具体表现为：一是初入田野阶段发现“宏观社会经济绿色转型背景下，政府自上而下强化企业环境规制政策，从外部推动企业改善环境行为”的社会现象，还需进一步明晰其在田野的具体表现和进展；二是环境政策变革通过多元社会主体对铁网行业转型升级、绿色发展的外部作用力已凸显，但需详细了解各主体的具体作用形式及其过程；三是铁网企业环境行为决策过程、环境行为表现、环境影响等均存在差异，仍需深入观察并梳理其内在机制；四是高镇②和李镇铁网企业分别采取不同的污水处理实践方案，尚需进一步调研以全面了解铁网加工业转型过程；五是铁网加工业转型是一个长期过程，企业环境行为调适也是如此，有必要基于当下情境展望其未来发展趋势和方向。为此，笔者以“铁网企业转型原因、动力、阻力、过程、进程、趋势”为线索，对多元社会主体分别进行访谈，并通过参访、工厂体验、日常观察补充和校验企业环境行为选择及其表现获得相关资料。

具体而言，从访谈主体来说，主要有：①政府机关工作人员，具体为李镇和高镇政府职员。他们从政府角度，提供了有关铁网企业发展历程和乡镇发展规划，企业环境规制具体要求，镇政府协助市政府对企业进行的日常管理，及其在企业环保改善和污水处理厂筹建、运营方面的互动过程和进展等信息。②行业协会成员，包括协会会长、副会长、会员企业。他们从协会和铁网行业角度，介绍了协会成立初衷、会员情况、组

---

① 李镇距离定州市约25公里，镇上工作人员绝大部分居住在市里，晚上无值班任务时，他们下班后或搭公交或自驾回市里。每逢笔者需要回学校，如时间凑巧，他们会让笔者搭便车从李镇到定州市。

② 高镇与李镇相邻，两镇铁网企业集聚的村落也相邻；高镇企业数量与总体规模稍小于李镇，因此，笔者基于铁网产业集聚的实际情况，将田野调查的范围拓展至高镇。

织结构、发展定位、章程及其为确保行业持续发展而与政府、企业、第三方机构等主体的沟通过程。③铁网企业主与作坊主，包括镀锌厂、涂塑厂、拔丝厂、制刀厂、制钉厂、电焊条厂等20家工厂的业主和8家经营时间、规模和产品类别不同的作坊的经营者。他们分享了各自生产经营经历（包括筹建及发展情况、主要产品和加工工序、上下游合作方、成本和营收、设备和工艺演变、融资渠道变化、外贸发展等），铁网加工业市场变化（包括国内原料市场波动、异地同业环境规制情况、国外竞争者、国际市场变化等）、企业污染防治（包括环保手续和治理标准要求、治理决策过程、治理措施、成本投入、治理困难及其效果）、企业与其他主体的关系（包括与政府日常沟通、对政府管理及其产业规划的看法、对行业协会及其作用的观感、与污水处理厂和第三方环保机构的合作意向达成过程、与工人和作坊的协作过程）等内容。④金融机构职员，主要为定州农商行[①]管理人员、业务人员。他们分别从管理层面和实务层面介绍了农商行与铁网企业之间的业务关系及其演变、农商行对铁网加工业信贷政策及其在铁网加工业的业务现状、农商行对铁网企业绿色发展的预期及其业务调整。⑤社会公众，主要为村民和工厂工人。他们讲述了自己对铁网企业环境污染和治理、自然环境变化的感知和观察，并表达了对该产业污染防治和未来发展的态度和期许。⑥污水处理厂运营人员，即李镇和高镇两家污水处理厂厂长。他们分别介绍了两家污水处理厂基本构造，污水处理原理、过程、规模、达标要求，运营监测、成本结构及其分摊方式，污水处理厂与企业、政府的关系建立与沟通过程，等等。

综上所述，在融入田野阶段，本研究基本完成了主体资料的收集。从访谈内容上看，该阶段收集的资料主要包括：①铁网企业转型发展的社会背景，即环境政策变革传导下多主体构成的外部驱动机制。②铁网企业改善污染治理的决策过程及其环境行为选择和表现。③铁网企业绿色转型进展及其趋势。此外，笔者通过文献研究和参与观察对访谈资料进行补充，具体为：①文献资料，包括直接由政府或企业等提供的企业基本情况、企业环评材料、政府公文、污水处理厂日处理记录等资料，以及间接从政府官网、微信公众号、地方报纸等媒介搜集的资讯和查询的市志、统计年鉴、水文和土壤记录等历史资料。②观察资料，主要有观察受访主体言行举止及主体间的互动（如观察企业主之间、企业主与工人之间、政府与企业主之间、政府职员之间在各种场合的沟通方式和内容）、观察田野环境（如观察工厂外植被类型及其成长情况，车间内环保标

① 定州农商行全称为河北定州农村商业银行股份有限公司，2016年7月4日由河北银监局批复成立，其前身为定县农村信用社。由于多方受访主体均表示该机构的资金支持与铁网企业的发展息息相关，为此，笔者选择其以了解铁网企业融资变化情况。

识、标语、整洁度以及烟尘收纳、处理和排放，污水处理设施配置和运行状态，工厂内外声环境、空气气味和杂质等）、观察田野日常生活（如观察村民、作坊、企业日常的环境行为、劳动习惯、消费习惯、沟通习惯）。一方面，文献资料和观察资料增加了访谈资料的丰富性和生动性，另一方面，前者也是检验后者真实性和可信性的重要参考。

第三，往返田野阶段的补充调研与文献研究。通过全面梳理融入阶段收集的调研资料，笔者发现需返回田野进行补充调研，因为：首先，基层政府行政变动①有可能带来企业环境规制政策微调或具体措施的变化，同时，融入阶段主要收集乡镇政府职员提供的信息，缺少来自定州市政府的直接资料，因故，需再下田野更新和补充更具时效性的一手资料。其次，受访企业主提及几种“离常”案例，如在国外开办工厂的、完全无污染的、工厂坐落在邻镇工业园的企业，因此需回田野进一步确认其是否具有典型性。再次，部分信息不够具体、全面，如电镀锌和热镀锌污水成分和处理过程及成本差别、李镇污水处理厂运营进展，等等，类似的细节仍需返回田野核实。最后，铁网加工业转型和绿色发展是一个持续、缓慢、长期的过程，再入田野可对之前的资料进行验证，同时更全面、深入地观察这一过程的发展和变化。因此，笔者于 2017 年 3 月、4 月、9 月先后三次往返田野进行补充调研。

往返田野补充访谈收集的资料主要有：①定州市政府对铁网加工业的管理和规划，包括发展改革局对铁网加工业合规管理、规划定位和铁网工业园建设构想，定州市环保局网格化管理、与乡镇企业环保工作的协作（如人员、事权、职权等划分）、对铁网企业环保资质要求和管理、排污费收缴和使用、群众举报铁网企业污染事件的处理等内容。②“离常”案例环境行为选择及其转型发展，包括案例出现的时间、数量、规模、生产经营现状，涉污类型、环保改善进展及其与普通案例的关联（如二者的异同、是否面临相同发展情境和趋势）。③李镇污水处理厂运营实况，即工业污水应急池建设进展、铁网污水排送和处理情况、该污水处理厂与镇政府和市政府协作关系、污水处理正常运营的阻力及其解决规划。④铁网企业转型发展的新挑战，主要表现为：订单明显减少（如多个企业主表示生产线不能满负荷运转、外商“甩单”②的情况时有发生）；30 多家企业因定州市开展“集中整治违法占地、违法建设”③行动，面临用地合法性危机，

---

① 2017 年 2 月 23 日，定州市第八届人民代表大会选举产生新一届领导班子。至此，定州市各市局、各乡镇、各村均完成了新一届领导班子的换届选举。李镇、高镇政府职员均有调整。

② 企业主常用的俗语，意指当订单产品价格因原料价格下跌而高于市场价格时，外商选择放弃该订单。

③ 2017 年 9 月 1 日，《定州市人民政府关于集中整治违法占地、违法建设的通告》发布，通告将“2015 年 1 月 1 日以来卫星遥感监测发现的违法占地”列入整治对象，高镇和李镇共有 30 多家企业陆续收到镇政府送发的《责令（限期）拆除通知书》。

等等。本研究重点在于深描铁网企业环保升级、绿色发展的内外机制和过程，考虑到各主体提供的信息进入相对饱和状态，继续访谈和观察所收集的信息渐出现重复，并且未发现可再追溯的、与主题相关的、有价值的资料线索，因此，笔者选择结束田野观察和访谈。

此后，笔者又通过检索定县①相关的研究文献和历史资料，补充和完善田野背景资料。在研究资料梳理、归纳、汇总以及本书的写作过程中，笔者通过线上回访方式对部分存疑信息、缺失信息、模糊信息进行核实、补充和确认。

综上，本书的资料收集三个阶段、四种方法及各阶段所获资料的类型和主题如表1.3-1所示。

表1.3-1　资料收集阶段、方法、类型、主题一览表

资料收集阶段	资料收集方法	资料类型	资料主题
初入田野 （2016年上半年：19天）	非参与观察 深度访谈	一手资料	铁网加工业发展历程与现状； 各阶段工艺、环境影响及其处理
融入田野 （2016年下半年：78天）	文献研究 参与观察 深度访谈	一手资料 二手资料	企业、协会与政府协商过程； 铁网企业转型过程及其环境规制； 铁网企业环境行为选择及其表现； 利益相关者对企业转型的观感； 各类污染处理方式及其效果
往返田野 （2017年：34天）	补充访谈 文献研究 网络回访	一手资料 二手资料	基础信息补充和核实； 铁网企业转型发展面临的新挑战； 企业转型阶段性进展与未来展望

注：各阶段资料主题存在交叉的情况，表1.3-1仅列出各阶段关注的主要所涉资料主题。

在资料收集期间，为确保资料的饱和度和切实性，笔者进行了如下努力：其一，拓展信息收集渠道。在田野情境中，各被访者、被观察者日常生活的关注点往往局限于其自身角色视野，笔者从单一主体所能收集的信息通常是破碎的，不能完整呈现研究主题的全貌。通过尽可能地拓宽信息来源，将不同行为主体分享的信息进行有序地梳理、整合，既能减少因信息缺失而造成分析的片面性，又能最大限度地避免因偏信某一主体的观点而导致对研究问题的曲解。因此，笔者在田野观察和访谈过程中，秉持“多主体、多情境、多形式”的信息收集原则，力求从多个渠道获取与研究主题相关的各方面信息。

其二，抓住“离常”案例。“离常”案例即与大部分案例存在差异性的、偏离常态的

① 1986年，定县撤县改为定州市。

特殊案例。差异性案例对于完整呈现整体质性特征至关重要，但是，个案研究者通常难以事先对个案多样性有充分的了解，而资料收集过程中抓住“离常”案例，并进一步追溯其始末，有助于弥补这一局限。因此，笔者在初入田野、融入田野、往返田野三个阶段，始终保持对“离常”案例的警觉和敏感，并通过深究其详情，增进资料的多样性和丰富性。

其三，及时确认或核实矛盾或存疑信息。个案研究的核心资料来源于研究者对与研究主题关联的各类行为主体的语言、行为、表情等生活内容的观察、访谈、记录和记忆，资料的呈现和收集过程是同步的。这一过程既受行为主体主观意图、客观行动条件和情感因素影响，也与研究者在特定情境下的记录形式、过程和选择相关，因此，最终所收集的资料难免存在相互对立或矛盾之处。为确保笔者所收集的资料能切实反映行为主体本身的情况，一方面，笔者不带预设观点进入资料收集过程，另一方面，笔者通过及时向行为主体确认或通过其他途径核实的方式，对矛盾或存疑信息进行校正。

其四，比对多个来源的信息。在田野调查中，笔者发现当涉及历史性信息或需要行为主体对某一情境进行回顾性描述时，常因存在回忆者进行选择记忆或记忆准确性不足等现象，而导致所收集到的资料出现错误、偏差或遗漏。为减少这一情况带来的资料损失，笔者通过比对多个信息来源提供的同一信息，尽可能地纠正、补全所涉主题的资料。

综上，本研究在力求确保资料最大差异化、全面性、切实性，满足研究主题和目标需要的前提下，围绕铁网加工业发展历程、环保升级改造、绿色转型等内容，选取案例开展观察、访谈、记录等资料收集行动。

三、资料的分析

（一）资料的构成

本研究的分析资料包括访谈资料、观察资料和文献资料三个部分。

(1) 访谈资料由对 25 位企业主、8 位作坊主、7 位工人、10 位村民、7 位政府工作人员、6 位农商行工作人员、2 家污水处理厂厂长的访谈录音和录音文字转录稿组成，其中，有效访谈录音时长共计 6 450 分钟，有效录音的文字转录稿字数共计约 20.7 万字。具体对各类受访者的访问次数、地点、时长等信息的统计如表1.3-2所示。

表 1.3-2　访谈信息一览表

受访者	访谈人数(位)	访谈地点	访谈次数区间(次)	访谈时长区间(分钟)
企业主	25	办公室、车间等	1～8	55～538
作坊主	8	作坊间	1～2	36～55
工人	7	办公室或车间	1	34～60
村民	10	村委或村民家中	1～3	44～76
政府工作人员	7	办公室或会议室等	1～4	98～356
农商行工作人员	6	办公室或会议室等	1～2	86～135
污水处理厂厂长	2	污水厂会议室或办公室	1～2	147～228

关于访谈资料的形成，一是如上所有访谈均在征询受访者知情同意的情况下进行录音，个别受访者最初不接受录音访谈，经政府工作人员或企业主等引介者进一步说明访谈目的后，受访者解除顾虑，最终同意在访谈时录音。二是如上访谈录音均在转录成文字稿后进行资料整理和分析。考虑到部分受访者在访谈时因电话或访客打扰中断，或因谈及其他事项而脱离访谈主题，因此，笔者未对访谈资料进行逐字转录成文稿，仅转录与研究主题有关的访谈录音。三是由于部分企业主和政府工作人员是笔者进入田野的关键引介者，他们较为了解笔者的田野调研的目标，对笔者较为信任，愿意为笔者提供联络和信息分享方面的支持，因此，笔者对他们的访谈次数和时长相对更多，同时，也经他们的引荐接触到更多的受访者。

(2) 观察资料由 3.6 万字调研日志和 534 张照片组成。从观察内容来说，可分为两类：一类是对环境的观察资料，另一类是对人的观察资料。其中，对环境的观察资料包括：一是对访谈环境的观察，如铁网企业空间分布，工厂的办公环境、生产车间、环保设施，作坊的布局、机械配置，污水处理厂的基础建设、环保设备运行状况等。二是对不同时间、不同地点田野生活环境和自然环境的观察，如一天中不同时段空气、声音环境变化，一年中不同季节植被、气温、降水环境变化，铁网企业集聚区与非集聚区环境异同等。

对人的观察资料包括：一是在访谈过程中，对受访者言行、表情和态度的直接观察，如受访者回答时的语音、语调、语速、用词变化，以及肢体语言信息等。二是在日常非访谈情境下，对田野各类行为主体言行举止的观察，如在非访谈情形下，行为者对某一问题态度的转变或者欲言又止的表情信息等。

由于在田野调研期间，难以从访谈间隙挤出充足的时间将每天的访谈录音转录成文字稿，为避免信息疏漏、错失新访谈资料中发现的线索或者遗忘访谈过程中观察到的信息，笔者会在每次访谈后，记录访谈心得、受访者提供的启发性观点以及访谈后的思考等信息。这些访谈后记是调研日志的主体内容，此外，笔者在田野期间对受访者日常生活的感悟也是调研日志的组成部分。

（3）文献资料由纸质文献和电子文本构成。从文献内容来说，主要包括以下几种：一是定县历史资料，包括县志、市志、水利志、土壤志、统计年鉴（2008—2012 年）、地名汇编等内部资料和出版物。二是定县经济社会调研资料，包括《定县社会概况调查》《中国国情丛书——百县市经济调查（定州卷）》《定县工业调查》《定县经济》等调研成果。三是与高、李两镇铁网企业相关的纸质文件和电子文本，包括定州市政府工作报告、定州市空气污染预警行动规划、定州市水体达标规划、铁网加工业发展和规划宣传稿、铁网行业协会名录、企业宣传册、企业环境评估报告、企业环境监理报告、污水处理厂作业流程等。四是公开发布的涉及研究主题的网络资料，笔者从政府门户网站（如定州市政府、定州市环保局）和微信公众号（如定州环保，《定州日报》，高、李两镇政府公众号）搜集有关定州环保规制要求、铁网环保升级改造、转型发展的资讯。

需要说明的是，其一，文献资料中公开发表的历史资料或调研成果绝大部分来自项目组组建的定县资料库，其余为笔者在田野受赠所得。其二，除去笔者从公开网络平台获取的文献资料，其他在田野获得的文献资料，均是在提供者知情同意，并确认愿意将资料用于本研究使用的前提下获得的。

（二）资料的梳理

资料的梳理是介于资料收集和资料分析之间的关键环节，笔者的资料梳理大致分为以下几个步骤：一是将访谈后记和观察感悟整理成调研日志文稿，并分别在三个调研阶段将零散、粗糙的文稿按主题进行分类和简化处理，以形成一定的研究主题集和继续调研的逻辑线索。

二是在三个调研阶段间隙，将访谈录音转录成文字稿，并在转录过程中备注由访谈内容所激发的研究思考和启发。然后，打印出所有访谈录音文字稿，重新研习访谈内容，标注与研究主题关联的重点内容，并在此基础上，按受访主体类别、访谈所涉主题、受访者观点将访谈内容进行详细归类、编码，形成初步的访谈资料检索目录。

三是在梳理基础资料的前提下，基于研究目标需要，沿着叙事线索，将各主题相关内容整合成一定的逻辑框架。以基础资料梳理为奠基的这一逻辑框架是本研究分析框架和篇章结构框架的主体部分。

此外，在资料梳理过程中，部分信息仍存在不完整或不确切的情况，对此，笔者选择通过线上查询、线上回访或向其他研究者请教的方式进行补充和确认。

（三）资料的分析

本研究并未选择完全依循个案研究某个单一的资料分析技术，而是根据研究实际需要，在秉持质性资料分析基本原则的前提下，对资料展开分析。关于资料分析情况，有以下几点需要说明。

（1）不带预设理论假设或价值判断，在资料分析过程中始终保持记录者和描述者的角色。由于受生活阅历、经验和知识等条件所限，笔者对受访者的日常生活、生产过程，当地文化风俗、社会互动象征意义等的了解较粗浅，预设的价值评判会造成对资料的曲解或误解。同时，本研究的主要目的不是对既有理论的适用性或成立条件进行验证，而是观察铁网企业在绿色转型过程中的环境行为，预设理论会在一定程度上影响观察和资料分析。因此，笔者在资料分析过程坚持以记录者、描述者的身份，去解读田野行为主体所要表达的内容和意义。

（2）以受访者为中心，站在受访者的角度对访谈资料进行诠释和解释性理解。由于研究者的意识或潜意识的价值体系和知识体系，会对访谈过程和访谈资料分析过程产生影响，因此，在资料分析过程中，笔者力争最大限度地尊重受访者对自身实践经历的解说，并从经验出发理解受访者的语言表述和行为表现，以切实描绘受访者对事件、实践和生活的体悟及其背后的逻辑和价值规范。

（3）以时间和事件为线索，将个案置于相应历史时空背景下去理解和解释。个案并不是孤立存在的，追溯个案背后的历史文化因素，可发现影响其发展的社会原因。铁网加工业集群的形成及其当前面临的绿色转型问题，均与其所处的宏观历史环境直接相关，因此，将高、李两镇铁网企业绿色转型的个案置于生态文明建设和经济绿色发展的社会情境中进行分析，可对个案所代表的微观典型现象有更全面的理解。所以，一方面，笔者以时间为潜在的叙事线索，对铁网加工业发展历程进行归纳和总结；另一方面，本研究沿着铁网加工业环保升级改造和绿色转型的事件线索，对铁网企业环境行为选择和实践过程进行分析。

第二章 地域背景及案例概况

本研究的田野观察、访谈及主要研究资料的收集均是在定州高、李两镇进行的。本章主要通过介绍定州铁网加工业发展的环境（包括气候、水土资源、能源及工艺传统、相关政策等）及其变化来呈现地域背景。在此基础上，基于铁网加工业工艺、产品类型、经营形式、实体规模及其环境影响等方面的变化，追溯其在萌芽期、成长期、转型期三个阶段的发展，从而勾画案例的基本情况，为后文的分析做准备。

第一节
铁网加工业的发展环境

定州市地处太行山东麓、河北省中部偏西、保定南部，北距北京 120 公里，南距石家庄 72 公里（中国国情丛书编辑室，1991：8－10）。定州市地势平坦，平均海拔 43.6 米，为海河大平原的一部分，有唐河[①]、沙河[②]自西向东横贯全境，在沿这两条河的边缘地带有四块洼地，高、李两镇即处于其中一块 7 万多亩的洼地中。该洼地多为沙质土，耕种条件差。

高、李两镇一向有务工补农、生产自救、营工度荒的传统，发展乡镇企业是当地人很自然的选择（中国国情丛书编辑室，1991：178）。同时，定州农村长期的手工业传统，培养了许多工艺人才，这些继承了传统手工技术的人才，成为当地乡镇企业发展的中坚力量（中国国情丛书编辑室，1991：178）。可见，农村私营工业企业与区域人文地理环境有着密切联系，一方面，它的起步与成长依赖于当地为其提供的必要环境条件和社会基础，如气候、水土资源、能源及工艺传统、相关政策等；另一方面，区域环境变化又直接影响着它的发展和转型，如气候变动、资源和能源消耗及政策变迁等。由此，本节从环境条件和环境变化两方面介绍案例所处的地域环境背景。

一、自然地理环境与社会经济条件

诚然，对区域产业集群的形成、发展、壮大产生直接或间接影响的环境条件多且

---

① 据《定县地名资料汇编》记载，唐河发源于山西省浑源县翠屏山，流经灵丘、涞源等县，至唐县南境钓鱼台村西进入定县悟村公社，出定县境，流入望都县。唐河在定县境内长约 43 公里，平均河床宽 300 米，流域面积达 700 平方公里。该河为季节性河流，七、八、九三个月流量较大，四、五、六月流量较小，甚至无水干涸。

② 据《定县地名资料汇编》及《定州市耕地资源评价与利用》中的记载，沙河发源于山西省繁峙县的孤山，流经大寨、阜平、曲阳等县，至新乐县小吴村入定县境，经境内九个公社，到大定出定县境流入安国市。沙河在定县段长 25 公里，河床最宽 3 300 米，最窄 300 米，流域面积 400 平方公里。主河道弯曲系数为1.08，河道上游夹带的泥沙沉积，故而河道宽浅多沙，具有善决、善徙、善淤的特点。该河为季节性河流，以排洪防涝为主，汛期易发生水患。

杂,难以一一细述,本节仅简介与高、李两镇铁网加工业成长直接相关的几个主要环境因素,以呈现其地域环境背景概况。

(一) 气候条件

定州为典型的暖温带大陆性季风气候,年平均气温为 13.1℃,最冷年平均气温为 12.2℃(1990 年),最暖年平均气温为 13.8℃(2007 年)。当地冬夏分明,冬季寒冷、干燥、少雪,夏季高温、高湿、降水集中,且春旱夏涝明显。定州日照较充分,累年平均日照百分率为 54%,利于喜光农作物生长。当地传统农作物为小麦、玉米、花生、棉花等,如今部分村庄已普遍改种苗木、果树、药材等经济作物。

定州地势平且低,无法形成南来暖温气流的阻殆降水效应,由于该地受太行山、燕山组成的"弧形山脉"形成的弧形多雨带影响,降水稍多于少雨区,其年降雨量平均值为 483.2 毫米。同时,受季风气候影响,各季节降雨量不稳定,且年浮动区间较大。据气象局和水利部门的统计,20 世纪 50 年代初期到 80 年代后期,定州的年平均降雨量递减至 425.7 毫米,进入少雨期。不过,从定州市逐年月降水量统计表来看,20 世纪 90 年代前半期降雨量稍有回升,达 516.8 毫米(定州市水利志编撰委员会,1998:44)。由于降雨量不均且其变动区间较大,同时,太行山东面是华北的暴雨中心,加之夏季多暴雨或连日雨,且降雨集中,因此定州极易发生洪涝灾害。据《定州市志》记载,中华人民共和国成立后至 1960 年沙河上游王快水库建成,水患得到缓解、洪涝频率逐渐降低,20 世纪 50 年代为 10 年七次,60 年代为 10 年两次,70 年代、80 年代和 90 年代均为 10 年一次。降水减少期间干涸的河道成为可利用空地,水患防控降低了河道开发的洪涝风险,这为当地铁网加工业发展提供了较稳定的时空条件。

(二) 水资源

定州境内河流的补给水源是山区降雨,随着降雨量逐年减少,地表河水补给同步减少,加之河水的截流、蒸发、下渗,以及工农业用水量增加①,地下水水位明显下降。据记载,1977 年至 1981 年定县地下水年开采量为 3 亿立方米,由于采大于补,地下水水位由 20 世纪 50 年代和 60 年代初的 1~3 米,下降至 80 年代的 6~15 米(中国国情丛书编辑室,1991:13)。进入 80 年代后,流经定县的沙河水量极少,作为承接上游王快

---

① 据 1998 年《定州市水利志》记载,自 1955 年开始建设农用机井。1958 年后的几年中,机井都以每年 1 000 眼的速度递增。到 1966 年,全县保有机井量达 4 687 眼,并有配套机井 3 574 眼,水浇地面积达 112.3 万亩,占总耕地的 88%。1976 年,全县机井突破万眼大关。

水库水源的灌渠，沙河河道仅在丰水期上游输水时段有水，其余时间均干涸无水。

定县水资源储量和补给条件相对不足，这一方面局限了需水量大的农业的延展，使得农业产值及附加值的提升受限，另一方面地表水减少，河道萎缩、干涸，为当地农村工副业的成长、发展腾出了空间。这是铁网加工业得以在高、李两镇集聚发展的关键条件。

（三）土地资源

定州耕地后备资源较少，可垦荒地极为有限。1987 年全市人均耕地为1.33 亩（中国国情丛书编辑室，1991：115）。而据两镇政府工作人员及村委介绍，当时当地人均耕地区间为 0.6 亩至 1.2 亩，依靠仅有的耕地在解决村民的温饱问题上面临很大挑战。定州沙河、唐河两岸有数万亩沙荒地，由于这些地方杂草灌木丛生，一直被人们所忽视。考虑到缓解人地矛盾，引导、提升和规范农村土地的综合利用的现实需要，实行家庭联产承包责任制后，当地政府尝试组织村民开垦沙荒地。

1984 年定县人民政府颁发对河滩地使用范围作出明确规定的公文：一是沙河的工程用地，如堤占地、护堤地、丁坝、防风护岸林带，可承包到户，专用于植树、绿化；二是除工程用地外的滩地，由村统一规划承包到户，因地制宜造林、植果、造田①。1985 年，当地按由所属村、镇集体划分小区，下放给农户或联户承包开发的方式，先对沙荒地进行平整，然后划分方格、打井、建垄沟，栽种果树、油料、瓜类作物。1986 年，李镇平整沙荒地 500 亩②；1987 年，高镇下放沙荒地 1 200 亩③，新开发的沙荒地基本用于农作。根据公文规定，如作建设用地要严格履行报批手续，并交纳占用费。其中，乡镇企业用地需向土地管理部门交纳土地管理费，非耕地每亩每年 30～40 元，耕地每亩每年 50 元。

由于乡镇企业类型复杂，为数众多，占而不报、先占后批的情况也常有发生。如有的农户或联办企业把自己承包地与他人调换到合适的位置建厂办店，也有的直接向承包人租赁。国家建设用地要交纳地价的 4%作为征地手续费，土地占用费为每平方米 5 元。地价包括土地补偿费、青苗（附着物）费、安置补助费等，其高低由用地

---

① 引自《定县人民政府关于沙唐河滩地承包到户时应注意几个问题的通知》，定县人民政府，1984 年。

② 根据 1991 年《中国国情丛书——百县市经济社会调查（定州卷）》第 102 页记录，李镇集体投资平整 500 亩沙荒地，以每亩 85 元的承包价格承包给农户经营。

③ 根据 1991 年《中国国情丛书——百县市经济社会调查（定州卷）》第 102 页记录，高镇沙荒地1 200亩划分为三个作业小区，由承包户自己投资开发，10 年内免交承包费，10 年后每年每亩交 50 元承包费，20 年不变，允许继承。

与被占用双方协商确定，一般不超过土地征用前三年平均产值的20倍，协商不成由土地管理部门裁决。1988年上半年定州市的菜地地价每亩约2万元左右，另拨500元作为菜地开发资金，耕地每亩在7 000～10 000元之间（中国国情丛书编辑室，1991:176）。20世纪90年代初，定州市已开发1万多亩河滩地和沙荒地，用于种植油料、瓜果等经济作物（中国国情丛书编辑室，1991:67）。

随着铁网加工业的发展，这些新拓展的土地陆续成为铁网企业租购的理想选择。由此可见，土地空间拓展便利和土地使用成本低为铁网加工业的集群发展提供了开阔、经济的空间条件。沙河河滩地的开发和用途转变是影响铁网企业发展、扩张、转型的重要因素。

（四）能源资源

定州市生物能源较丰富，如：秸秆、薪柴、沼气[①]。定州的矿产资源主要有石油和天然气，自1976年开始建立油田，到1985年已探明的石油储量9.3亿吨，天然气16亿立方米（周伟文，2010:221）。根据1985年定县耗能统计，生物能源主要用于炊事、取暖，矿物能源用于生产。在农村耗能统计中，矿物能源消耗26.75吨，占总量的74.4%，其中煤炭、成品油分居首、次位。可见，定县农村工业以矿物能源为主的用能结构是由其地区能源条件所决定的。在能源替代整改前，铁网企业加工主要依靠燃煤供热。定县于20世纪50年代开始办电，截至1987年，已实现行政村100%通电，通电家庭19.53万户，占总户数93%。矿物能源和电能的普及，为高、李两镇铁网加工业的发展提供了生产所需的基础用能条件。

（五）社会历史条件

张世文在20世纪30年代的调查显示，高、李两镇因临近沙河，河道两侧多柳树，当地历来就有用柳条编织筐、篓等生活用具及农业用具的传统，其中，发展为现代铁网生产的铁纱[②]编织工艺即为当地传统柳编手工业的新应用（张世文，1991:67）。1949年后，随着农业合作化和人民公社化，定县农村手工业渐进入集体经营阶段，个体手工业只能私下经营，用当地村民的话说，就是“自己在家偷着干”。直至1961年中央提出“调整、巩固、充实、提高”八字方针，国家对个体经济政策开始松动，个体经营的铁网加

① 根据《中国国情丛书——百县市经济社会调查（定州卷）》第221页的记载，到2010年，定州市农村建立的沼气池达3.2万座。

② 铁纱编织即为本书所指铁网企业生产工艺的前身。

工业得以迅速发展。

不过，进入“文革”后，供销社成为农村商品唯一流通渠道，上市物品必须有生产队签发的自产证，并且要求就地取材、就地生产、就地销售，不允许存在流通中介。尽管受政策禁锢，当地农民仍竭力设法开拓生计。李镇农民开始在家里编织铁纱，出售到邻近的安平县①（中国国情丛书编辑室，1991：180）。这种农民自发的手工业在改革开放后充分展现了它的活力。

20 世纪 70 年代后期，农村工副业即社队企业在定县社队企业局的指导下，由服务农村生活和农业转向服务城乡人民生活、大工业和外贸出口。虽然这一时期，政府对个体经营的审批和管理很严，但社队企业的发展为农民个体经营积累了人才、技术和销售渠道。80 年代初，定县推行土地联产承包责任制，生产和经营自主权归农民所有，社队企业大部分解散，之前在社队企业获得工作经验或技术提升的技术工人、业务员纷纷另起炉灶，搞起个体企业或联户合伙企业（中国国情丛书编辑室，1991：181）。铁网企业就是从这一时期的个体加工单户、联户逐渐发展起来的。据多位受访企业主称，高、李两镇铁网行业的第一代企业主（现年龄 60 岁以上）以及大部分第二代企业主（现年龄 45 岁至 60 岁左右）曾是当地社队企业技术能手或业务骨干，或者自那时起就是从事铁纱编织手工业的工人。

此外，在调研中高、李两镇企业主表示，相对于邻近其他乡镇而言②，其铁网加工业能持续发展至今，与两镇从业者始终秉持诚信、团结、吃苦耐劳等优秀经商传统密切相关。

综上，铁网行业得以在定县高、李两镇发展起来，既受气候、水土资源等客观自然环境的逼迫，又得益于这种多沙滩地、传统手工业存续的自然和社会条件。反过来，当铁网加工业发展所依赖的环境发生变化时，它的经营方式和增长模式也面临挑战。

二、自然环境与政策条件变化

定县两镇铁网加工业发展至今，支撑其存续的自然环境、政策环境和经济环境均已发生了显著变化。其中，自然环境变迁集中表现为环境条件恶化和环境污染，如水

---

① 根据安平县人民政府网站（http://www.anping.gov.cn/）的介绍：安平县是河北省衡水市下辖县，因“官民安居乐业且地势平坦”而得名。安平丝网业（即本书所称铁网）起源于明朝弘治元年（1488），迄今已有 500 多年的历史，是安平的特色主导产业、支柱产业。经过多年的发展，丝网业在安平焕发出巨大的生机和活力，丝网特色产业集群初具规模，安平先后被命名为“中国丝网之乡”“中国丝网产业基地”“中国丝网产销基地”。

② 据《定州市志》记载，在公社时期，高、李两镇邻近的数个乡镇均开办从事铁业加工的社队企业，但如今其他乡镇仅有个别铁网编织加工户，鲜有铁网企业，唯有高、李两镇形成规模性铁网企业集群。

资源缺乏、水质变差、空气质量下降等；政策环境的转变主要因为政府调整管理重心，转向强化对农村企业运营合法性监管，并积极配合国家经济发展战略调整，如企业环保手续管理、污染防治监控、土地使用合法性管控等；社会经济环境变化则体现为生产要素成本及外贸环境变化，如劳动力成本上升、生产原料价格波动、出口退税调整、市场竞争者和买方带来的双重压力等。

（一）在自然环境变化方面，水资源缺乏和环境质量下降最为突出

随着定州市工农业发展，其地表水和地下水开采过量、补给不足的状况加剧，导致上文提及的境内河道干涸、地下水水位下降现象凸显。据《叮咛店[①]志》记载，1964 年前，当地水位埋深 1～1.5 米左右，挖坑见水，沙河河道常年流水。1964 年农田实行沟田化，水位下降至 1.5～2.5 米。1970 年后，因降水减少和大量开采地下水，水位埋深降至 4～4.5 米，后因连年超量开采，到 1989 年，地下不动水位降至 10～11 米，静水位降至 11.5～12 米。此后又因工农业用水逐年增加，地下水水位下降更甚。这与高、李两镇村民的记忆是相符的，据李镇留村梁书记回忆，20 世纪 60 年代沙河长年有水、不断流，村庄周围挖 1～2 米即可见地下水；而今，沙河全年无水、干涸，村内饮用水井深度约为 200 多米，灌溉机井深度达 100 米左右。铁网加工重要环节是镀锌，而镀锌离不开水，当前涉及镀锌加工的工厂均通过自挖机井汲取地下水。因水资源过度开采效应累积所触发的水资源储备危机或将成为铁网加工业可持续发展的潜在风险。

就水污染来说，1991 年，定州境内地下水水质良好，适宜饮用和灌溉。但是，由于工业废水排放和农业大量施用化肥、农药、使用地膜，造成了水污染，且污染程度在 20 世纪 80 年代至 90 年代初有上升趋势（定州市水利志编撰委员会，1998：58－60）。1993 年，李镇所在区域取水检测结果显示综合污染指数为 0.52，级别为轻度污染。此外，高、李两镇临近村水质监测点的水质为中度和重度污染[②]。其中，工业废水是浅层地下水的主要污染源，同时，由于企业的治污设备和能力没有随着工业发展而提升，到 1995 年地下水污染的趋势更为严重。

《中国国情丛书——百县市经济社会调查（定州卷）》显示，在 21 世纪初，由于污水处理设施建设滞后，定州市乡镇企业的工业废水通过明渠或渗坑排入附近河流或直接渗入地下，工业污水中主要污染物为化学耗氧量、石油类悬浮物。其中，沙河水域的污

① 叮咛店区与高、李两镇北侧相邻，且同位于洼地区域。由于未搜集到高、李两镇相关历史记录，此处参考叮咛店的环境情况进行说明。

② 笔者暂未查询到有关高、李两镇水质检测的文字记录。

染源主要来自流域内镀锌铁网企业群，集中在高、李两镇的铁网企业日排水量为500吨，化学需氧量年排放量为55吨（周伟文，2010：223）。部分企业虽安装了污水处理设备，但停运或偷排、偷放的现象时有发生，水污染得不到遏制。此外，20世纪90年代初，定州农田亩施用化肥达200公斤左右，农药施用量也增加了，这也成为地下水污染的重要来源之一。可见，高、李两镇的水环境污染状况不容乐观，污染治理需求尤为迫切。

此外，根据定州市人民政府2016年制定的《河北省定州市水体达标方案（2016—2020年）》，未来需要沙河将王快水库的水输送至下游白洋淀、沧州等地，支持其生产和生活用水。雄安新区设立后，政府规划继续通过沙河河道为白洋淀续水，支持恢复湿地建设，如果沙河通水，沙河河道及其河滩地上已建成的工厂则面临厂址整体搬迁。这虽能在一定程度上缓解当地水资源补给缺口，但是，会进一步压缩高、李两镇铁网加工业的发展空间，而且提升了该行业水污染治理的紧迫性和彻底性，在短期内加剧了铁网加工业的环保压力。

与此同时，定州市能源结构中煤曾占据重要地位，煤烟型污染是其大气污染的主要特点。《定州市志》统计数据显示，境内燃煤锅炉污染物排放超标现象严重，烟尘年排放量705.56吨，二氧化硫年排放量6 200吨，工业粉尘年排放量205.41吨，其中包括高、李两镇铁网加工企业的燃煤废气排放。随着2003年《大气污染防治行动计划》的颁布施行，铁网企业燃煤治理达标成为其恢复正常生产的必要条件。政府主导的环境规制的执行迫使企业主更关注企业污染防治问题。

（二）在政策环境上，政府对企业的管理日臻完善且管理侧重点发生转移

改革开放前至20世纪90年代初，政府对农村民营经济的政策从限制转为鼓励，对企业的管理主要集中在合法经营和依法纳税方面，并在政策上为企业增长提供积极支持。高、李两镇铁网企业集群的形成和壮大，与彼时定州基层政府在政策上提供的支撑密切相关。比如，在定州农商行[①]从事信贷业务近二十年的支行长章先生表示，超过八成的铁网企业是在农村信用社的资金扶持下发展壮大的。基层政府曾支持铁网企业发展的事实，也得到多位企业主的一致确认。据受访企业主王先生介绍，由于铁网加工是高、李两镇的传统工业，定州市政府为创建地方特色产业，曾致力于助推其发展，在基建、融资等方面为铁网加工企业提供支持。基层政策支持的效果也很显著，铁网加工业曾成为纳税大户，所纳税额一度占据定州财税收入总额的三分之一。迄今，

① 定州农商行全称为河北定州农村商业银行股份有限公司，于2016年8月19日正式挂牌成立，其前身为河北定县农村信用合作联社。定州市各乡镇均有其服务网点和工作人员。

该产业的税收贡献仍分别位居高、李两镇镇域范围内总税入的前列。但这一趋势已悄然改变。

从20世纪90年代后期开始，政府对企业的管理更为全面，其中企业环保规制的重要性渐显。具体就定州来说，基层政府对企业的环保规制呈逐步加强态势。自1982年开始，农村中有污染的企业需要向政府交纳排污费，铁网企业开始承担一定的环境责任；1996年，定州市根据《国务院关于环境保护若干问题的决定》取缔小电镀等违法排污企业23家；2000年，关闭无治污能力企业49家，治理整顿污水排放企业126家；2002年，整治李镇铁网企业群，17家电镀加工企业全部实现污水达标排放；2013年至今，定州市政府先后对农村企业采取一系列环保行动，如排查所有涉污企业的排污许可证，推进以“煤改气或电”为目标的企业能源升级，制定重污染天气企业限产或停产应急预案，关停污水处理不达标的企业等。由此，环保成为铁网加工业生存和发展不可回避的首要问题。

从镇域经济来说，近年随着几家大型企业[①]陆续在定州扎根，传统铁网加工业的税收贡献显著弱化，在定州市经济发展中的地位也因此下降了。借用受访企业主王先生的话来说，“过去我们向市里纳税最多，是市里重点培养对象，现在市里引进好几个大公司，像国华电厂这一家(公司)的年纳税额就超过我们，市里对我们的重视程度自然大不如前”(2016年10月21日，访谈王先生的资料)。同时，由于高、李两镇铁网企业历来通过租用村集体或个体土地建立厂房，齐备工业用地证的企业非常少，绝大部分是在沙荒地或沙河河道内兴建工厂。2017年9月，当河北省政府启动《河北省清理违法占地专项行动方案》，着手整治全省范围内所有的违法占地、违法建设行为，并对2015年1月1日以来卫星遥感监测发现的违法占地及发现的其他违法占地进行拆除、恢复土地原状时，高、李两镇数十家企业面临不同程度的拆除风险。这是当前铁网加工业面临的另一政策危机。

此外，随着近两年国家供给侧结构性改革，对外贸政策进行全面、精准调整，政府鼓励出口的是以自主创新能力为核心的高技术、高附加值产品或服务，而传统铁网加工业属于高能耗、低附加值产业，因此，其享有的国家政策优惠会越来越少。多位受访企业主表示，当前铁网产品的整体出口退税率已显著下降，部分订单的出口退税已取消。这意味着特定历史条件和经济背景给予铁网加工业的政策实惠减少，对于依托国际市场的铁网企业来说，其净营收受到影响。综上，伴随诸多政策环境的变化，铁网企

① 比如已入列定州市省级重点龙头企业名单的包括：伊利乳业、河北国华定州发电有限公司、长安汽车等。

业将进入全新的、富有挑战的发展阶段，这势必要求其调整旧有的发展模式和增长方式。

（三）国内外社会经济环境

从国内外社会经济环境来看，一方面，在国内市场中，铁网加工各生产要素的价格形成了新的格局。高、李两镇铁网产品在国外占据一定市场份额的重要原因是其主要生产要素价格相对低，从而使其能在产品市场上取得较好的价格优势，简言之，铁网出口主要靠价格取胜。比如，该行业的工人几乎均来自当地或邻近村庄的剩余、非正式劳工群体，他们农闲时在工厂上班，农忙时下地干活，学历低、工作经验有限，其工资比城市正式劳工低。因此，铁网企业虽无力购买国外先进技术、设备，但是，通过改进二手机器、延长工作时间、提升劳动力娴熟度等低成本策略，仍可获得较好的生产效率。此外，农村土地价格低廉，加之基层政府土地管理宽松，绝大部分工厂选择租用土地，其用地成本则更小。据多位受访企业主（如：王先生、顾先生）回忆，行情最好的时候他们的净利率能达到10%左右，且全年能接到国外源源不断的新订单，个别企业在那时的年营收能实现翻倍增长。

但是，近年来，随着国内整体劳动力价格上涨，铁网企业劳动力成本在总成本中的占比已上升至20%以上，同时，当地农村年轻人都愿意进城务工，不愿意留在农村的工厂，该产业工人的主体则是中老年人，人力资本开发潜力相对较小，不利于企业生产效率的提升。加之政府完善企业管理，对违规用地进行整治，未来要求所有企业进入工业园区，企业所承担的用地成本、管理成本，以及上文提到的环境成本均会增加。因此，在国内市场环境下，铁网企业旧有的低成本增长方式已然难以持续。

另一方面，在国际市场中，铁网企业正面临来自竞争者和买方的双重压力。首先，由于东南亚国家经济发展相对落后，生产要素价格更低，政府对企业环保等方面的管理相对松散，因此，其铁网产品承袭高、李两镇企业的低成本路线，已开始在国际市场上挤占竞争空间。其次，对部分以高产品质量逐渐赢得欧美市场青睐的企业来说，买方对供货企业资质（如：内部管理、环保规范、经营合法性等）日趋严格的审核使其不得不在完善合法资质、强化内部管理、清洁生产和污染防治方面做出努力，以保障较高回报的长期合作机会。总言之，在国外，不仅有更低价的竞争产品，而且还有高端产品买方对企业资质的严格审核，因此铁网加工业所沿袭的低成本、高能耗、高污染的发展模式已步履维艰。

第二节
铁网加工业的发展历程

通过梳理定州铁网加工业发展相关的历史文献和受访者对此的介绍，本节基于铁网加工的工艺、产品类型、经营形式、实体规模及其环境影响等方面的差异，将其发展历程大致划分为萌芽期、成长期、转型期三个阶段。其中，萌芽期大致为20世纪50年代中期至80年代末，在这一时期，铁网加工在高、李两镇初步形成集聚态势。成长期为20世纪80年代末至21世纪前10年，其间，铁网加工日渐成熟，并实现了生产规模扩大、工艺改进和市场转移等重要转变。转型期即2010年至今，这一时期，铁网企业增长放缓，且面临因环境政策强化而引起的转型压力。高、李两镇铁网加工业在如上三阶段的发展情况，具体如下。

一、萌芽期(20世纪50年代中期至80年代末期)

定州东南相邻的安平县有一种叫“安平罗底”的传统工艺，中华人民共和国成立后这项工艺演变为各类铁纱网编织。又因高、李两镇位于定州东南，与安平相隔较近，且当地早有“柳编”的传统工艺①，渐有村民从安平习得此工艺。这一说法得到受访企业主钱先生的认同，据他们估算，高、李两镇铁网加工业至今已有40多年历史。本小节将首先介绍铁网加工业在萌芽期的发展概况，然后基于此，详述该阶段的加工工艺、产品类型、经营实体，最后分析其产生的环境影响。

(一)萌芽期铁网加工业发展概况

中华人民共和国成立以前，定州市工业私营企业只有一家，但包括铁匠行业在内的农村家庭副业较发达。据《定州市志》记载，1954年9月15日，李镇成立由7名社员组成的铁业生产组，这可视为铁网加工业萌芽的起点。(乡、镇)村办企业的前身大多

① 据《定县经济》记载(第182页)，铁纱编织为定县传统柳编工艺创新形成的。

是社队企业，即公社、大队和生产队三级集体举办的各类企业。最初，作为大队和生产队的集体副业，铁网加工仅在李镇留村较为活跃，共有20多名从业人员，产品品种单一，主要为铁丝网，年产值仅几万元（定州市地方志编纂委员会，2016：157）。1955年冬季，定县开始对私营工商业进行社会主义改造，其中，个体私有手工业按“集资入股、自备工具、分工合作、按劳分配”的原则，按行业组成手工业联社。1962年，定县为调动农民生产积极性，社队恢复村民自留地和社员家庭副业（中国国情丛书编辑室，1991：32-36）。据曾在铁业生产组工作的受访者宋先生回忆，自那时起，便有少数村民夜间在家“悄悄”加工铁纱[①]。

在20世纪70年代后期，国家对农村市场管制放松，定州市自1978年9月开始重新颁发工商营业执照，不过，当时的政策仍偏重开放集体企业，对个体工商业只开了很小的口子，审批管控很严，允许的经营范围也很窄。直到80年代初，定县开始推行土地联产承包责任制，农民有了生产和经营的自主权。这极大地促进了两镇铁网加工副业的发展。原来在各村社队企业中工作，并积累了经验的技术员、业务员和技术工人，纷纷从解散的社队生产组中独立出来，自立炉灶。

因此，实行承包制以前，包括铁业生产组在内的农村社队企业已有一定的发展。1982年，定县从农村开始进行社会主义经济体制改革，形成多种所有制并存的经济结构。同年，定县社队企业达1 178家。在生产队解散、实行家庭承包经营以后，一部分社队企业被淘汰，一部分通过改革原有的管理体制，实行各种形式的承包责任制获得了新生（中国国情丛书编辑室，1991：98）。据留村王主任回忆，高、李两镇铁业生产组解散后，生产资料大多分给私人经营。曾在公社从业的人员承接了社队企业，有的搞起家庭作坊，有的建起联户商铺，早期以血缘为纽带建立的合伙商户，后来又发展成合伙经营的企业。

1987年，李镇留村77%的村户加入铁纱编织行业，以家庭作坊方式进行铁网加工，共有452户经营此业，从业人员达869人，全村84%的劳动力均参与其中，其年获利约30万元。随后，这个行为扩散至留村周围的其他村庄（中国国情丛书编辑室，1991：93）。到1991年，定州境内从事铁纱编织的摊点有369个，从业者达6 800余人，年产值达200万至1 700万元。由此可知，随着农村经济体制改革，以及农民个体经营权的开放，高、李两镇铁网加工业获得了充足的发展契机。

---

① 据《定县经济》记载（第180页），“文革”时期，定县个体手工业、商业和运输业被当成资本主义而受限制，农村中只有供销社这条唯一的流通渠道。工商营业执照停止发放，集市被严加控制，进入市场的商品必须有生产队签发的自产证，必须就地取材，就地生产，就地销售，不允许有流通中介存在。即便在这样的政策下，农民仍设法拓新生计，李镇农民开始在家里编织铁纱，带到邻近的安平县出售。

在1989年印刷的《定州经济》中专门提到“铁网市场已有廿余年的历史”[①]。据此及定州经济改革时间进程推断，大约在1969年左右该地村民自营铁网加工的副业已较为普遍（定州市工商行政管理局编委会，1989：32）。这与前文提及的受访企业主对铁网发展时间的回忆是相符的。综上所述，高、李两镇铁网加工业的起步主要得益于其邻近以铁纱业闻名的安平县这一地缘优势；境内农村个体加工户及镇域铁网集聚市场的形成，则与各时期的农村经济制度及其变革息息相关。

（二）萌芽期铁网加工工艺、运营状况

根据文献记录以及多方受访者（如张先生、李先生）的回顾，到萌芽期末，即20世纪80年代后期，铁网产品种类按加工工艺可分平织、压弯、拧花、电焊四大类，按原料可分为钢网、铁网、铜网、铝网、尼龙网、不锈钢网等；按用途主要为在矿山、石油、电力、建筑、化工、造船、粮食加工、养殖等行业中用作保温、防护、筛选、围栏、过滤等。在这一阶段，铁网工艺简单，主要包括改拔丝、轧网、织网三个环节。具言之，原料为盘条（也称线材，即粗铁丝，分镀锌和未镀锌两种，未镀锌的盘条又称黑铁丝），先用水箱拔丝机（亦称拉丝机）将粗铁丝拔细，再用轧花机（或压弯机）将其轧成不同规格的弯度（弧度），最后由人工（或平织机、拧花机、电焊机）编织成铁网，这种网孔形状和大小各异的铁网统称为轧花网。铁网有固定规格，长30米、宽0.94米为一匹，按网眼大小区分，共有40多个型号。这三个铁网加工工序可拆分进行，共需4至5人协作完成，生产设备购置成本共计约1 000至4 000元，单条织网作业线所需空间约40平方米。因此，铁网编织作业分散在村内农户院落中，编织户实体规模较小。

这一时期的铁网加工原料除来自天津、沧州、北京、太原等10多个城市外，也有部分由本地供应。李镇当时有一个专营拔丝和镀镍[②]的拔丝厂，其铁丝即供应定县的铁网编织专业户。各村有较为组织化的“贸易货栈”，如在李镇的留村，曾有110多名长期从事业务联络的人员和近百名季节性业务联络员服务于“贸易货栈”。业务联络人员主要负责去外地宣传或推销产品、签订合同、采购原材料，并组织铁网编织户按合同要求的原料、型号、长度进行生产。当时，铁网制品已销售至除西藏、台湾之外的所有省（自治区、直辖市）。每匹铁网的价格因原料、工艺、型号而异，如“拧花网”，每匹价格最高约600元，最低约为百元。据多位受访企业主（如何先生、许先生）回忆，由于当时加工铁网的收

---

① 据书中介绍（第32页），铁网市场位于定州城南，沿定深公路沙河桥南至李镇李村长达五华里地段上，已有廿余年的历史。

② 通过电解或化学方法在金属或某些非金属上镀上一层镍的方法，称为镀镍。镀镍分电镀镍和化学镀镍。转引自百度百科词条，检索关键词“镀镍”。

入远高于农业耕作，高、李两镇邻近几个村落这种以"院前销售店、屋后加工间"为特点的家庭编织户迅速发展起来。比如，1987 年李镇留村的各编织户购置的拉丝机、平织机、拧花机、压弯机、电焊机等加工设备总计 420 台，价值约 166 万元。1989 年，该村专营此业的家庭户已达 542 户，占全村总户数的 77%（定州市地方志编纂委员会，2016：369）。

在萌芽期末，高、李两镇基本形成初具规模的铁网集聚市场。《定州经济》一书具体介绍了 1989 年该铁网市场的发展情况。铁网市场面积 78 750 平方米，建筑面积 39 375 平方米，新建平房大都是前店后厂，并设有与其配套的转运、发运产品的货栈，以及机械修理、饭店、旅馆、银行储蓄等服务行业。有坐商 205 户，固定摊位 210 个，主要经营各种筛底、拧花网、压弯网、电焊网等，每日为集（市），客流量 800 人，成交额 25 万元，已成为全国金属网集散地之一。此外，书中还记录了高、李两镇 1969 年至 1985 年期间建成的、雇工人数在 10 至 35 人之间的 7 家铁网厂的基本信息，如某综合编织厂，职工人数 16 人，拥有拔丝机 3 台，压弯机 3 台，编织机 5 台，厂房 8 间，主要产品包括各种型号的金属编织网，产品销往全国各大城市和矿区（定州市工商行政管理局编委会，1989：149 - 154）。

由上可知，萌芽期初由于国家在农村的经济管制政策松动，农民自主营生的能力得到充分发挥，铁网加工承袭公社集体运营的技艺、人员，得以迅速发展，并有少数加工作业户成长为编织工厂。虽然，在萌芽期铁网工艺以人工为主，仅有简单机械辅助个别环节的操作，但是，一方面，产销全国各省且初具规模的铁网集聚市场在高、李两镇形成，另一方面，"编织户（或称家庭作坊）＋编织工厂（或称加工厂）"的业态模式也已开始出现，这为铁网加工业在当地的长足发展奠定了较好的基础。

（三）萌芽期铁网加工业带来的环境影响

从多位受访企业主（如郑先生、王先生）描述的萌芽期铁网加工工艺来看，该阶段的不良环境影响主要有：一是水箱拔丝需要用工业肥皂水①或拉丝粉②润滑铁丝，虽

---

① 工业肥皂水，广义上，油脂、蜡、松香或脂肪酸等和碱类起皂化或中和反应所得的脂肪酸盐，皆可称为肥皂，肥皂能溶于水，有洗涤去污作用。其他金属（碱土金属或重金属）的脂肪酸盐类、不溶或难溶于水、且没有洗净作用的统称为金属皂，可作为润滑剂，即工业拔丝（或拉丝）肥皂，它主要是以脂肪酸钠、植物油、动物油通过皂化反应得到的皂基。肥皂水，即拉丝肥皂加水混合而成的高浓度液体。转引自百度百科词条，检索关键词"工业肥皂水"。

② 拉丝粉，即干式"拉丝润滑剂"的俗称，也叫"拉丝润滑粉"，通常分为钙基拉丝粉和纳基拉丝粉两种，它的主要成分是石灰、水、动物油、石蜡、肥皂、硬脂酸、滑石粉和碱。在钢丝冷拔加工变形过程中，能起到润滑性能，大大降低摩擦系数，节约能量消耗，延长拉丝模具的使用寿命，并在高速拉拔过程中，拉拔速度越快，润滑效果越好。在拉拔低碳钢丝、高碳钢丝、特殊合金钢丝、不锈钢钢丝时，能使钢丝在高温高压拉拔过程中，随着钢丝的变形温度，形成一种润滑膜，对成品丝起到保护作用，能提高成品丝的表面质量。转引自百度百科词条，检索关键词"拉丝粉"。

然这些润滑原料对人体没有直接危害，且对环境的危害很小，但是，在改拔丝过程中产生的、残留润滑成分的废水呈碱性，直排地表或地下后，长期积累会使土壤碱性增加、土质下降，导致土壤易板结、透气性差，不利于植被生长和农业耕作。二是拔丝水箱中会有少量铁粉或铁屑残留物，这些金属碎屑随废水直排后，使土壤中金属含量增加，并直接增大环境代谢压力。同时，废水排放累积后，还会直接影响地表水和地下水水质。三是水箱拔丝机（或称拉丝机）、压弯机（或称轧花机）、编织机等设备，在运转过程中产生较大噪声，而在加工作业过程中未做隔声防护，工人们长期暴露于噪声环境中，听力容易受损且不利于身体健康。此外，在改拔丝、轧花、织网等环节会产生少量扬尘，而操作间未有洁尘设施，且工人未做粉尘防护，因此其空气清洁度差，长期吸入尘埃对人体有害。由此，萌芽期铁网加工所产生的不良环境影响主要是对土壤、水、声音环境的危害和扬尘、噪声污染。萌芽期的铁网工艺流程及其环境影响如图 2.2-1 所示。

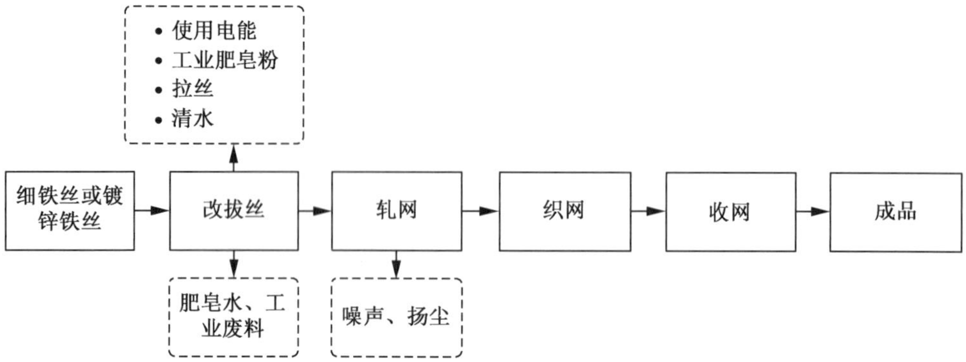

图 2.2-1　萌芽期铁网工艺流程及其环境影响图

由于当时铁网加工工艺较简单，且效率相对低、整体产量有限，各类环境危害相对小。其一，从拔丝机数量和拔丝工厂数量，以及改拔丝过程中废水清理频率来看，造成水污染、土壤污染的废水排放量是比较少的。其二，拾荒的村民会收集废水中的铁屑或其他金属废料卖钱，因此，直排的金属杂质并不多。其三，虽然在高、李两镇已建成一家镀镍工厂，但其产量较小，铁网加工所需要的镀锌铁丝①主要由上游企业供应，因

① 镀锌是指在金属、合金或者其他材料的表面镀一层锌以起美观、防锈等作用的表面处理技术。主要采用的方法是热镀锌。锌易溶于酸，也能溶于碱，故称它为两性金属。锌在干燥的空气中几乎不发生变化。在潮湿的空气中，锌表面会生成致密的碱式碳酸锌膜。在含二氧化硫、硫化氢以及海洋性气氛中，锌的耐蚀性较差，尤其在高温高湿含有机酸的气氛里，锌镀层极易被腐蚀。锌的标准电极电位为－0.76V，对钢铁基体来说，锌镀层属于阳极性镀层，它主要用于防止钢铁的腐蚀，其防护性能的优劣与镀层厚度关系甚大。锌镀层经钝化处理、染色或涂覆护光剂后，能显著提高其防护性和装饰性。转引自百度百科词条，检索关键词“镀锌”。

此，镀锌环节产生的环境危害不在高、李两镇境内。其四，环境具有一定自净能力，铁网加工所带来的环境危害，在短时间内尚处于累积期，所以，铁网加工产生的不良环境影响在萌芽期还不显著。多位受访企业主（如王先生）的回顾可说明这一点。

当时拉丝用的是跟洗衣服的肥皂成分相近的肥皂粉，大约按千分之一的配比制作润滑剂，在拉丝过程中，根据水分蒸发和肥皂消耗情况，及时加清水或肥皂粉。最后，当润滑剂中杂质过多，润滑效果变差时，就停止加（水或肥皂粉），（由此产生的）废水就找个荒地倒了。

当时的拉丝效率很低、产量也小，一个月最多清理一次废水、废渣，大概也就烟灰缸（指着桌上一个四方烟灰缸说）这么多。在废水里会有很少量的铁粉、铁屑残留，我们（作坊）一般是直接倒掉了。但是，村里有拾荒的老人，（他们）收集这些废渣，晒干后可当废品卖钱。

那时候，大伙吃饭都成问题，政府还没有（对铁网加工行业的）环保要求呢，镇上很支持我们的发展，希望能快点脱贫，还能增加政府的税收。

（2016 年 1 月 17 日下午，访谈李镇企业主王先生的资料）

综上所述：(1) 由于萌芽期铁网加工链短，涉污环节少且产污量低，其带来的不良环境影响正处于累积、潜伏期。据《定州市志》记载，20 世纪 50 年代前，定县仅有手工业作坊，动力机械很少，对环境污染很小，大气、地表水、地下水水质较好，生态基本保持自然状态（定州市地方志编纂委员会，2013）。50 年代后，工业企业陆续建立，污染物排放逐渐增加。

(2) 由于环保法律、法规的制定和执行滞后于工业污染，从业工人缺乏环保意识，编织厂和编织户还没有环保压力。中国第一部环保法，即《中华人民共和国环境保护法（试行）》于 1979 年 9 月 13 日公布，同时，水、大气、固废、噪声污染防治专项法律均是在 1984 年后颁布执行的①。历史文献显示，定州市于 1979 年 7 月开始，历时 4 个月，第一次系统地对 16 家污染企业相关情况进行实地调查。同时，基于工业污染情况的调查，定县提出“计划到 1990 年废气处理率达到 7%以上，废渣处理与综合利用率达到 100%，钢渣、粉煤渣等废渣综合利用率每年提高 5%”的环境治理目标，并呼吁“制止城市向农村转嫁污染，特别要加强对乡镇企业的环境管理，提高植被覆盖率和改善生态环境”（中国国情丛书编辑室，1991：435）。这一方面表明，此前，基层政府对工业污染开展的环保

① 1984 年颁布《中华人民共和国水污染防治法》，1987 年颁布《中华人民共和国大气污染防治法》，1995 年颁布《中华人民共和国固体废物污染环境防治法》，1996 年颁布《中华人民共和国环境噪声污染防治法》。

管理工作较少,另一方面也说明,基层环保管理已有一定进展。不过,不能否认的是,政府环境规制的滞后性仍是工业污染加剧的重要原因。除此之外,当时农村最迫切的是贫困问题,而铁网加工能为他们提供营生、脱贫致富的路子,由此伴生的环境隐患则被忽视。

二、成长期(20世纪80年代末至2010年)

20世纪80年代末期至21世纪前10年,定州市经济发展速度较快,人均地区生产总值年均增长率达13.41%(周伟文,2010:32)。这一时期,国家实行对内改革、对外开放政策,为成千上万的私营企业提供了发展契机,其中,包括高、李两镇铁网加工工厂。在这期间,铁网加工业实现了产业链延伸、市场转移、规模增长、资本积累,成为定州市重点发展的四大特色产业之一①。本小节将简要介绍铁网加工业成长期的发展,详述其加工工艺,并重点分析其在该阶段的环境影响。

(一)成长期铁网加工业发展概况

定州市自1994年开始着力进行工业所有制改革,大力推进个体私营经济发展,到1999年个体私营工业占全部工业产值的七成,其当年经济增加值约占地区生产总值的45%。2003年后,定州市全面开放非公有制经济进入的领域,在产业准入、经济政策、筹资融资、市场开拓等多方面为其提供有力支持。2005年,非公有制经济在地区生产总值中的占比超过八成,其中包括铁网加工业在内的加工制造业是民营企业最多的行业(周伟文,2010:36、40)。具体来说,"八五"(1991—1995年)期间,定州市以支持、促进乡镇企业发展为重点的农村经济改革进一步夯实了农村社会主义市场经济体制建设的基础。到"十五"(2001—2005年)期间,高、李两镇铁网特色工贸区已建成,且重点铁网企业已成长起来。1993年,李镇留村开办了第一家铁网厂,到20世纪90年代末期,全村规模以上②的铁网企业达26家,至此,以工厂为主的铁网加工模式渐使留村发展成为铁网加工专业村(定州市地方志编纂委员会,2013:157)。随着市场集聚效应持续发酵,且铁网市场有向上的发展势头,与留村邻近的高镇新庄、奇村等多个村庄陆续建成铁网加工厂。高、李两镇逐步形成以线材、铁网、刀具、焊条为主的铁业格局,并探索出多品种产、供、销一体化的运营模式。

据受访企业主(郑先生、周先生)回顾,进入21世纪后,由于铁网企业在国内市场上

---

① 铁网、防水卷材、铸造、塑料是定州市四大特色产业,现也称为定州市四大传统产业。

② 按照国家统计局的规定,规模以上工业企业在2011年之前是指主营业务年收入在500万元及以上的法人工业企业;从2011年开始,是指主营业务年收入在2000万元及以上的法人工业企业。

难以与同业国有大型企业竞争，国内市场和利润空间均受到挤压，部分企业开始通过国有外贸公司开发国际市场，但是，民营企业尚未完全获得外贸自营权，国际市场信息缺乏、国有外贸公司对民营企业的利润抽成是其拓展外贸的主要束缚。随着国家施行对外开放政策，高、李两镇铁网企业探索外贸市场迎来了契机。

2001 年，中国成功加入世贸组织（WTO），承诺将于三年内全面放开外贸经营权。2004 年，全国人大常委会通过《中华人民共和国对外贸易法》，这标志着从 1994 年开始实施的《外贸法》废止，计划经济时代的自营进出口权申报审批制由备案登记制取代，国家对私营企业法人和个人开放对外贸易经营权（沈四宝，2004）。同时，修订后的《外贸法》第五十八条和第五十九条明确提出“国家扶持和促进中小企业开展对外贸易”“国家扶持和促进民族自治地方和经济不发达地区发展对外贸易”。这对此前依靠国有外贸公司进行出口的小型、微型农村铁网企业来说是难得的利好政策。就乡镇企业外贸政策来说，1997 年实行的《中华人民共和国乡镇企业法》第二十五条指出：“国家鼓励乡镇企业开展对外经济技术合作与交流，建设出口商品生产基地，增加出口创汇。具备条件的乡镇企业依法经批准可以取得对外贸易经营权。”在 20 世纪 90 年代，定州市已开始着手提高经济开放水平，促进外向型经济发展，其中，发展和培育出口型企业、开拓国际市场是其着力点所在（周伟文，2010：50）。

基于如上政策机遇，铁网企业渐脱离国有外贸公司，通过在广州、石家庄、保定等城市组建自己的外贸公司，并积极参加国内外商业展会①进行产品宣传和市场拓展。2007 年，铁网加工业加工生产的六角网、方眼网、棱形网、电焊网、护栏、涂塑网、窗纱、黑丝布、刺绳以及各类铁丝制品品种已达 300 多种，产品远销欧洲、美洲、非洲、中东、东南亚等地的 40 多个国家和地区。到 2010 年，高、李两镇已形成营业收入超过 10 亿元的铁网加工业集群。

（二）成长期铁网加工业工艺及其运营情况

在成长期，高、李两镇的铁网产业已从作坊经营模式走向工厂为主、作坊辅助的新形式。一是成长期的铁网加工工艺向上游延伸，拓展为拔丝、除锈、镀锌、织网四个主要环节。具体来说，拔丝即工厂从上游钢铁公司采购的未做加工处理的粗盘条，通过大型拔丝机组②将盘条拔细至直径为 0.2 mm 至 6.5 mm 不等的细铁丝。除锈即将拔

① 据受访企业主介绍，他们经常参加的国内外商业展会有：中国进出口商品交易会（The China Import and Export Fair）即广州交易会，简称广交会；德国科隆国际五金展；美国拉斯维加斯国际五金展。

② 拔丝机组为电能驱动，盘条在拉拔过程中需要经过高温锅炉软化，高温锅炉通过燃煤加热。

细的铁丝淬火降温,再穿过浓度适宜的盐酸池除去铁丝表面的锈迹,接着通过清水池,洗去铁丝表面附着的盐酸,完成铁丝除锈处理。镀锌即把表面处理后的细铁丝通过锌块熔炉①或锌溶液池②,让锌包裹在铁丝表面形成一定厚度的锌层,确保铁丝在防潮、防腐蚀等防护性方面达到较好状态,然后根据需要烘干或打磨铁丝表面,使其干燥且光滑。织网即将镀锌铁丝编织成网眼形状、大小不同的铁网(镀锌和织网两个环节不分先后,根据订单制作要求,部分产品是在织成网后再进行镀锌)。至此,工厂车间的加工过程基本完成。

此外,在成品运送至港口前,还有部分后续加工过程,如卷网(即按订单要求卷成长、宽一致,且重量相同的网卷)、贴标签(大部分外贸采购商会委托工厂贴上有自己商标和加工地点标识的标签)、包装(为防止成品在远洋运输过程中受腐蚀,网卷标签外依次包裹塑料膜、尼龙,再放入纸箱)、装车(即装入集装箱后,放入运输车厢)等后续环节。

二是延伸后的加工工艺所需投入较大,但加工工厂、家庭作坊的规模和资金实力相对较小,因此,工厂之间、作坊之间以及工厂和作坊之间渐出现了基于差异化角色分工的供应链。据受访企业主王先生介绍,配置铁网加工全流程所需的基础设备、厂房、用地等固定资产投入大约为20万至200多万元,其中尚不包括购买原材料和维系工厂车间正常运营所需的人工成本和运维费用,单一工厂难以承担这样大额的资金投入。与此同时,在成长期,由于设备自动化程度低,在拔丝和镀锌两个环节至少需要40至50名工人同时协作作业,而后续织网、卷网、包装等环节也需要4至6名工人配合完成,因此,一条完整加工流水线共计约需40至60名工人。虽然部分加工环节可拆分进行,但是,考虑到原材料损耗、能源损耗以及生产效率,除后续加工外,拔丝和镀锌两个主体环节及时衔接是必要的,因此,具备完整生产线的工厂至少需要雇佣数十名工人,配置、培养熟练操作工人是工厂需解决的另一现实问题。此外,工厂运营需要的生产车间、包装车间、仓储间等空间的占地至少需要1 000平方米。定州各农村大多以耕种农业为主,各户除宅基地外,基本为承包经营的农田,不能用于工业,所以可用土地空间也局限了单一工厂的扩张。

由上可知,成长期的基本生产要素投入已远超出单个作坊或工厂的承受能力,而铁网加工链得以成功延展的关键在于区域内供应链的形成。在这条供应链上,资金实

① 锌块熔炉,即固体锌块熔化后盛装液态锌的锅炉,炉内温度在500℃左右,通常工厂燃煤以保持炉内温度。管件或铁丝等材料浸入锌炉是热镀锌工艺的核心环节。

② 锌溶液池,即含有锌元素的化学溶液。管件材料放入锌溶液后,需要通过电解设备利用电流将锌沉积在材料表面,这一过程即冷镀锌。

力相对强，在技术上更为熟练，发展较好的工厂开始分化为专做某一个加工环节的工厂，如拔丝厂、镀锌厂、涂塑厂等，其产品分别为黑铁丝、镀锌丝、涂塑丝或塑料颗粒。由此，黑铁丝可供应镀锌厂、涂塑厂等，同样的，镀锌丝可供应专做涂塑或织网的工厂、作坊。资金少、技术尚浅且处于发展初期的工厂则专营某几种需求量大的铁网编织，而户数最多的作坊则成为工厂的铁网编织①外包方。同时，根据订单量、加工周期等实际需要，同类产品的加工工厂间或作坊之间也存在分包或协作关系。此外，部分加工实体较小，但熟悉区域内工厂和作坊主营产品，且具有一定联络外商经验的作坊逐渐向铁网产品经贸商的角色转化，在加工商和采购商之间寻得盈利空间。如上所述，在高、李两镇区域范围内形成了铁网加工业的内部供应链②。

三是铁网产品在国际市场走俏，且市场对其种类的多元化需求，是数百家作坊存续的重要原因。据在铁网加工业从业 30 多年的企业主郑先生介绍，由于铁网应用广泛，在国内外市场上，铁网品种已达数百种③，涉及百余台型号不同的织网机器④，如果一个工厂备齐所有的织网设备，需要投入大量资金，同时，每台机器需配备相应的厂房、操作工人，还需承担日常运维成本。这就决定了工厂难以独自应对多元产品需求的市场，也为工厂与作坊之间相互依存的合作关系埋下了伏笔。在高、李两镇有多个铁网加工专业村，各村累积铁网编织经验和织网机械维护经验的家庭多且集中。通常这些家庭都有十几万元到几十万元不等的储蓄，有一定投资资金，而一台二手织网机的成本投入约几万元至十几万元，同时，备置织网机后各户可在家里织网，其利润比在工厂车间工作更高，而且在 2010 年以前市场行情好，作坊可连续不断地接到工厂的织网订单。更为重要的是，除了购买、维护机器和电费成本，作坊的盈利不用交税，也不直接承受政府的管理压力。经营妥当的话，作坊只需半年时间就可收回机械购买成本。所以，不仅具有一定织网经验的作坊得以存续，而且进入工厂习得经验的工人也成为新作坊的重要组成部分。

从工厂和作坊的角度来看，这种“工厂＋家庭作坊”业态模式有诸多益处。对工厂来说，省去了大笔机械设备成本投入，减少雇佣织网工人和管理人员的人力成本。工

---

① 据多位受访企业主和作坊主介绍，企业和作坊均不局限于主营产品加工，在外贸市场如有合适机会，各自都会争取外贸订单，然后通过转介或分包的方式完成订单。

② 多位受访企业主和作坊主称，高、李两镇镇域内工厂或作坊的合作对象以区域内为主，但并不以地域为限，其产成品或半成品也供销相邻县域（如安平县）或天津等地的企业。

③ 通常基于不同用途，铁网产品会在铁丝粗细、网眼大小、网眼形状、镀锌层厚度、涂塑颜色等方面存在差异。

④ 在调研中，笔者发现高、李两镇的有些铁网产品的编织环节机械设备尚不能完成，需要依靠人工使用相应工具来制作，比如刺片网就是其中一种。

厂在织网订单交货期、产品质量方面把好关即可交付作坊加工，对于不合格的产品，工厂可要求作坊退回重做或赔偿原料损失。对作坊而言，一个作坊就解决了家庭所有剩余劳动力的就业，通常，家中成年男性负责与工厂确定加工协议、拉送原料和成品，以及织网机器调试、维修和其他重体力劳作；家中成年女性负责及时往机器续线、按订单要求裁剪铁网、卷网。部分拥有数台织网机械的家庭作坊，还会在订单多的时候，雇佣几个帮工。在家庭作坊中，他们可根据订单情况自由地安排工作时间，既照顾到家里的老人、小孩，也不影响地里的农作，更关键的是织网收入比工厂更高。多位受访作坊主（如张女士、吴先生）认为，相对于背井离乡、外出打工赚钱来说，在家自主经营作坊是更好的选择。因此，在这一时期，家庭织网作坊作为工厂的合作伙伴，其队伍更为壮大，“工厂＋家庭作坊”的业态模式也更夯实。

（三）成长期铁网加工带来的环境影响

在成长期，铁网加工工艺向上游延伸至拔丝和镀锌两个主要环节，工厂的利润空间显著拓宽，同时，相对规范且初具规模的铁网企业成为该行业的主体，而数量众多的家庭作坊则分化成依赖企业的织网分包户或铁网产品经贸商。该阶段铁网加工带来的环境影响主要有：(1)煤烟导致空气污染。拔丝和镀锌加工所使用的燃料主要是煤和电，而煤烟未经脱硫等净化处理通过三十多米高的排气筒直接排放到大气中，污染了空气，此外，煤渣堆积增加了周边环境的代谢压力。(2)酸雾引起空气污染。镀锌工厂在初期采用开放式酸洗除锈工艺，该环节中盐酸池敞开导致盐酸挥发明显，同时，由于酸与铁反应产生一定热量进一步加剧盐酸的挥发，产生大量酸雾，不仅危害操作工人的身体健康，腐蚀车间机械设备，而且污染了工厂周边的空气，导致酸雾笼罩范围内的植被和庄稼变黄、枯死。(3)废水污染水环境和土壤环境，在进行铁丝酸洗和镀锌后，分别需用冷水清洗铁丝表面残留的酸或锌液等，由此产生的废水呈酸性，并含铁、锌等重金属离子、油渍或化学试剂成分，废水未经净化处理直排地表或地下，造成土壤和水体污染①。(4)尘雾污染空气。在加工工厂的生产车间由于搬运原料、产品或机械运转等产生一定的扬尘和烟雾，均未经统一收集、净化处理而直接排放，对厂区及其周围的空气形成区域污染。(5)噪声污染。由于初期工厂和家庭作坊的机械设备大多为

① 有研究指出，在热镀锌工艺中，为了保护镀层表面在储存或运输过程中不产生白锈，需要使用六价铬酸盐溶液处理镀件表面，从而在镀层表面形成一层连续的铬酸盐膜，达到保护镀层的作用。但铬酸盐溶液具有一定的毒性，对水体的污染非常严重（邵建新，2009）。在调研期间，企业主并未明确表示是否仍使用六价铬酸盐溶液，但表示产生白锈的原因很多，目前还没有办法彻底解决白锈问题，根据他们的经验，待镀锌铁丝晾干后再包装，长白锈的概率就小很多。此外，笔者并未耳闻当地曾经或现在有因铬中毒的污染事件。

二手采购，机械性能低，机器运转产生的声音较大，由此形成噪声污染。

正如前文所述，在定州污水处理厂投入使用之前①，大部分城镇居民的生活废水通过渗坑排入附近河流或直接渗入地下。据《定州市志》记载，1989 年，分布在定州农村的 220 家乡镇工业企业排放的废水中主要污染物有六价铬化物，年排放量为 0.76 吨；氰化物，年排放量为 0.45 吨；悬浮物，年排放量 846.6 吨；年化学耗氧量 1 153 吨。同时，排放的废气中主要污染物有二氧化硫，年排放量为 1 158 吨；氟化物，年排放量为 79.8 吨；烟尘，年排放量 2 264.6 吨（定州市地方志编纂委员会，2013：392）。值得注意的是，乡镇工业企业带来的废水和废气中所含污染物均未经处理直接排向地表和大气。在高、李两镇，镀锌铁网企业集群排放的工业废水是沙河及其周围村庄附近水污染的主要来源。此外，这一时期，工厂噪声、建筑工程噪声、交通噪声等扰民问题也日渐凸显。成长期的铁网工艺流程及其环境影响如图 2.2-2 所示。

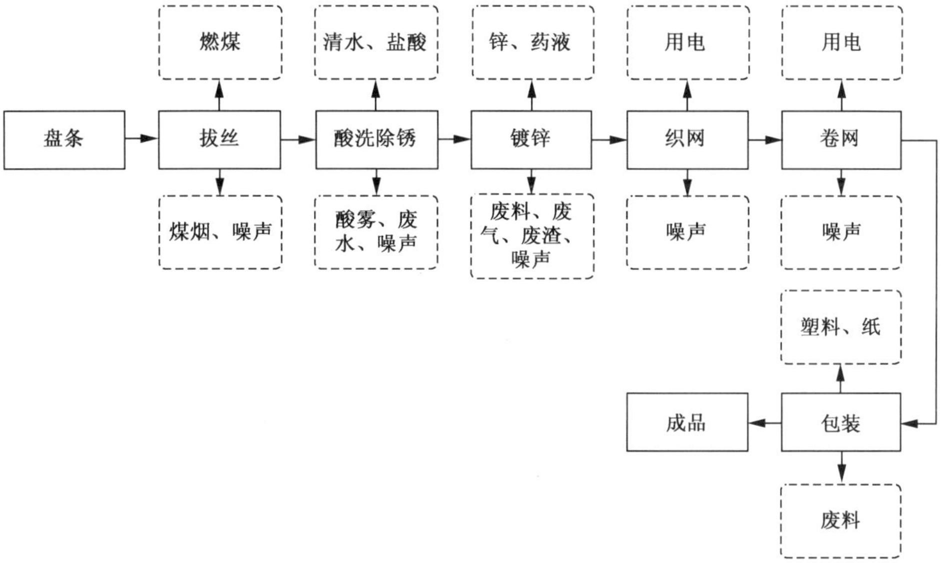

图 2.2-2　成长期铁网工艺流程及其环境影响图

与萌芽期不同的是，在成长阶段，铁网加工业所引致的环境污染问题已显化，比如，村民能闻到工厂周围空气中有很浓的硫的气味；看到工厂周边的植被或农作物的叶子慢慢由绿变黄，直至枯死；发现部分水井的水出现异常颜色，尝到浅层地下水的味道大不如前，等等。因此，可以说在成长期，铁网加工业快速发展背后的环境隐患已累

① 据《中国国情丛书——百县市经济社会调查（定州卷）：平民教育实验区的现代转型》第 223 页记录，定州污水处理厂于 2009 年 10 月正式投入使用。

积成外显的区域环境污染问题，而且，由于环境治理滞后，如上环境问题持续恶化。

具体来说，一方面，虽然铁网加工业发展对区域内空气、水、土壤和植被等环境的破坏已显现，但净化废气或使用清洁能源，处理废水或采用绿色工艺会增加企业成本，而且市场同类农村企业均未有环境成本支出，因此，铁网企业为确保个体的经营利润和市场竞争地位，并无积极主动采取环保行动的动力和行为。另一方面，在成长期，虽然在环保突击检查时或环境污染事件发生后，基层政府会要求企业治理污染，但是，发展农村地区经济仍然是基层政府的重要考核任务，政府环保监管大多是应付式的。例如，在成长期，基层政府要求企业补全环评手续、配置环保设备、交纳超标排污费[①]、改进污染严重的生产工艺等，但事实上，仍存在环保手续不全、企业私自停用环保设备等现象。因此，在成长期，基层政府对铁网企业的环境管理才刚起步，铁网企业污染防治仍不能长期、稳定达标。

三、转型期(2010 年至今)

高、李两镇铁网加工业大致从 2010 年开始进入转型期，这一时期，铁网企业进入一个相对平稳的发展状态，其工艺和运营情况与成长期大致相同，但不良环境影响持续加剧，推动该产业走向转型之路。

转型期铁网加工业的运营情况大致如下：一是铁网加工工艺虽与成长期类似，即为除锈、酸洗、镀锌和织网四个主要环节，但加工技术和生产设备均有所提升，生产效率更高。二是企业规模不断增大，规模以上企业数量增多，同时，各企业内部运营和管理更为完善，财务、人力、车间、后勤等部门和岗位设置逐渐出现在规模企业中。三是高、李两镇绝大部分铁网产品的销售市场锁定在国外，国内外五金制品会展和互联网店商平台成为企业营销的重要渠道。四是铁网产品种类更加丰富，并且电焊条、制钉、刀具、铸造等金属制品的出现进一步提升了铁网加工业的多样化。

铁网加工业如上新发展使得其在高、李两镇经济结构中的主导地位得以夯实。据称[②]，2016 年，区域内已建成铁网企业 100 多家(李镇 60 多家、高镇 40 多家)，其中，年产规模达两千万以上的企业共 53 家(李镇 36 家、高镇 17 家)，辐射带动方圆几十里的个体加工户(家庭作坊)1 300 多户(李镇 800 多户、高镇 500 多户)，至少解决 1.6 万名

---

① 据《定州市志》记录：1982 年，对城区 18 家污染企业征收超标排污费，并开始对农村中有污染的乡镇企业征收该费。

② 资料来源于《李镇钢网产业概况(2016 年)》《河北省特色产业名镇申报表(2014 年)》《打造产业集群、成就丝网名镇：河北省金属丝网制造产业名镇申报材料(2015 年)》《河北省定州市高镇建设发展专题报告(2016 年)》。

(李镇从业者 8 500 余人、高镇 8 000 余人)农村剩余劳动力就业。铁网行业年产值总计超过 70 亿元(李镇 40 多亿元、高镇 30 多亿元)，现已成为以铁网为主，刀具、铸造、电焊条、制钉等为辅的五金制品加工基地，产品远销欧洲、美洲、非洲、中东、东南亚等地的 60 多个国家和地区。此外，个别企业在德国法兰克福、阿联酋迪拜等地设有办事处，负责外贸事宜。

高、李两镇铁网企业区位分布如图 2.2-3 所示。

图 2.2-3　铁网企业区位分布图

备注：①2017 年 1 月 20 日，笔者根据两镇企业分布实况描绘此图。
②图中灰色区域为工厂位置，黑色粗线条为国道(高、李两镇以此为界)，黑色细线条为村镇公路、河道。

从区位分布来看，两镇铁网工厂沿公路、河道分散在村落周围，呈相对集中态势，缺少合理规划。这种布局是传统乡镇企业自发、自主发展的直接结果，也是企业污染进行集中治理需要克服的困难之一。从铁网加工业在镇域内的经济贡献来看，2014 年，李镇铁网企业分别有 1 个中国名牌产品和 1 个省名牌产品，2 个省著名商标，3 个省中小企业名牌产品，同时，全镇企业在国内外市场的占有率约 8%，当年营业收入约 55.5 亿元，占该镇经济总量的 79.7%；完成工业增长 9.98 亿元，占全镇经济增长的 82.9%；实交税金 1.1 亿元，占全镇的 68%①。同时，由于该镇铁网加工业的发展成果

① 资料来源于李镇的《河北省特色产业名镇申报表(2014 年)》，高镇暂无相应统计资料。

显著，2014年李镇获批为全国重点镇和河北省经济发展镇，2015年被列为新型城镇化建制镇示范试点地区。可见，铁网加工业在镇域范围内是举足轻重的。

铁网产业群到转型期已取得突出的发展成果，但因之而产生的区域环境污染问题（如空气质量逐年下降、环境污染举报事件增多、土壤质量减退等）也日渐严重。在生态文明建设、国家推动的绿色发展大趋势下，政府主导的、自上而下的环境政策传导至经济社会各个领域，基层政府逐渐强化对农村污染企业的环保管控，铁网加工业向绿色、低碳、清洁增长模式转型的需求日益紧迫。本书将在第三章对铁网企业环境行为转变的外部驱动机制进行具体分析。

第三章 政府主导的环境政策与企业环境行为转变

企业环境污染行为兼有外部不经济和内部经济性，因此，企业往往缺乏主动进行能源升级、污染治理和清洁生产的内在动力。对农村小微企业而言，由于其受规模小、利润薄、技术低、不稳定等内在特质局限，其主动改变“高污染、高能耗、低效率”增长模式，转向清洁生产、绿色发展方式的内部动力相对更小。因此在生态文明建设、绿色发展背景下，政府主导的、自上而下的环境规制是推动铁网企业环境行为转向绿色的首要外部力量。

文献梳理表明，环境政策对企业环境行为的规制是有限的，在二者之间企业外部的其他因素也对企业环境行为产生影响；事实上，政府主导的、自上而下的环境政策变革并不直接改变铁网企业环境行为，而是通过转型社会中相关社会主体和市场主体传导其对企业环境行为的规制压力，并与各主体一同驱使铁网企业环境行为转向绿色。因此，可分别从相关社会主体和市场主体入手，识别、评估和梳理环境政策变革中，铁网企业环境行为转变的外部驱动因素。

具体来说：第一，识别压力。以铁网企业的视角识别压力的作用方式及其表现形式，即识别该压力的作用方式是直接作用、间接作用或兼有两种，及其着力点表现在哪些方面。第二，评估压力。基于铁网企业的感知评判压力性质、持续性、方向、范围，即判断该压力是持续或非持续，是正向或反向，是所有企业面临的压力，还是仅部分企业感受到的压力。第三，梳理压力。基于观察，理顺各压力之间的内在关联，构建铁网企业绿色转型的外部驱动机制。

综上，本章将基于对政府主导的、自上而下的环境政策规制下铁网企业转型升级实践过程的观察，识别、评估、梳理推动该实践的外部机制，并为观察和解析其环境行为选择过程、行为表现和行为结果做铺垫。

第一节
企业感知的来自社会主体的压力

在铁网产业群绿色转型的过程中，政府主导的、自上而下的环境政策变革主要通过以下社会主体对铁网企业环境行为产生影响：基层政府、行业协会和社会公众。其中，基层政府主要指定州市市级政府，高、李两镇镇政府；行业协会即在定州市民政局注册成立的定州市铁网行业协会；社会公众包括未在铁网行业工作的普通村民、铁网工人(大部分为高、李两镇村民)和铁网作坊从业人员。此外，笔者尚未观察到高、李两镇镇域范围内的村委会、学校、医院等其他社会主体与铁网企业环境行为转变有实质的关联，因此，本书未将其纳入分析范畴。

整体而言，在社会转型和国家推动的绿色发展大趋势下，政府主导的环境政策变革通过基层政府、行业协会、社会公众分别对铁网企业绿色转型产生不同性质的驱动力：基层政府带给铁网企业的是以环境规制强化为特征的政策压力，行业协会带来的是以保障行业共同利益和稳定发展为目标的行业压力，社会公众带来的是环境治理和经济发展双重需求交织的舆论压力。

一、基层政府的政策压力

(一) 政策压力的衍生

从案例的情况来看，一方面，基层政府对铁网加工业的环境管制经历了从无到有、从粗放到精准的变化，这与政府主导的、自上而下的环境政策变迁直接相关；另一方面，政府主导的环境政策变革通过逐级向基层推进，传递其对铁网企业的政策压力，值得注意的是，这一政策压力是通过基层政府以强制命令方式执行环境政策而对铁网企业环境行为产生实质作用的。因此，分析政府对两镇铁网企业的规制政策及其实践过程，有助于识别政策压力的作用方式及其具体表现。

(1) 基层政府对铁网加工业的环境管理实践经历了从无到有的转变

定县农村工副业在集体经营时期(1949 年至 1961 年)的定位是农业社内的加工单位,仅为社员服务,在社内分配,且均为生活必需品,手工业较少。个体手工业因被禁止,并无具体的政府部门对其进行管理。此后,个体手工业经历"文革"的"地下"发展时期,以及 20 世纪 70 年代后期的限制发展时期,到 80 年代进入活力成长期。80 年代至 90 年代初,市乡镇企业[①]管理局代表市政府对农村企业实施综合管理,其中分设 4 个科室,包括:生产科[②]、企业管理科[③]、业务科[④]、财务科[⑤](中国国情丛书编辑室,1991:72)。除此之外,定州市还分设有区、乡和村经委对所辖范围内的乡镇企业实施管理和指导。根据《定州经济》记载,铁网市场由李镇工商所负责管理(定州市工商行政管理局编委会,1989:32)。从文献资料和受访者回顾的情况来看,在 20 世纪 90 年代以前,基层政府对乡镇企业的管理主要精力集中在扶持、协助、指导乡镇企业发展上,在政府职能架构中尚未设置专门科室、岗位,或派遣专门人员对乡镇企业发展带来的环境问题进行检测、评估和管理,因此,早期铁网加工业处于政府环境规制缺位的社会情境中。

从国家政策和法律层面看,1978 年颁布的《中华人民共和国宪法》第十一条第三款规定:"国家保护环境和自然资源,防治污染和其他公害。"这是国家在法律上首次明确提出保护环境、防治污染。随后,以此为依据制定的《中华人民共和国环境保护法(试行)》于 1979 年颁布,并对环保任务和范围、政府机构和职责、奖惩制度等内容作了具体规定。该法作为第一部环保法具有开创性意义,不仅为政府规制企事业单位和个人的环境行为提供了法律依据,而且为环境保护法律体系的构建和完善奠定了基础。它明确指出一切工程建设必须提交环境影响报告书、严格遵守"三同时"规定[⑥],积极防治废水、废

① 这里的乡镇企业,指农村中乡、村办的集体企业、农民办的各类企业和城镇街道办的企业。1982 年之前称之为社队企业,1978 年之前称之为农村工副业。见《中国国情丛书——百县市经济社会调查(定州卷)》,1991:178。

② 生产科负责全市乡镇企业的宏观调控,如新项目立项、考察、占地,生产的计划、统计和面上的指导以及计划内的原材料分配等。

③ 企业管理科主要负责基层企业的项目、人才、技术的引进,企业人员的培训,产品的达标、评优、计量等。

④ 业务科负责乡镇企业信息的传递、协助推销产品和购入计划外原材料等。

⑤ 财务科负责基层企业财务的指导和财务人员培训,独立或者会同审计、财政、税务、银行等部门对企业财务进行检查和整顿。

⑥ 1979 年《中华人民共和国环境保护法(试行)》第六条规定:"一切企业、事业单位的选址、设计、建设和生产,都必须充分注意防止对环境的污染和破坏。在进行新建、改建和扩建工程时,必须提出对环境影响的报告书,经环境保护部门和其他有关部门审查批准后才能进行设计;其中防止污染和其他公害的设施,必须与主体工程同时设计、同时施工、同时投产;各项有害物质的排放必须遵守国家规定的标准。"

气、废渣等产生的环境污染①，并对超标排放污染物的单位和企业征收排污费②。在此基础上，1989 年《中华人民共和国环境保护法》正式颁布执行，其明确规定：县级以上地方人民政府环境保护行政主管部门，应当会同有关部门对管辖范围内的环境状况进行调查和评价，拟订环境保护规划，并对本辖区的环境保护工作担负统一监督、管理的职责。同时，该法对违反环境保护法，造成环境污染和破坏的行为应当承担何种法律责任作了具体规定。此外，环境保护相关的专项法律也陆续出台，如 1984 年颁布《中华人民共和国水污染防治法》，该法规定："禁止向水体排放油类、酸液、碱液或者剧毒废液……禁止企业事业单位利用渗井、渗坑、裂隙和溶洞排放、倾倒含有毒污染物的废水、含病原体的污水和其他废弃物。"1987 年颁布的《中华人民共和国大气污染防治法》规定："炼制石油、生产合成氨、煤气和燃煤焦化、有色金属冶炼过程中排放含有硫化物气体的，应当配备脱硫装置或者采取其他脱硫措施……向大气排放粉尘的排污单位，必须采取除尘措施。"由此可知，尽管国家层面的环境政策、法律法规先行制定，但是，由于基层政府未充分执行相关政策，乡镇企业环境行为并未立即得到恰当规制。

查询到的文献显示，1992 年，定州市政府制定了水资源管理暂行规定。该文件对水资源管理的机构和职责、水资源开发利用和保护、水资源费等作了明确要求，并提出"水利、环保、卫生、城建等部门，应按合理分工，各有侧重的原则，开展地下水动态观测和水质监测工作……对超标准污水、污物不准随意排放，对水源已被污染或被破坏的地区，要查明情况，限期治理，由肇事单位承担经济和法律责任……开发利用地下水供工业生产用水（包括乡镇企业、联户个体企业），每立方米征收七分钱水资源费。"此外，在前文已提及定州市政府对水、空气、土壤开展正式、规范的环境检测始于 1979 年，当时已发现被检测地区因工业污水、废气排放造成了水污染和空气污染等环境问题。可见，国家环境政策、法律体系虽持续完善，但是，由于基层政府对涉污企业的环境规制相对迟缓、滞后，乡镇工业污染未得到有效治理。

进一步分析文献资料，还可说明如下两点：其一，基层政府早期的环境治理具有选择性，治理进程缓慢、滞后。20 世纪 80 年代，定州市工业污染治理内容仅包括废气、废渣、钢渣和粉煤渣，工业污水并未包含在内；此外，治理目标除废渣要求达到 100%外，

---

① 1979 年《中华人民共和国环境保护法（试行）》第十六条规定："积极防治工矿企业的和城市生活的废气、废水、废渣、粉尘、垃圾、放射性物质等有害物质和噪声、震动、恶臭等对环境的污染和危害。"第十九条规定："一切排烟装置、工业窑炉、机动车辆、船舶等，都要采取有效的消烟除尘措施，有害气体的排放，必须符合国家规定的标准。"第二十条规定："禁止向一切水域倾倒垃圾、废渣。排放污水必须符合国家规定的标准……严禁使用渗坑、裂隙、溶洞或稀释办法排放有毒有害废水，防止工业污水渗漏，确保地下水不受污染。"

② 1979 年《中华人民共和国环境保护法（试行）》第十八条规定："超过国家规定的标准排放污染物，要按照排放污染物的数量和浓度，根据规定收取排污费。"

其余各项污染物处理率的目标值均设定为个位数年增长，这远不能控制迅速增长的乡镇工业污染。其二，基层政府早期的工业污染治理效果并不理想。及至20世纪80年代末定州市对工业废水、工业废气的检测结果显示，各项工业污染物在类别和排放量上呈双升趋势，污染治理未降反增。比如：由于工业发展，1995年定州工业用水量比1981年增长了一倍，排放的废水中有害物质有增无减。同时，1988年定州市水质化验显示，抽检地区水样的亚硝酸盐氮和亚硝酸氮已超饮用水标准8～40倍和1.4～1.6倍，部分地下水污染情况已非常严重（定州市水利志编撰委员会，1998：60）。20世纪90年代，定州工业用水全部为井水，因无严密规章制度对此进行管理，出现乱开乱采和污染现象（中国国情丛书编辑室，1991：13）。综上，前文提到国家层面环境治理制度建设滞后于铁网企业发展，而基层政府的环境政策执行相对更迟缓，因此，尽管国家持续完善环境政策体系，但是，仍难以遏制迅速发展的乡镇企业带来的快速累积的不良环境影响。

值得注意的是，根据受访乡镇工作人员和受访企业主的回忆，当时，基层政府对农村作坊和企业的管理主要是税收、安全生产等内容，尚未强制企业执行妥当处理废水、废气、废渣的环境规制。这种情况随着国家层面环保法律体系和环保职能架构的完善，及其对基层政府环境治理力度要求的提升渐渐改变。

（2）基层政府对涉污铁网企业的环境规制呈现从粗放到精准的变化过程

首先，在2010年以前，定州市环保部门对涉污铁网企业的环境规制过程较为粗放，规制内容较为宽泛，规制效果较差。据《定州市志》记载，1996年，定州市根据《国务院关于环境保护若干问题的决定》取缔小电镀等违法排污企业23家。“十五”期间（2001年至2005年），定州市开展环境综合整治，基本构建了乡镇企业环境管理体系，具体而言：一是在农村工矿业发展布局方面，严格把关，防止污染向农村转移；二是在农村环境监督执法方面，加大力度，控制污染物达标排放和污染物排放总量；三是在工业生产方面，加快工业污染物治理设施建设，强化废弃物循环利用，鼓励清洁生产（周伟文，2010：225）。如上管理大多为较粗略的政策规范，尚未对废气、废水、废渣、噪声等污染物的处理提出具体规制要求。2000年，定州市政府在高、李两镇开展了专门针对铁网企业的环境综合整治，对企业逐一进行污染防治设施排查，对不正常使用环保设备的企业责令停产，并吊销其排污许可证或者关停部分污染严重的小企业。在全市的环境整治中，定州市关闭无治污能力企业49家，治理整顿污水排放企业126家，实现272家涉水企业排放达标；2002年，专项整治李镇铁网企业群，最终使17家电镀加工企业全部实现达标排放。但是，这一时期基层政府的环境治理大多为应对上级环保突击检查的运动型治理（周雪光，2014），相关政策的执行和督察缺乏延续性，影响了政策效果。

整体而言，定州农村工业环境污染问题得到一定控制，但是，及至 2010 年，定州农村企业环境污染现象仍常见。比如：部分乡镇企业的工业废水仍是通过明渠或渗坑排入附近河流或直接渗入地下，同时，部分企业虽安装污染处理设备，但私自停运、偷排偷放的现象时有发生（周伟文，2010：223）。此外，由于各乡镇未建成污水处理厂，工业废水得不到有效处理，超标排放的问题比较严重。由此可知，基层政府对农村涉污企业的环境规制不够彻底，且缺乏延续性，以致潜在的污染现象存续、污染处理设施不健全、已有设施使用情况监督不力，使污染治理效果大打折扣。

其次，2010 年之后，环境保护工作网格化和传统产业改造升级的政策将定州市政府对铁网加工业的环保规制推向精准化。据定州市环保局王所长介绍，自 2011 年开始，河北省环保厅指导、协助定州开展环境保护工作网格化管理工作部署，及至 2015 年，定州市智慧环保网格化执法监管系统建成、运行，实践表明该系统成为信息化技术助力人力、物力、财力都比较有限的县级环保局提升环保管理工作效率的成功试点。定州市环保局因此获得国家环保部①、河北省环保厅等上级政府多方好评，多地政府前来参观学习，媒体对此争相报道。

具体而言，该网格化环境监管体系可概括为："三级监管网络、三个延伸、一个系统、四层保障。"第一，"三级监管网络"依次为以定州市政府、25 个乡镇（办）、518 个村委会（社区居委会）为责任主体的一级、二级、三级监管网格。该体系共有 544 个大网格、2 408 个小网格。第二，"三个延伸"即面上查（根据人口、面积、企业数量等将每个村、街道、社区划分为若干片区，即网格单元；每个网格单元设 1 名由包片干部担任的网格长，2～3 名网格员担任环保社会监督员）、点上防（在每个污染源，比如排污企业，建立明确到人的排污节点责任制）、线上治（环保系统内部建立从局长、分管局长、监察大队到监察所的逐级执法网格，各网格环保工作对应到具体责任人）。第三，"一个系统"即由市执法监控中心、27 个乡镇（办）监控平台和环保局移动执法终端共同构成的智慧环保网格化执法监管系统。该系统囊括污染源基本情况、网格监管、视频监控、在线监测、环境应急、执法监管、信访处理、信息公开公示、执法考核 9 大模块。第四，"四层保障"即从组织架构、过程监督、结果考查、经费支持角度出发，在政府内部构建领导机制、督导机制、考核机制和保障机制，确保网格有效运转②。根据定州市政府的汇报

---

① 2018 年 3 月，第十三届全国人民代表大会第一次会议批准了《国务院机构改革方案》，组建生态环境部，不再保留环境保护部。由于本书的调研、阐述及部分政府文件（电子资料）的检索主要为国务院机构改革前的情况，因此，仍使用环保部门、环境保护部的名称。

② 引自文件定州市环境保护工作领导小组办公室：《关于定州市网格化环境监管工作的汇报》（定环领〔2015〕4 号）。

材料，自网格化监管体系试运转以来，其在推进废旧塑料回收加工业综合整治，落实秸秆禁烧，敦促铸造、铁网等传统业升级改造等环保工作中取得了明显成效。环保网格化系统的构建从技术、人员、设备、信息等方面，为定州市政府将环保工作精细化、精准化创造了条件，这是其强化涉污铁网企业环境规制的基础，更是政府自上而下扶持基层政府提升环境政策执行力的重要方式。

(3) 国家的宏观调控增强了政府主导的、自上而下的环境政策在基层的规制作用

2015 年，国民经济和社会发展第十三个五年规划（简称“十三五”规划）提出“绿色发展理念”，并要求“必须坚持节约资源和保护环境的基本国策”，“加快建设资源节约型、环境友好型社会，形成人与自然和谐发展现代化建设新格局，推进美丽中国建设，为全球生态安全作出新贡献”。国家提倡发展的是绿色、低碳、循环产业，并对传统高污染、高能耗、低附加值的制造业提出环保升级改造的要求。与此同时，国家调整金融投资战略，为绿色产业和企业提供资金支持构建了绿色金融体系。对传统农村铁网加工业来说，国家经济社会战略宏观调控改变了它所依赖的、旧有的发展环境，自上而下进一步强化了环境政策变革的影响。

一是国家着力加强供给侧结构性改革，铁网企业面临原料市场波动和出口退税骤减带来的发展压力。为切实调整经济结构，优化要素配置，提升经济增长的质量和数量，需逐一解决产业结构、区域结构、要素投入结构、排放结构、经济增长动力结构等六方面存在的问题，其中，与铁网加工业发展密切相关的有：①钢铁行业去产能引起钢铁价格波动频率增加和幅度变大。铁网加工业以钢铁为原料，并根据钢铁价格走势确定订单报价。钢铁行业去库存、去产能政策执行后，一方面，钢铁价格呈上升趋势；另一方面，铁网企业外贸订单不稳定性增加，客户“甩单”的情况增多。据常年参加广交会的受访企业主刘先生介绍，近几年由于国内钢铁价格变化大，而外贸订单从接单到交付通常需要 3 至 6 个月，为减少交付期内钢铁价格大幅下降的风险，很多外商不愿在广交会上直接签订单，或者已签订单的客商在出现钢铁价格显著降低时，单方面终止订单合同，选择低价期的其他供应商（即“甩单”）。由此，外向型铁网企业订单量减少，且业务稳定性降低。②出口货物退（免）税政策调整，抑制“高污染、高能耗、资源性、低技术、低附加值”货物的出口。由于铁网加工属于资源、能源依赖的高污染行业，且大部分铁网产品技术含量低、缺乏自主品牌，其中有些产品的利润仅来源于出口退税。近年来，部分铁网的出口退税渐减少或被取消，直接影响铁网企业盈利。但是，短期内铁网企业难以对此作出相应的调整，同时，为维持与外商稳定的合作关系，即便出口退税减少或取消，铁网企业目前仍选择继续供应此类产品。

二是在镇域范围内铁网加工业的经济地位下降，失去了基层政府的倚重。据多

位受访企业主（如金先生、陈先生）回顾，大约在2010年以前，铁网加工业集聚增长显著，在提供就业机会、上缴利税、繁荣地方经济等方面，作出了很大贡献。前文提到，为推进该产业长足发展，定州市政府曾在规划、金融、技术等政策方面为铁网企业提供了有力支持。但是，这一情况逐渐发生变化，一方面，由于铁网加工业对环境有负面影响，成为政府亟待改造升级的对象，同时，铁网企业污染防治难达标成为基层政府的不可忽视的行政风险点。因为，国家自上而下力行最严格的环境保护法，对环境污染行为零容忍，而定州处于京津冀协同发展区，并入列大气污染防治“2＋26”城市名单[①]，其涉污企业环境规制已成为环保系统重点关注和考查的内容。另一方面，随着定州市陆续引进长安汽车、国华电厂、伊利乳业等大型企业，市政府承担的经济考核压力基本可由大型企业的经济增长来分担，大型企业的监管成本远小于农村小微企业，因此，对基层政府而言，支持大企业发展能以相对较小的管理成本获得更多政绩。因此，基层政府的支持重点逐渐从铁网这一传统农村产业转移，当然，依靠铁网加工业增长来提升镇域经济发展的乡镇政府，仍努力推进这一特色产业发展。但是，在国家行政体系中，乡镇政府职能主要是执行、落实相关政策，它对政策本身的影响力是有限的，并不能扭转这一趋势。这一点在铁网企业环保升级改造过程中也有体现。

如上国家宏观政策调整虽未像自上而下的环境规制政策一样，对铁网企业绿色转型提出具体要求，但是，它通过改变该行业旧有的发展环境，在政策层面又增加了一份促使其转变现有发展方式的压力。

（二）识别政策压力

上文回顾、总结了政府主导的、自上而下的环境政策通过基层政府传递，并逐渐衍生成为铁网加工业转向绿色发展的政策压力，与此同时，国家宏观调控政策从市场政策、外贸政策领域增强了对传统铁网加工业转变增长方式的压力。由此，可进一步识别推动铁网企业转型发展的政策压力作用方式、过程及其内容。

（1）从政策压力的作用方式来看，一方面，国家层面环境政策变革和宏观调控形成的压力，对铁网加工业而言以间接作用为主，因为宏观政策目标并未直接对应该行业集群，且铁网加工业处于国家宏观调控所涉行业的末端，相关政策是通过市场和基层政府在区域范围内的政策机制传导至具体企业的。另一方面，基层政府对铁网加工业

[①] 2017年3月，环保部为完成《大气污染防治行动计划》所确定的2017年目标任务，制定了《京津冀及周边地区2017年大气污染防治工作方案》，该方案确定实施范围为京津冀大气污染传输通道，包括北京市，天津市，河北省8个市（包括保定在内），山西省4个市，山东省7个市，河南省7个市。参见“关于印发《京津冀及周边地区2017年大气污染防治工作方案》的通知”。

形成的政策压力则分为对涉污企业的直接作用力和未涉污企业的间接作用力。具体来说，涉污企业直接承担污染治理所需投入的设备成本、运营成本、时间成本、沟通成本和风险。但是，由于企业之间形成了区域范围内的供应链业态模式，涉污企业停产整改在一定程度上会影响未涉污企业原材料的供应，从而，在该产业环保改造升级过程中，未涉污企业的生产持续性间接地受到了影响。

(2) 从基层政府对铁网企业环境行为规制实践过程来看，政策压力主要体现在两个方面：一是基层政府环境规制过程精准化，这意味着政府对铁网企业污染防治监管能力提升，铁网企业规避政府环境治理的难度和成本增加。比如环保网格化执法系统正式运行，在技术上可实时监控所有企业的污染处理和排放过程。二是基层政府对铁网加工业的环境规制措施精细化，企业对各项政策要求和改进方向有了更清晰的认知。比如重污染天气应急预案等，规制内容精确到每家企业降减产能的百分比。基层政府环境管理过程精准化、规制措施精细化是推进铁网企业进行产能升级和污染治理整改的首要外部驱动力。

(3) 从政府对铁网企业环境规制的具体内容来看，该压力可分为农村传统工业共同面临的产能升级政策压力和铁网加工业特有的、具体的环境治理政策压力，前者是中央政府或省级政府从宏观层面调整、优化经济结构，调节外贸政策，引导基层政府推进农村传统工业产能升级，如钢铁行业去产能、去库存，金融资本向高技术、绿色产业倾斜，部分低附加值出口产品的退税降低或取消，等等；后者主要为基层政府依据上级政府对企业环境污染治理的相关规定，具体落实加强对铁网企业排污治理的措施，如对企业建设项目进行环境影响评估、对企业排污许可证核发和有效期进行排查、敦促企业限期配置合格的污染处理设备、实时监管企业污染治理过程和结果，等等。因此，在推动铁网企业寻找转向绿色发展可能性的政策压力中，既有农村传统制造业共同面对的整体压力，也有铁网加工业在这一阶段面临的特定压力。

(4) 从政府对企业环境行为规制的理想期待来看，这种期许主要来自企业外部，因此，企业颇有"不得已而为之"的意味。对此，企业主杜先生曾打了一个比喻，他说："我自己觉得穿布鞋就很好，很满足了，你(指政府)现在让我一定要穿着皮鞋。我没有办法，不得不穿，否则，我连布鞋也穿不上了。"(2016 年 11 月 2 日，访谈杜先生的资料)当然，个别企业主(如郑先生)也看到了在政府的环保强压下，固守高污染增长方式的局限，期待能通过政府的引导和帮助寻找环保、可持续的发展路子。但是，就整个铁网集群来说，"走一步、看一步"仍是占主导地位的态度。

总体来说，政策压力是通过基层政府提升规制精准化、精细化间接驱动高、李两镇铁网企业进行绿色转型的，尚未出现铁网企业主动依照环境政策要求进行污染治理升级改造的现象。

（三）评估政策压力

从铁网企业对政府环境规制等政策的感知来看，政策压力是一种强制、持续、区域性的双向驱动力，具体表现如下。

（1）基层政府对铁网企业环境规制的主导性集中体现于企业在规制过程和目标上与政府可协商空间受到明显挤压。首先，基层政府强化对企业的环境规制，不仅是落实上级政府的行政要求，而且是执行相关环保法律的规定，对于不合法的企业或企业不合法的环境行为，政府有权依照法律采取限产、限期整改、关停措施。随着最严环保法颁布、实行，环保部督察制度的执行，环境管理技术的提升，基层政府考核机制的完善，基层环保工作人员不得不加强执法，履行工作职责。负责高、李两镇铁网企业环保工作的王所长说：

现在基层环保压力大，我们每天都要往厂子里跑，敦促业主们把上面的要求落实了，不敢放松，现在不比过去，这要是出了问题谁也担待不起。

（2017 年 3 月 20 日，访谈环保局王所长的资料）

其次，传统铁网加工业在定州市的经济社会贡献地位已下降，在污染防治问题上，企业规避环境责任的需求难以争取到基层政府的让步或支持。当然，从基层政府的角度来说，直接关停或取缔所有环保未达标的企业并不现实，因为铁网加工在高、李两镇已形成产业集群，镇域经济繁荣和发展主要依赖该产业，所以，在环保改造升级的问题上，企业和乡镇政府的目标有一致性，这是二者协同合作争取市级政府的许可和支持的基础。正如企业主顾先生所言：

咱们企业也明白政府整改咱，并不是再也不让咱干了，而是要咱抓紧整改、达到标准后继续干，所以，咱得努力配合好政府工作。

（2016 年 12 月 14 日，访谈企业主顾先生的资料）

（2）企业主眼中的环境治理变革是："环保越来越严这是大势所趋，整改政策要求是渐进的，企业需持续跟进政府的环保标准。"一方面，铁网企业主通过新闻报道、网络资讯、微信信息等多种媒体，以及与同业伙伴的日常沟通，对国家生态文明建设、绿色发展、美丽乡村等发展战略，及政府对环保违法行为的惩处力度和决心等均有一定了解；另一方面，铁网加工发展至今，基层政府对企业排污问题的管理经历了从无到有，从宽泛到精准，从宽松到严格的变化，企业主们切身感受到，政府关注的不仅是经济增长，还包括这种增长的持续性及其带来的不良环境影响。企业主从政府的整改要求中发现，从收取排污费、配置除硫设备，到密闭酸槽改造，煤改气或电，再到污水治理等环境规制并不是一蹴而就，而是政府不断提升环保标准的过程。虽然，在新旧标准之间会留给企业一定的环保缓冲期，但从长期来看，环保政策会持续完善，对企业的环境规制会更加严格。因此，企业主郑先生坦言：

依我的观察和经历，政府对企业污染的管理只会比现在更严格，对咱们企业来说，要想继续干（做铁网加工），最好能跟紧政府的步子，在最短的时间内整改到位，因为咱也不能预知政府未来更严的政策是什么，等到那时再改，可能已经晚了。

（2017 年 4 月 2 日，访谈企业主郑先生的资料）

此外，由于高、李两镇的铁网产品主要出口至国外，大部分企业主需常年与外商打交道，在参加国外的商贸会展或参观外企的过程中，对比国内的环境恶化状况，他们对欧美发达国家规制企业、保护环境取得的成果很有感触。这种感触进一步强化他们对国家持续强化环境治理政策的判断。企业主钱先生表示：

目前，虽然中国与欧美还有一定差距，但是，咱们的环境治理只会朝着欧美方向发展，而不会背道而驰。

（2016 年 8 月 20 日，访谈企业主钱先生的资料）

（3）高、李两镇铁网企业主认为，虽然全国都在进行环保整治，但是各个地区、各个行业的治理步伐参差不齐，相对来说，定州对污染企业的治理更早、更严格。据多位铁网企业主（如吴先生、马先生）介绍，安平整个县的主导产业是铁网加工，该县铁网企业数量众多，但是，及至 2016 年，当地大部分企业仍以煤为主要供热原料，而工艺改造、污水治理的进度则更滞后。可见，铁网企业主认为他们所感知的环保政策压力是区域范围内的，在全国范围内同业企业对这种压力的感知是不同的。这种地区差异在一定程度上影响了他们对政策公平性的认同，也进一步说明基层政府是实现自上而下的环境政策变革对企业环境行为规制的重要影响因素。

（4）政府对铁网加工业环保升级改造有反向驱动作用。如上所述，大部分铁网企业主的感知判断是，尽管在全国范围内各地区政府的环境规制进程不一，但是，整体来看，这是一种持续强化的政府主导的政策压力。但是，铁网企业主对政策压力的感知和判断并不是完全一致的，有小部分企业主认为环保政策压力难以预判，因为政府的政策存在非延续性、不稳定性。比如，企业主于先生说："政府做事咱是说不准的，他今天让咱这样干（环保整改），过两天，有了新的政策，这样干不行，得换成那样干。"（2017 年 4 月 12 日，访谈企业主于先生的资料）这种感知判断在一定程度上，导致企业主在能源替代和污水治理升级过程中，因担心环保成本削弱竞争力和政策不稳定影响企业环保合法性而不愿采取积极的环境行为。取而代之的是，消极观望政府环保政策执行情况，或抱持侥幸心理进行偷排偷放、转移污染等非绿色环境行为。此外，第四章中有关企业主环境态度的分析表明，基层政府公信力降低也对企业环境行为产生反向驱动作用。所以，基层政府对铁网企业绿色转型构成的政策压力不仅有正向驱动力，其中还存在约束政策效果的反向驱动力。

二、行业协会的行业压力

（一）行业协会的组建

行业协会在铁网加工业升级改造的过程中扮演着特殊角色，本节将通过追溯铁网行业协会的组建历程，为理解因之传递的政府主导的环境政策驱动力作铺垫。根据协会会长、会员代表等受访者的介绍，高、李两镇铁网行业协会的组建过程大致可分为非正式和正式两个阶段。以 2015 年铁网行业协会在定州市民政局正式注册成立为分界点，此前为非正式阶段，此后为正式阶段。

(1) 铁网行业协会的雏形及其在非正式阶段的角色

据多位受访企业主（如钱先生、王先生）回忆，上一代[①]铁网企业经营者为了行业的整体发展，曾以口头形式成立过非正式[②]的行业协会，会长由当时规模最大的铁网企业主担任。该阶段协会未正式注册，组织结构比较松散，会员企业通过口头表态加入协会，市、乡镇政府是知晓协会存在的。协会的作用主要体现在帮助会员企业统一办理税务、工商等相关事务，或者其他需要协会出面协调的事务，比如突发的环保事件。

据称[③]，2003 年，在与铁网企业聚集区邻近的顾村，有一位村民患癌症去世了。该村村民认为，村民患病与铁网企业排放废水导致地下水污染相关。此外，还有村民指出抽取井水洗手，会导致手脱皮。为此，村民代表找到镇政府、市政府状告铁网企业污染了地下水，损害了村民身体健康，要求铁网企业整改污染治理，并对村民进行赔偿。当时政府关停了所有涉污企业，行业协会作为涉事企业代表分别与政府、村民沟通，商议解决办法。后来，环保部门在高、李两镇多处取了地下水水样进行检测，公布的检测结果表明地下水未受污染。不过，据银行信贷员张先生回忆，事件最后的处理包括，定州市政府出资为顾村修筑了一口 200 多米深的水井，并为村民铺设了自来水管。至于水质是否受污染，张先生说“难有定论”。在这一事件中，铁网协会扮演了代表会员企

---

① 根据受访企业主们的界定，上一代经营者是指现龄 60 岁以上的企业主，当下铁网企业经营者主体现龄约 40 至 60 岁，新一代经营者现龄则在 40 岁以下。

② 非正式是指未正式在民政部门注册。

③ 由于多方受访者对环保事件比较敏感，不愿多言或言而不尽，关于 2003 年环保事件的介绍为笔者根据受访铁网协会会长、企业主、村民、政府工作人员以及银行工作人员的回忆整合而成。

业担任分别与村民、政府进行沟通、协调的中间人角色。该角色的成功扮演让企业看到了协会的功能和重要性，也为后来注册成立正式的铁网行业协会奠定了基础。

(2) 铁网行业协会的注册登记及其在正式阶段的作用

据现任协会会长钱先生介绍，铁网行业协会的正式注册也与企业环保有关。2014年11月28日，定州市政府停止对铁网企业的供电，责令所有企业停产，限期进行环保升级改造。此前，政府从未强制整个铁网加工业停产整改，这使企业主在政企沟通过程中面临很大压力：一方面，单个企业受限于其信息渠道、人际积累、发展经验、沟通成本承担能力等因素，难与政府议定具体的整改方案；另一方面，停产涉及百余家企业，政府人力有限，如与企业逐一沟通或者集中传达整改要求，其效率和效果都不理想。后来，企业主自发组织会议商讨对策，又派出企业代表与政府协商处理办法，最终达成一致共识：由企业自愿组织，申请注册成立高、李两镇铁网行业协会，由协会出面向基层政府传达企业诉愿，并协商整改事宜，再协助政府组织企业具体落实相关工作。

最终，铁网行业协会于2015年注册成立，协会会长由会员企业推举有威望和公益心的企业主钱先生担任，副会长也由会员选举产生。会员的会费按会长4000元、副会长3000元、会员2000元的标准交纳，会费主要用于协会对外沟通、去外地参观、联络环保设备采购等公务支出。目前，自愿交纳会费、加入协会的正式会员企业共有70多家，但这并未包括所有铁网企业，据会长的解释，“协会是由企业自愿交费加入的，部分企业还看不到协会的好处，咱也不能强迫他入会”。此外，会长表示，协会成立后忙于环保改造事务，起草的协会章程、宗旨、会员规范等组织方案都还未经正式会员大会讨论、表决。由此可见，政府主导的、自上而下的环境政策规制是协会成立的直接原因，可以肯定的是，如果基层政府未采取强制整改措施，铁网行业协会可能不会在这个时点注册，也不会主动制定行业规范，引导、约束企业环境行为作出积极转变。同时，协会在组织、协调铁网加工业环保整改过程中，其积极作用反过来促进了环境政策执行，保障了政策目标。

在铁网加工业环保整改政策推进过程中，行业协会积极参与功能表现在当其面对政府、各会员企业、第三方环保机构等不同主体时，灵活切换代理人角色，努力实现各方的角色期待。据多方受访者(包括乡镇工作人员、多位会员企业主、污水处理厂厂长等)介绍，行业协会的中介作用主要表现在：①代表会员企业了解政府环保规制政策的详细目标和具体要求，充分表达企业的发展诉愿，并与政府协商可行的、具体的污染治理方案。②协会也代表政府积极传达各项环境政策，并能设身处地地与会员企业沟通环保与否的利弊得失，从而增进企业对政府环境规制政策的理解和认知，推进行业环保升级改造的进度，使企业尽快恢复正常生产。铁网行业协会在政府与企业之间的角色切换，不仅帮助政府有效推进涉污企业整改，而且最大限度地获取政府对行业的支持，也在一定程度上保障了企业的利益，同时，这一沟通机制还有效缓和了政企在环保整改过程中有可能出现的执法对立或冲突事件的发生。③协会还代表整个铁网行业，以行业的名义委托第三方环保机构帮助企业补齐环保手续，获得合法环保资质，并全权负责工业污水处理厂的运维和管理，同时，接受市环保局等政府部门对污水处理过程和结果的实时监管。

（二）识别行业压力

基于多方受访者对协会组建及其运行过程的介绍，铁网行业协会对涉污企业产生的压力，因涉污企业是否具有会员身份而有不同的作用方式和表现形式，对会员企业来说，这是一种直接的组织约束力，对非会员企业来说，这是相对增大的潜在政策压力。

（1）自愿加入铁网行业协会的企业享有会员权力，同时，也承担遵循协会规范的会员义务，其中就包括按照协会与基层政府沟通后达成的整改方案，完成各自的整改任务。关于协会的约束力，主要体现在协调过程中，权衡行业整体、长远利益和单个企业眼前利益时，集体对个体形成的无形压力。对此，协会会长有如下解释。

大家是自愿加入（协会）的，不过只要入会了，那么协会就对他有约束力……在协会会议上，人都是要面子的是不是？大家都是在一块（做铁网加工）的，都是乡里乡亲，所以，你需要为行业考虑。不能说你（只考虑）自己赚钱，你光顾着你自己是不是？那你以后还赚不赚钱了？

（2016 年 10 月 23 日，访谈协会会长钱先生的资料）

在铁网行业面临环保升级整改时，协会的成立，使得行业整体的存续与会员企业个体未来的发展之间的关系呈现相互绑定的局面。可见，协会的存在构建了有形的铁网加工业共同体，并将单个企业长远利益整合成行业共同体利益，逻辑上说，不顾行业利益也会损害单个企业的利益，由此，个体与集体的联系更为直观、紧密，集体对个体的约束作用也更直接、显著。不过，需要指出的是行业协会对会员的约束力是政策压力的传导和派生形成的，协会尚处于发展初期，未有超前于政府环保要求的环保共识或环保行动规划，也未制定对会员企业环境行为的具体规程。

（2）未加入铁网协会的涉污企业不受行业约束，但是，因其为环保不达标企业，当其他企业采取整改措施，获得恢复正常生产的合法权益时，这部分企业则面临政府着力管理的环保压力。据会长及多位会员企业主（如顾先生、林先生）称[①]，非会员企业对

① 由于难以让非会员企业坦言其环保改造的真实状况，笔者未能获得非会员企业对此提供的直接资料。

于环保整改大多持观望态度，具体可分三类：一是经营不善，已无法承担污染治理成本的企业；二是想规避环境规制，跟政府玩“猫鼠游戏”的企业；三是对协会缺乏信任，还在迟疑是否加入协会的企业。如上三类企业或多或少存在环保不达标的问题，因此，当协会企业陆续完成整改要求后，这些企业则成为政府重点治理的对象，或被关停，或被强制取缔。因此，对于非会员企业来说，随着行业整改进程推进，他们因之面临的潜在政策压力也逐渐增大。

综上，就铁网企业环保改造和转型发展而言，行业协会对会员企业的行业压力是通过传导环保规制政策压力，构建来自行业共同体的直接约束力。与此同时，非会员企业不受此制约，但会因会员企业的环保改善而承担渐增的潜在政策压力。

（三）评估行业压力

站在协会会员的角度，虽然铁网行业协会是为了行业整体发展而依循环境政策约束其环境行为，但是，并不能强制其进行环保整改或转型。会员的身份仅意味着选择遵循这种非强制性制约的义务。事实上，这种压力从协会雏形初现开始，即存在于会员企业中。此外，行业协会在环保升级改造过程中，对会员企业形成的驱动力是正向的。

（1）铁网行业协会是非政府、非营利组织，没有强制会员企业采取具体环境行为的权力，而是以行业规范对其进行软约束。协会会长的如下表述恰好说明了这一点。

大伙经常通过协会商议怎样确保整个（铁网）行业保持正常生产，这不仅是某一家企业的事，而是整个行业的（事）。如果没有协会，大家之间会比较散漫，你说（意同“管”）不了我，我也说（意同“管”）不了你。虽然协会对企业没有强制约束力，但有了协会，那么大家会共同压制你，不可能因为你一家企业的行为，让所有的企业停产是不是？

（2016 年 10 月 24 日，访谈协会会长钱先生的资料）

（2）自非正式阶段开始，协会对会员企业的软约束就已形成，并且随着协会组织程度和实践作用的发挥，这一约束会持续增强。在非正式阶段，当面临环境污染突发事件时，企业服从协会安排配合政府进行应急处理，避免了企业与村民之间的直接冲突。在正式阶段，协会通过与企业、政府协商，达成“尽快完成环保整改，确保行业整体利益”的共识，并基于此形成具体改进方案。方案确定后，所有会员企业都被要求依方案达成各自的整改目标。比如，经过协会分别与企业和政府多次磋商，高镇的污水处理方案是“所有涉污企业集资新建工业污水处理厂，集中处理企业排放的废水”。为此，高镇的污水排放企业需要配合协会完成核定其排污量，确定其出资金额，铺设排污管道，安置和调试监测设备等基础性工作。

(3) 行业协会在推动会员企业环保升级改造过程中，起到了显著的正向作用。由于行业协会的目标是确保行业整体的长远发展，而这一目标的实现须以满足基层政府环境政策要求为前提，这是行业协会约束会员企业环境行为的逻辑起点。因此，在铁网加工业环保升级改造实践中，行业协会以此为由说服会员企业将发展的眼光放得更长远，将个体利益与整体利益联系，选择积极配合政府提升污染治理效果的整改方案。这在很大程度上，将铁网企业的环境行为导向绿色，也推动了其绿色转型进程。

三、社会公众的舆论压力

(一) 舆论压力的衍生

由于铁网产业集群主要分布在高、李两镇几个村庄，因此，因铁网加工造成的负面环境影响主要集中在铁网企业所在村及其邻近的村庄，那么，对负面环境影响有直观感知的即为这一区域的居住者，包括从事铁网加工相关工作的村民和未在这一产业执业的所有村民。除铁网企业主之外的，所有居住在铁网加工业集群区内和邻近村庄的村民①构成了本书所指的社会公众。

早期，铁网加工产生的废气、废水、废渣等导致区域环境质量下降，社会公众对企业环境污染行为的关注和讨论就已存在。但是，由于污染程度和范围小，环境政策执行不充分，公众环境知识和环保意识缺乏等多方面的原因，这一时期的公众舆论并未形成对整个铁网加工业的环保压力。据受访村民王先生回忆，铁网工厂运营初期，偶尔发生工厂周围农作物受工业废气影响而枯死的纠纷事件，通常由工厂与村民私下协商解决。

进入转型期后，铁网加工业面临的公众舆论压力主要分为两种。

(1) 正式的环境举报信访。随着环境政策行政压力不断增大，基层政府为切实提升涉污企业规制，拓展了环境举报信访的渠道，加强了相关执法力度。社会公众可通过政府接待窗口、电话、网络、邮件等渠道，对其所感知的污染现象或发现的污染行为进行举报。根据定州市环保局的规定，接到举报后，由相应的市、乡镇、村的环保网格化负责人和环保局执法人员等联合执法，现场确认举报情况，并采取相应措施。同时，需在环保局官网上向社会公众②公布环境举报信访的时间、内容及其处理过程和结果。

① 由于在虚拟网络环境中，尚未形成具有规模的、针对铁网产业环境问题的网民群体，本书仅分析真实社会情境中社会公众对这一问题的观感。

② 此处的"社会公众"指所有社会成员。

经查询，最早有关铁网企业污染的举报处理出现在2014年1月。截至2016年12月，已公布的环境举报信访查处情况中，有14条是关于铁网企业废水或废气污染的①。由此可知，政府主导的、自上而下的环境政策通过社会公众举报切实形成了对铁网企业环境行为的舆论监督。

(2) 非正式的言论置评。并非所有发现污染现象或企业污染行为的社会公众都会选择举报，部分社会公众碍于乡土人情或受自身行为习惯的影响，仅在私下指出企业的不当行为，或对其进行评论，或表达自己的不认同和不满，甚至谩骂。这类公众舆论不直接指向不法排污企业，只在非正式场合、小范围出现，偶尔也会传递给村庄之外的他人，比如外来研究者。但是，它的存在表明公众反对企业的不法排污行为，在政府对企业开展集中整治或者环境污染事件突发的时候，这种潜藏的舆论压力，有可能转变成迫使企业整改或站在涉污企业对立面的社会力量。不过，公众是基于对自身所处环境状况的关切而进行舆论置评的，这与政府的环境治理相呼应，但是，这并非因环境政策强化而产生。2017年初，定州市政府启动重污染天气应急预警，涉污铁网企业被强制停产，高镇李村村民成先生表达了他的观点。

厂子的污染不是一两天的事，早几年前就有村民从机井里抽出红色污浊的水，那水浇地(指灌溉农田)都不行。还不都是厂子们排的水渗到地下去了，那会没人去举报，都是乡亲，怕得罪人。不比现在，政府管得严了，厂子们怕受处罚不敢了。不过，政府也不能成天看着(工厂)，还是有些在夜里偷偷排。我就盼着政府管得再严一点，你看现在天天雾大的(指雾霾严重)，早该治了(治理工厂排污)。

(2017年1月10日，访谈高镇李村村民成先生的资料)

(二) 识别舆论压力

从社会公众舆论压力的衍生和作用过程来说，一方面，社会公众在日常生活中以非正式的方式对排污企业的环境行为进行直接监督；另一方面，社会公众对铁网企业环保改造和转型发展的舆论推动作用通过政府环保执法间接实现。具言之，其一，由于高、李两镇铁网加工业集群区域内的村民或为工厂工人、作坊主，或者虽不在铁网企业执业，但其亲友、邻居等与铁网产业有直接接触，所以，社会公众对铁网企业污染的产生和处理比较了解，能较准确地判断企业排污行为是否妥当。这在一定程度上使铁网企

---

① 笔者2018年3月、5月、10月，在网上重新搜索"定州市环保局门户网站"均未果，因此无法将其环境信访举报查处情况的统计进行更新。据环保局工作人员称，由于定州市政府正在进行官网调整，暂时关闭了搜索通道。

业心里有所忌惮，不敢堂而皇之地进行非法排污，因此，对排污企业有无形的监督作用。

其二，社会公众与铁网企业共享生产、生活环境所构成的公共空间，当排污企业的不当行为对此造成破坏，而不承担相应治理责任时，直接损害了社会公众的环境利益；社会公众不能直接干涉企业的不良环境行为，但是，可通过政府环境信访举报渠道，捍卫其享有良好环境的权益。这就是社会公众舆论压力的作用形式。定州市环保局公布的相关环境信访举报查处情况中，社会公众的举报内容描述可说明如上两点。

高镇某村[①]村东、村西有多家镀锌厂，废水不经处理直排厂内渗井，污染地下水，请查处。

（2016 年 1 月）

定州市李镇开发区镀锌厂，该厂生产时有异味，污水未经处理直接排放周围沟渠内，影响周边居民生活，请查处。

（2016 年 7 月）

在李镇某村和另一村的电镀网企业，晚上偷偷生产，晚上在企业附近可闻到浓烈的酸味，在该村小区排水坑东南角及周边经常有人倾倒废酸，现在渗水坑东南角附近仍可闻到强烈酸味，部分废酸痕迹已被垃圾覆盖。生产含锌废料经常在垃圾堆中倾倒，请环保部门速来查处，还老百姓一份清洁的空气和干净的土壤。

（2016 年 11 月）

（三）评估舆论压力

从铁网企业的角度来说，社会公众对他们的舆论监督压力不具有强制性，仅为一种无形的社会压力。同时，这种舆论压力随着农村社会公众环境认知的提升，正在持续加强，不过，由于农村社会人文环境的特殊性，并非所有企业均有此压力。整体而言，社会公众对铁网企业环境行为的舆论监督，在一定程度上对其绿色转型起着正向推进作用。

(1) 社会公众只能通过政府提供的合法渠道影响企业的环境行为，而无法强制企业采取某种行为，与此同时，由于社会公众与铁网企业有多种社会关联，舆论监督在一定程度上受到约束。比如：调研发现，所有受访工人和作坊主都表示，铁网企业在排污、治污方面是合法、合规的；指出某企业存在破坏环境行为的通常是其他企业、村两委干部、银行工作人员或者乡镇工作人员等与铁网企业无直接利益关系的社会主体。显然，对工人和作坊主来说，举报企业的不当环境行为，很可能意味着他们要失去工作

① 资料来源于定州市环保局官网。本着为研究对象保密的原则，文中对村庄名进行了匿名处理。

机会或工厂外包的订单，因此，他们对企业往往不会形成实质的舆论压力。

此外，2017年1月初，项目组[①]开展定州农村社会概况问卷调查，问卷统计数据显示，受访村民环保行动参与程度和范围均很有限，比如：参与程度最高（即行动频率为总是和经常）的环保行动是节约用水或循环用水（47.6%），其次为将玻璃、铝罐等废品分类回收（34.1%）；绝大部分受访村民近三年内既没有为环保团体捐过款（96.8%），也没有因某个环境问题（如农业或工业污染）参加过集体环保行动（97.6%）。这表明，整体上，定州农村地区社会公众的环境抗争行动较少，同时说明社会公众对铁网企业环境行为的舆论监督是有限的。

（2）随着国家环境政策在基层的推进，环境保护知识的传播，高、李两镇村民对环境与健康的关注度、认知度均有所提升，这直接增进了他们对周围污染源变化的关心。这在一定程度上，增强了对铁网企业的监督力。比如：政府明令禁止企业燃煤生产后，当村民看到工厂烟囱冒烟，或者闻到明显的煤烟味，他们知道企业正在污染环境，就可以举报这种不当行为。

问卷调查的统计结果与本研究的这一观察是一致的，整体而言，定州农村受访村民具有较高的环境关心程度和环境保护意愿，比如：对环境问题表示关心的受访者占68.5%（比较关心的占46.5%，非常关心的占22%）；此外，愿意通过支付更高的价格、缴纳更高的税，参与环境保护的受访者均超过四成。

再者，对在日常生活中人际关系摩擦较多的铁网企业来说，社会公众环境举报信访有可能成为矛盾转移的出口；而对构建了良好人际关系网的企业而言，则不存在这种情况。例如，环保局执法人员成先生表示，以下被举报的企业有3次是不实举报，因为被举报的企业与周围社会公众常发生矛盾，村民以匿名举报的方式报复该企业的可能性很大。

2016年5月至8月，先后有4个针对李镇某企业的举报，举报内容为：该企业无任何环保手续，排放镀锌废水，污染周围村民地下水已达10多年。根据定州市环保局的查处结果，其中有3个结果是：该企业于2014年10月至2015年10月建厂，在2015年办理了环境影响评估手续，现场检查时企业处于停产、待验收状态（表明举报内容不实，未发现企业破坏环境的现象）。

还有一个处理结果是：该企业正在办理环保审批手续，目前，监测报告、监理报告已出，等待验收。现场检查时，该公司正在生产，由于还未验收取得排污许可，我局责

① 该项目即为第一章提到的，由洪大用教授主持的中国人民大学“统筹推进世界一流大学和一流学科建设”项目（项目批准号：15XNLG04）。

令该公司立即停止生产，并处罚款，待取得排污许可后方可生产（表明经举报发现了企业存在不合法生产的行为）。

虽然，对铁网企业而言，不实举报不会对其造成实质影响，但是，不可否认的是，相对而言，为应对可能的社会公众环境举报信访，这类企业需要更好地完善环保资质，并遵循环保规制要求。综上所述，尽管社会公众对部分铁网企业不当环境行为缺乏抗争，但是，社会公众的环境关心程度高，且其环境知识、环境保护意识均在提升，因此其对铁网企业绿色转型的正向驱动力会持续增强。

第二节
企业感知的来自经济主体的压力

在社会情境中，自上而下的环境政策变革通过基层政府、行业协会和社会公众等社会主体推动铁网企业进行环保改造；在市场环境下，承担类似功能的主体是金融机构和市场同业。本节将分别对金融机构带来的融资压力和市场同业带来的竞争压力进行具体识别和评估。在此之前，需要说明的是，与铁网企业相关经济主体除金融机构、市场同业外，还有原材料供应方、家庭作坊、经销商、外贸公司、国外采购商等。就本研究的观察和访谈而言，以上经济主体与铁网企业之间主要是基于市场交易活动的经济联系，尚未发现其对铁网加工业的环保升级改造过程有直接影响。因此，本书未对以上经济主体进行分析。

一、金融机构的融资压力

（一）融资压力的产生

随着金融市场化改革深入，小微企业融资难问题成为金融学、经济学、管理学等关注的焦点。具体就铁网企业的融资情况来说，由于政府主导的、自上而下的环境政策中断了企业的正常生产活动，导致企业还款能力削弱，间接增加了金融机构在铁网加工业的贷款风险，因此，金融机构收紧在铁网加工业的贷款资金投放，这加剧了铁网企业的融资压力。

（1）农村信用社（现已改制为农商行）为铁网加工业发展提供资金支持的过程可形象地描述为“为别人抱大孩子”[①]。在案例概况一章已提及，铁网加工业在萌芽期和成长期，曾获得农村信用社持续的资金支持，所以，农村信用社称已发展壮大的铁网企业是他们“抱大的孩子”。据在李镇农村信用社支行工作13年的受访工作人员张先生介

① 方言“抱大孩子”意同“把孩子培养大”“养育孩子”。

绍，早期农村的金融机构网点少，主要由农村信用社在各乡镇设置的网点提供金融服务。据他回忆，在他工作期间，曾为数十家铁网企业办理过贷款业务手续，李镇的铁网企业几乎都是利用信用社提供的贷款资金发展起来的。由此可见，铁网产业集群的形成和铁网企业的发展壮大离不开外部充裕的资金支持。

但是，当铁网企业壮大之后，其融资需求也随之提升，而农村信用社的金融服务已不能满足企业的发展需要。所以，铁网企业渐转向其他金融机构（如中国银行、建设银行、农业银行）申请贷款，从农村信用社流向其他金融机构的客户被信用社称为“为别人抱大的孩子”。据农村信用社管理者吴先生的介绍，铁网企业规模增大后，融资需求量从过去的几万元增加到几十万元甚至几百万元，需求频率从一年或半年一次上升至一季度一次或一个月一次，此外，还新增了外贸相关的金融服务需求，而农村信用社是“立足镇域，支持地方经济”的区域金融机构，其业务范围受限、结算渠道不便、贷款审批较慢等因素促使铁网企业转向其他金融机构。

（2）铁网加工业环保政策风险激增，包括农商行在内的金融机构收缩对铁网企业的信贷支持，铁网企业成为“谁也不敢抱的孩子”。金融机构作为金融市场资金供应方，不仅追求高利息回报，而且注重投放资金风险管理，因此，全面审视贷款企业的资信状况，评估与之相关的各类风险，是金融机构放贷决策的重要依据。当铁网加工业处于环保高压政策之下，不定期面临停产整改或限产预警时，企业无法正常生产，直接降低企业的还款能力，金融机构因此产生不良资产的可能性增加。为此，金融机构停止新增铁网企业贷款，并着力收回到期贷款，这就使铁网企业成为所有金融机构都“不敢抱的孩子”。农商行管理人员吕女士对此有如下分析。

目前我们在铁网行业的资产质量一般，有些（企业还不上贷款）是因为环保不达标，不能正常生产了；有些是因为涉足其他行业出了问题[①]，各种情况都有。（农商行）对这个行业（铁网加工业）贷款是从紧管理的方向，因为毕竟（铁网加工业）是三高行业（高投入、高能耗、高污染），他们的环保手续都只有一年的期限，随时会面临被取缔的风险，这两年对这个行业的贷款我们是收紧态势。一是从国家大的行业发展趋势看，如果没有大（资金）投入，这个行业很难发展下去；二是（铁网加工业）对环境的破坏，不是说他们有环保手续了，他们就不产生污染了。他们生产成本一高[②]，（如果）他们采取非法（排污）手段，那是贻害子孙万代的事。

（2017年4月23日，访谈农商行吕女士的资料）

---

① 意指铁网企业将申请到的贷款资金投放到铁网之外的其他行业，运营不善，导致资金无法收回。

② 意指铁网企业在进行环保整改后，新增了环保成本，导致生产成本相应增加。

由上可知，对金融机构而言贷款风险增加的原因包括：①政府环保整治影响企业正常生产；②环保达标后企业运营成本会增加，营收减少；③部分企业将贷款挪作他用（如投资小贷公司、房地产等高风险行业或者在国外投资）的情况。所以，环境政策转变增加了铁网产业的资金风险，进一步加剧其外部融资压力，为获得正规渠道资金支持，铁网企业需要调整环境行为，尽快获得环保合法性。

（二）识别融资压力

对转变中的铁网企业来说，可供选择的融资渠道有限，原本融资不易；加之环保升级改造过程需要增加资金投入，而正常生产的盈利难以保障，其对外部资金的需求就更为迫切。在这一时期，各家金融机构都调整贷款政策，收回到期贷款，不再发放新贷款，直接导致整个铁网加工业的融资难度加大。

具体来说，一方面，铁网加工业面临的行业政策风险激增，企业抗风险能力弱，需要有力的外部支持，但是，金融机构是依靠经营风险获取利润的，将投资资金从铁网加工业转移才能规避放贷风险。对此企业主王先生表达了他的看法。

银行最大的特点就是嫌贫爱富，你越有钱，他越想借给你，你越没钱，他越不借。人家（指银行）也是企业，他也要赚钱，贷款利息就是他们的收入。你都停产了，还不上贷款，他们还怎么赚钱？

（2017 年 3 月 17 日，访谈企业主王先生的资料）

另一方面，对个别无环保政策压力的企业来说，因其处于高风险行业，也难以获得金融资金支持。据已完成煤改电的拔丝厂业主顾先生介绍，即使环保部门已现场确认，其进行能源和设备升级后，生产加工过程对环境基本无污染，在任何环保预警机制下都可进行正常生产。但是，由于整个铁网加工业处在不稳定发展期，他的业务也受到一定影响，因此，该企业仍难以获得银行提供的经营类贷款支持。

（三）评估融资压力

基于上述事实，我们可以看出：

（1）融资压力对铁网企业环保升级改造具有负向作用。由于环保政策强化增加了铁网产业的经营风险，金融机构调整对铁网加工业的信贷政策，但是，由此产生的融资压力并不能助推铁网企业的整改和转型，相反，由于缺少外部正式渠道的资金支持，铁网企业改造过程进展艰难。例如，全套污水处理设备购置成本大约 300 万元，其中不含安装需要进行的改建、污水处理各种原料的成本，而中等企业每年营业收入约 300 万元，流动资金需求约 500 万元。这对普通规模的企业来说，无疑是环保升级改造中面临的最大难题。

（2）这种融资压力是一种非强制、非持续作用力，会随着铁网企业环保政策风险下降而减弱。例如，在定州市科技局的政策支持下，农商行推出专门服务于科技型企业的信贷产品“科保贷”，企业可以通过专利权质押或申请政府科技基金担保的方式，从农商行申请贷款。当前个别有资质的铁网企业已开始着手向科技局递交科技型企业的申请材料，以便申请该类贷款。

此外，根据定州市2017年政府工作报告中有关“一区三园”的经济发展规划，未来铁网加工业集群的发展方向是修建专业工业园区，将企业集中纳入园区，对企业的排污进行统一管理。对此，银行管理者吴先生表示，在政府确定启动铁网工业园区项目建设的前提下，农商行会全力提供资金支持。总的来说，在整改和转型发展过程中，如果铁网企业能成为金融政策所支持的科技企业，或者政府启动工业园区建设项目，那么，铁网企业的融资困难将在一定程度上得到缓解。

（3）这种融资压力对不同企业的影响力存在差异。对于在农村保有良好信用或经营得力的企业来说，非正式融资渠道提供的资金可在相当大的程度上缓解其融资压力。与之相对，信用差或经营不善的企业，则难以获得非正式渠道的资金支持。所以，具体而言，对融资压力的感知因其在非正式融资市场的信用度和经营口碑而有所不同。在铁网加工业经营30多年的企业主王先生对非正式融资进行了详细介绍。

（同业的资金支持）像咱们这经营铁网生意吧，每家都有些存款在手头。而且，咱们借用这个钱不是白借的，一般会支付10%～12%的年息，（用款）期限也是事先明确说好的。说白了这个事情，相互之间要有个信用度，他也会想，这点钱放在银行能有几个利息，是么？比如，我想新建厂房，需要100万，但自有资金只有50万，那么，我就跟亲戚朋友们商量商量，一家凑个10万或20万，定好利率和借钱时间，到期之后还本付息就好。等到他们的工厂急需用钱的时候，我也同样借（给他们）。

（工人的资金支持）比方说，工人一年挣8万，那么，除了他一年的生活开支至少得余下个5万，到年底，他会跟咱商量：您看工厂是不是需要钱，需要的话，我这5万就先存在您这。当然，咱们也不能白用人家钱，是要付利息的，大概是10%～12%的年息，这也是一种双赢呀。

通常工人会去找信用好一点的企业存钱，工人之间也有自己的圈子，会相互打听工厂的经营情况、老板的信用度，然后找比较好的工厂存（钱）。有些工厂能通过这种方法融到几千万，也有的可能一分钱也融不到，为什么？这主要是一个信用度的问题。

（2017年4月17日，访谈李镇留村企业主王先生的资料）

由上可知，在正式融资渠道受阻的情况下，信用度高、经营良好的铁网企业可通过民间融资解决小额、短期资金需求，但是，民间融资是有限的，如果企业需要大额、长期资金支持时，仍需寻求正规金融机构的帮助。所以，非正式融资只能缓解铁网企业面临的融资压力，不能完全解决融资问题。这意味着完成环保整改，尽快恢复生产，尽早得到金融机构的资金支持也是推进铁网企业绿色转型的动力所在。

二、市场同业的竞争压力

（一）同业竞争压力的形成

在市场环境下，政府主导的环境政策变革触发的同业竞争压力是影响铁网企业环境行为转变的另一关键因素。具体来说，国内市场和国外市场的情况有所差异。

（1）铁网企业面临的国内同业竞争压力是因地方环保政策推进步伐不一致产生的。如前所述，定州市政府对铁网加工业开展集中环保整治的时间点早于邻近的“丝网之乡”安平县，晚于天津的部分地区，因此，当高、李两镇铁网企业被强制停产，进行升级改造时，铁网企业为确保如期完成手中的订单，选择委托外地企业加工，或将人员和设备暂转移到外地企业继续加工。在此种情形下，高、李两镇铁网企业承担着支付违约金、原料折损、取消订单或失去客户的损失。受访企业主宋先生对此很有感触。

2014年11月28日，政府开会要求所有的企业全部停产整改，煤改气或电，包括污水处理这一块，咱们断断续续停（产）了将近一年。2014年底至2015年春天，咱们（仅指宋先生的企业）取消订单大概有六七百万元。

有一小部分订单，就考虑转到其他地方紧急生产。那年，我上天津找了个外资企业，咱们跟他合作有二十来年了，有信任基础。当时，他说，他们是美国的企业，你这个订单取消了就失去了这个客户，损失是不可计量的。于是，我带着人去改了一条（加工流水）线，干了有半年（时间），但是，我让他挣了一半的利润。

后来，我算了算2014年底到2015年，那一年我赔了大约700万，还是在没有干多少活的情况下（指没接太多订单）。我跟政府工作人员说这个，他们都不相信，可是很多东西是一个连带的（效应）。他们认为不生产了，不过就是没挣钱，也没赔钱的事，可它实际并不是这样的。你的机器开开停停，原料、能源都有损耗，人工成本、时间成本都增加了。

（2016年10月19日，访谈李镇留村企业主宋先生的资料）

另外，在整改取得一定进展，且高、李两镇铁网企业陆续恢复生产后，与其他地区尚未进行整改的企业相比，因其需承担新增的环保成本而处于不利的竞争地位。据部分已整改验收的企业主测算，煤改气和污水处理使每吨铁网产品的加工成本比整改前增加 100 元至 160 元不等。因此，在强制停产前后，铁网企业未能与国内同业处于相对公平的竞争环境，是其压力衍生的重要原因。

不过，这种短期的相对不公平具有两面性，当环保整改政策滞后地区强制企业进行环保升级时，高、李两镇的铁网企业因已恢复生产，也相应地获得一定市场机会。据企业主江先生介绍，在安平县的铁网企业被强制整改时，高、李两镇的个别拔丝厂和镀锌厂因短缺产品价格提升，所得营收日均达数万元。与此同时，由于定州铁网企业的整改比较到位，经河北省环保厅批示，在大气污染二级预警应急机制下，定州的铁网企业可继续生产，而安平县的铁网企业则必须停产。这既是对高、李两镇铁网企业采取进一步环保整改行动的鼓励，也是对其整改结果的认可。

其次，铁网企业面临的国外同业竞争压力是因反倾销、贸易保护和成本劣势产生的。自 2008 年金融危机以来，国际经济增长放缓，外贸市场不景气，导致国际市场竞争更为激烈。高、李两镇的铁网产品能出口到国外主要得益于低价格优势，但是，这成为部分外国政府设置贸易壁垒的理由。外国政府为减少进口产品对国内同业市场的冲击，常通过对进口产品发起反倾销和贸易保护诉讼来设置流通障碍。但是，在中国生产同一种产品的企业众多，考虑到应诉成本高、周期长、胜诉概率小，行业商会往往难以找到愿意应诉的企业。最终，类似的诉讼常以中国企业不应诉导致败诉而告终，其结果就是国外政府把被起诉的产品列入该国的反倾销名单，并征收高额的倾销税。据多位受访企业主（如刘先生、郑先生）称，对于已抵达国外港口的被诉讼产品，只能选择放弃。此外，国际市场不景气，外贸订单持续减少，迫使他们在强制停产整改时，不得不考虑行业发展前景，以更好地判断环保升级改造的投入是否值得。

(2) 铁网企业以低成本、低价格构建的市场受到东南亚同业挤占。印度、缅甸、泰国等东南亚国家的同业以更低的成本和价格抢占中国铁网企业部分低端产品市场。据受访企业主郑先生了解，东南亚国家同业的用工成本大约为人均 10 元每天，而高、李两镇的工人日工资约 150 至 300 元，劳动力成本占加工总成本的五分之一以上。与此同时，在环保整改完成后，铁网企业环保成本增加，相对而言，东南亚地区企业的环保成本更小。因此，高、李两镇的铁网企业处于明显的成本和价格劣势地位。另有多位企业主（如周先生、刘先生）提到由于近年来人民币升值明显，提高了中国出口产品的价格，增加了国外企业的采购成本，这相当于提升了铁网产品在国际市场的价格，削弱了出口铁网的竞争力。

如上所述，政府主导的环境管控通过国内外市场同业带给铁网企业更激烈的竞争，这在很大程度上促使其更深入、全面地思考铁网行业前景、企业生存等与转型发展的关系问题。

（二）识别竞争压力

从同业竞争压力的衍生过程来说，这是一种与铁网企业被强制升级改造伴生，或因之而派生的作用力，因此，其对铁网转向绿色增长的作用是直接的。首先，国内同业竞争促使铁网企业将注意力集中到兼顾停产损失和环保成本控制上。因国内同业与高、李两镇铁网企业的强制整改时点交错、不同步，为减少整改过程的原料、订单、客户损失，一方面，铁网企业选择转移、外包部分生产线或者减少接收新订单；另一方面，各企业着力寻找时间成本和资金成本较低的有效治污方式，以尽快恢复生产。同时，在整改取得阶段性进展后，虽然运营成本在一定时期内有所增加，但是，由于升级改造的先行优势，高、李两镇的铁网企业尝到了环保先行的"甜头"。这在一定程度上，对铁网企业的后续环保完善和增长转变起到积极推动作用。

其次，由于铁网企业的低成本增长和市场受到国际市场贸易壁垒阻滞和东南亚地区同业的挤压，而同时，国内政府持续提高铁网企业环保规制强度，这使企业主因担忧行业发展前景，迟疑转型升级的必要性，并使个别企业尝试将工厂迁移至国外。受访企业主刘先生的看法很有代表性。

近些年，国际经济发展行情不太好，但是，将来还有一个问题，（由于）咱们这些产业的用工成本、环保成本提高，工厂可能会逐步转向东南亚国家。这就像欧美国家的这个行业，它也是逐步退出（市场）的，（企业）坚持不了了，生产成本太高了，就开始往（国）外转移了。

欧洲那边还有很小一部分（铁网）生产商，他们主要是在中国拿货，对外宣称是自己制造生产的，其实他们自产的（产品）特别少，大部分是从中国进口过去的。他们的产业之所以慢慢转移到中国来，第一就是环保的原因，他们企业上环保设施也是逐步提高的，这使他们的成本提高很多很多。

现在中国有好多外资企业，跟咱们合作的就有好几家，正在向印度、缅甸、泰国转移，因为那边的生产成本比中国低很多。所以，长远看，咱中国这个行业可能也会逐步减少。

（2016 年 11 月 16 日，访谈企业主刘先生的资料）

如上所言，正因为铁网企业主不看好该行业在国内的发展前景，虽然为了尽快能恢复生产，企业必须进行环保整改，但是，长期来说，整改未必能解决企业的面临的市场竞争压力。这表明环境政策通过市场同业对铁网企业环境行为产生的驱动作用是复杂的。

（三）评估竞争压力

诚然，从铁网企业的视角来看，对其升级改造和转型发展来说，市场同业的竞争压力是非强制的，且在一定空间范围内是非持续的，在一定时间周期内是持续的，同时，这是所有企业共同面临的双向外部作用力。

（1）不论是国内同业，还是国外同业，其对铁网企业产生的直接作用力是相对有限的，并不具有强制企业环境行为的效果。如前文所述，企业在环保整改前后，均可通过暂时转移，在一定程度上缓解此类压力带来的影响。事实上，实践表明，环保整改对铁网企业维持当前生产，探索转型发展是有益的。受访企业主郑先生的工厂情况可说明这一点。

改造毕竟是工厂的一个转折，但通过这一次整改我工厂的形象好了很多，我这改得算是比较到位的。上头（指政府相关）一来人，市里环保局就带着他们来我这参观，说明我这相对来说，还是改得比较到位的。这说明什么呢，说明你只有改好了，企业才能生存下去。

（2017 年 3 月 23 日，访谈企业主郑先生的资料）

（2）国内同业带来的不平等竞争压力作用仅持续到异地环保规制同步时，而国外同业带来的低价格竞争压力则会在相当长时期内持续存在。根据铁网企业的经历，地方基层政府率先对该产业进行环保整改，前期带来因停产、限产造成的阵痛，但是，当异地同业随后面临同样的环保整顿期时，早期的阵痛先会转变成短暂的“甜头”，可预见的是，当各地政府对该产业企业的环保规制实践达到同步时，这种同业竞争压力也随之结束。换言之，国内同业竞争压力对铁网企业环保升级改造的负向作用是暂时性的。

但是，国际市场的贸易壁垒和国外同业的低价格优势对铁网企业开拓国外市场的阻碍和排斥，则是长期影响该产业发展转型的重要外部因素。所以，在相当长时期内，此类压力不仅对铁网企业升级改造过程产生作用，而且会左右企业转型发展的方向。就此而言，国际同业竞争压力将长期对铁网企业绿色转型过程造成反向驱动作用。

（3）由于市场环境是一体的，同业的竞争是共处于同一市场的所有企业都要面临的挑战。例如，参加 2017 年春季广交会的企业主王先生表示，对比前些年的市场行情，当年，客户量和企业在贸易会上达成的订单量均显著减少。这一方面是由于国际经济下滑，另一方面，国外同业的竞争加剧也是重要原因。

综上所述，政府主导的环境规制政策通过市场同业对铁网企业绿色转型形成在范围上非持续，在时间上持续的非强制性双向驱动力。

第三节 各类压力关系的梳理

基于以上对各类压力的形成、作用方式、性质、方向、持续性及作用范围的分析，本节主要对压力之间的内在关联进行梳理，以进一步明确铁网企业在升级改造、转型发展过程中所处的社会情境和经济环境。

（1）在社会情境中，基层政府的政策压力对铁网企业环境行为决策是起主导作用的，行业协会则通过在企业与多主体之间进行角色切换将政策压力转化成行业约束力，同时，社会公众的舆论监督在环境规制政策强化的前提下得以增强和显化。也就是说，政策压力、行业压力和舆论压力相互之间存在同步强化的现象，当政策压力增强时，行业压力和舆论压力相应得到提升；当行业压力和舆论压力上升时，政策压力也会增加。

具体来说，一是政府对企业的强制性环境规制实践，为行业共同体的形成和公众舆论监督的合法化提供了契机。从田野的观察来看，紧急应对铁网企业面临的强制停产改造是组建行业协会的最直接原因，因为根据历史的实践经验，协会可作为相对中立的协调者在会员企业和政府之间开展有效沟通，这对于化解铁网企业的环境政策危机尤为关键。

社会公众的舆论压力在官方环境举报信访渠道开通前，处于离散、潜藏状态，并不能实质地发挥作用，村民享有良好环境不受破坏的正当权益因此不能得到法律的有效保护。当基层政府为加强对铁网企业的环境管理，启动多种环境举报信访方式后，村民对企业的舆论监督作用才有相应的实践方式。除此之外，在铁网企业改造和转型过程中，政策压力的持续加强，也是行业压力和舆论压力存续和强化的重要原因。

二是行业协会以行业软约束形式传导了政策压力，并确保政策有序推进；社会公众通过实践舆论监督权益增强了政策权威，并助益政策效果。在 2014 年底的强制煤改气或电过程中，最初环保政策是以强制性权威出现的，企业既恐慌又有抵制情绪；但是，经过行业协会与政府的深入沟通，环境政策以“动之以情、晓之以理”的行业软约束再次呈现，企业陆续理解环境规制，并采取相应整改措施。这得益于行业压力对政策压力的恰当传导和合理转化。在定州市智慧环保网格化执法监管系统中，除了在市、乡镇机关设置有具体网格负责人对涉污企业进行执法和监管外，另一重要监督力量就是社会公众。从已公布的环境举报信访查处情况来看，公众的参与在很大程度上拓展了政策规制的时空范围，促使非法排污企业更为忌惮，从而有助于环保政策效果的维护。

(2) 在经济环境下，政府主导的环境政策通过金融机构和市场同业带给铁网企业融资压力和竞争压力。社会主体传导自上而下的环境管制压力驱动铁网企业调整环境行为，与之不同，金融机构和市场同业主要是在环境政策执行时，由此派生融资压力和竞争压力，加剧铁网企业的生存困境从而影响其环境行为决策。同时，如果融资压力减少，铁网企业应对竞争压力的能力相对会提升。这就是说，在缺少正式渠道资金支持，且竞争压力加剧的情况下，铁网企业的环保改造和转型发展进程缓慢、艰难。金融机构和市场同业由此在一定程度上，形成对铁网企业环保升级改造的反向作用。但是，如果金融机构能为之提供有力的资金支持，铁网企业则有可能加快整改、恢复正常生产，并提升竞争力，就此而言，二者对铁网企业绿色转型也有正向驱动作用。

客观地说，铁网企业环保规制最大的难点是企业环保能力弱，难以支付环境成本，对部分企业而言，“不上环保设备，等死；上了环保设备，找死”是其进退两难的真实写照。加之近年来国际市场下滑明显，外贸竞争压力加剧，铁网企业对整改与否更为矛盾。但是，如果外部资金能帮助铁网企业度过环保难关，那么，其与国外同业进行竞争的实力也会相对增加。可见，金融机构和市场同业驱动铁网企业环境行为转变的方向，与金融机构能否提供资金支持密切相关。

(3) 综合来看，铁网企业的改造和转型受社会力量和经济力量的共同影响，社会变迁和经济转轨是相辅相成、不可分割的。具体来说，一是政府虽为非经济主体，但其对铁网企业环保整改和转型发展的作用力在经济领域有诸多体现，如供给侧结构性改革政策对钢铁行业的调整、对绿色低碳经济的大力支持，以及取消低附加值出口产品退税等。二是企业为应急处理生产危机注册成立行业协会，而行业协会的最终目标仍是促进整个铁网加工业稳定、可持续发展。三是社会公众与铁网加工业发展有着千丝万缕的经济和社会联系，他们或为工厂工人或管理者，或是经贸商或作坊主，或是为铁网从业者提供服务的娱乐、餐饮、运输等行业的个体户，或是将土地租用给工厂的村民，他们既是铁网企业的社会监督者，也是与这一产业的兴衰休戚相关的利益相关者。四是金融机构在遵循市场规律的同时，也受国家政策调节，例如，绿色金融体系的构建规划已显著影响金融市场的资金流向。五是市场同业的发展与其所处区域的社会发展是密不可分的，比方说，东南亚国家铁网同业劳动力价格低廉，且环保成本压力更小，这是当地经济社会发展实情所决定的。

因此，环保改造和绿色发展对铁网企业而言，既考验其社会适应能力，也挑战其经济运营能力。铁网企业在其中任何一项实践中的失利，都将对另一项实践过程和结果产生直接影响。社会情境压力和经济环境压力的共同作用和相互关联，使得铁网企业在升级改造和转型决策实践中的环境行为更为复杂。正如文中在多处提到的，在铁网加工业中，企业之间、企业主之间都存在异质性，每个企业主对如上压力的感知并不完全一致。铁网企业群体内部的异质性最终导致其采取不同的应对政府主导的环境政策规制的策略，呈现多种环境行为类型，本书的第四章将对此进行具体分析。补充说明的是，对每种感知现象进行具体分析显得繁琐，也并非本书的目的所在。因此，本节的分析是建立在对大部分铁网企业的访谈和观察之上的，并不能排除存在例外的情况。

(4) 通过对如上压力内在关联的梳理，再回到本章最初尝试进行回答的问题：在国家推动的绿色发展大趋势下，政府主导的、自上而下的环境政策变革如何驱动铁网企业环境行为转向绿色？简单说，强制性环境政策改变了铁网企业所处的社会情境和经济环境，并通过社会主体和经济主体驱动其调整环境行为以适应环境政策规制。但是，值得注意的是，诸如基层政府环境政策不稳定性、非持续性，及环保未达标企业进入间断性停产状态，金融机构收缩铁网企业信贷支持，并暂停新增贷款，市场同业竞争因铁网企业环保升级而更激烈等反向驱动因素，对铁网企业环保升级改造构成阻力，促使部分铁网企业采取非绿色环境行为，最终影响了政府主导的环境政策效果。

第四章 主观能动性与企业环境行为实践

政府主导的环境政策改变了农村传统铁网加工业的社会情境和经济环境，使其面临来自外部的诸多压力。为了恢复正常生产，铁网企业不得不进行产能升级和环保改造；为了确保产业可持续发展，铁网企业需要探寻绿色发展路径。外部驱动机制推动铁网企业进行环保整改和发展转型的过程，实际上就是外部压力在铁网企业中传递、分解和释放的过程，也是外部压力作用下铁网企业环境行为的内在演化过程。那么，铁网企业如何能动地在绿色转型过程中创建小生境呢？具体来说，铁网企业的能动性表现在哪些方面？它是如何影响铁网企业绿色转型实践的？小生境是如何创建的？这是本章尝试回答的主要问题。

在本章，首先，通过考察铁网企业的环境认知和态度，分析其主观能动性在意识层面的表现。其次，通过描绘铁网企业创建小生境的绿色转型实践，呈现其能动地调整环境行为的过程。最后，具体分析铁网企业环境行为类型，梳理其行动逻辑，并尝试揭开企业环境行为演化的“黑箱”。

第一节
意识层面的企业能动性

铁网企业主的环境认知和环境态度体现了铁网企业在意识层面的能动性。需要说明的是，本书的研究对象和分析对象是铁网企业，出于以下考虑，笔者用企业主的能动性来指代企业的能动性。①铁网企业组织化程度低，内部结构较为松散，企业内部运营几乎均以服从企业主指令为原则，企业其他人员对企业决策的影响力十分微弱；②就环境行为来说，由于铁网企业是企业主负责制，企业主的能动性是影响企业环境行为过程的最主要因素。因此，在本书选择通过观察、分析企业主的认知和态度来了解铁网企业的能动性。

一、企业主的环境认知

从田野观察和对企业主的访谈来看，企业主对环境问题的成因和解决措施的主观认识是其能动性的表现之一。

(1) 企业主认同铁网加工业的发展的确带来了负面环境影响，但他们强调这是彼时历史情境下的必然结果。不论是排放废水、废气的企业主，还是不涉及此类污染排放的企业主，都认同铁网加工过程中污染物（如煤烟、镀锌污水、酸雾）的直接排放给当地环境带来了负面影响。但是，在企业主们看来，这种环境问题的形成是有历史原因的：①在过去农民急需为解决温饱问题寻找营生方式，铁网加工就是解决农民生存困境的重要途径。当人们关注生计问题时，顾不上进行环境保护；②在国家环保法制不健全的宏观历史背景下，边发展、边污染是一种普遍现象，因此，即便人们意识到环境污染问题，也鲜有人进行环境治理和保护。以下是受访企业主对此较为典型的陈述。

当初一心想发展经济，忽视了环保管理，不过在那时，也不能按环保标准来管理，不然很难发展起来。

（2016 年 12 月 2 日，访谈行业协会会长的资料）

最初生产时使用的燃料是煤，原料主要是钢铁。那时候，谁也没有环境保护的概念，(工厂煤烟)都是直接排放的。那时候的老百姓都穷，国家法律又不健全，(工厂)有利润谁不干呢？谁还管污染呢？先赚钱再说呗。

至于对污染的认识，你想想，这个水(指抽取的地下水)从清水变成了黑色的，谁都知道这水被污染了。咱们这跟西方国家都是一样的：先污染、后治理。

(2016年6月7日，访谈李镇留村企业主许先生的资料)

(2) 企业主表示环境问题的解决仅靠企业自律是不够的，关键要靠国家完善法制。尽管企业主们认同工厂直排废水、废气导致环境污染，但是，他们认为环境问题的解决需要国家完善法律、法规，对企业污染行为进行统一规制。而单个企业防治污染的自律行为，在部分企业看来：①这种自律对整个环境的改善和整体污染的治理都难见成效；②环境污染的治理是政府分内的事，普通老百姓无法解决整体环境污染的问题。受访企业主周先生的观点在企业主中较典型。

在这个十几年的发展过程中，大家也意识到地下水确实受到污染。但是，这(治理污染)光靠你自律是没用的。你想想，大家都烧煤，都污染空气，我这一家工厂改烧天然气，一个烟囱不冒黑烟，如果全国各地的工厂都在冒(排放煤烟)，这能有什么用？更何况这个事(环境治理)(是)国家、政府管的事，政府你可以制定法律，这才能真正解决问题。

(2016年1月18日，访谈李镇留村企业主周先生的资料)

从企业主们对环境问题形成和解决的认识来看：一方面，企业主们认识到铁网加工对环境产生了负面影响的事实；另一方面，他们认为这是历史原因所致，而且治理环境问题主要在于国家完善环保法制和履行环境治理职责。由此来看，铁网企业主虽然对非绿色环境行为的消极影响有正确认识，但是，整体而言，仍缺乏环境责任意识，对环保升级改造和绿色转型缺少主动性和积极性。

二、企业主的环境态度

了解铁网企业主对环境污染、污染防治和对绿色转型的态度有助于更全面、深入地分析其意识层面的能动性。具体来说，包括：①企业主对环境污染的态度，即其对不同排污主体(如受访者的企业、除此之外的其他协会会员企业和非会员企业)的态度和对环境污染传递(如污染的产生、扩散、代际传递)的观点；②企业主对污染防治的态度，即其对污染防治必要性、可行性的基本立场，对污染防治责任主体由谁承担和对铁网加工业污染防治困难的看法；③企业主对绿色转型的态度，即其对绿色转型必要性、可行性、实践性的基本观点。

（一）对环境污染的态度

本书所指的环境污染具体是铁网加工生产过程中污染物排放形成的环境污染，而非通常泛指的各种环境污染。从横向看，这些污染物有不同的排放主体，如受访者的企业、其他协会会员企业和非会员企业，企业主对不同排污主体的态度，既体现其价值倾向，也间接表明不同主体的环境态度和行为状况。从纵向看，这些污染物在工厂车间产生，并由此扩散开，最终在当地环境中累积，对后代人的环境有负面影响，企业主对此的态度决定了其在个体利益和公共利益、当代人利益和后代人利益之间的取舍，也是其环境行为决策的重要影响因素。因此，本书从横向和纵向两个角度考量铁网企业主对环境污染的态度。

(1) 横向来看，企业主们基本上都反对排污主体非法排放，支持排污主体防治污染的积极态度，即企业主大多表示协会会员企业为防治污染进行的努力是值得肯定的，同时，认为部分非协会会员企业偷排偷放的做法是不明智的，并且表示自己的企业是按环境规制要求进行排污治理的。如下为较典型的表述。

协会的成立也是想让这个行业持续发展下去，所以需要提高企业的环保意识，增强意识才能有发展，如果没有(环保意识)，企业是肯定会被淘汰的。(协会会员企业)通过从其他地方学习、考察，我们也改进(工艺)了，环保方面我们也一直在努力中。如果环保抓不好，企业就没有生存空间了。

(2016 年 12 月 23 日，访谈高镇新庄企业主顾先生的资料)

我就说你只有改好了，企业才能生存下去，如果你老是一种应付的态度，今天你治理叫我停，我就不生产；明天你不管，我偷着干。那不是一个办法，不持续，生产也不稳定。像石家庄往西很多是过去的水泥基地，这二三年大部分都直接炸了，有的地方(治理办法)是都让集中到一块管理。所以，环保这一块很多人还有些想法，我就跟他们说，你们别有什么想法，说真的。

(2017 年 3 月 24 日，访谈李镇留村企业主郑先生的资料)

政府要求(企业)必须达到(环保)设备(配置)要求，污染治理检测合格，如果达不到，(企业)必须停产。2014 年 11 月 28 号，定州市政府要求厂子统一煤改气或煤改电，然后就是治理(污)水。我这(污)水的改造花了很长时间，买设备、挖坑(储存污水)、弄池子(处理污水)什么的，差不多用了半年以上才建好。试生产一个月政府验收达标以后，我这才正式生产。

(2016 年 4 月 29 日，访谈李镇留村企业主金先生的资料)

可见，受访企业主支持排污主体治理污染的至少有两个直接原因：一是政府强制企业进行环保整改，只有污染防治达标，企业才能恢复生产；二是环保规制强化是未来发展的大趋势,企业只有在环保上改进,才有长远发展的机会。在这两个原因中,前者是政策压力对企业环保态度的影响,后者是企业出于调适自身以适应环境变化的考虑,二者均表明企业主是在受到政府主导的环境规制的情况下,意识到环保不达标无法生存和发展。

然而,值得注意的是,以上为受访企业主对排污主体应然行为的态度,在田野访谈中,企业污染防治是环保整改期较敏感的话题,企业主在陈述自己对环境污染的态度时,或许有树立环保、守法企业形象的考虑。因故,通过在访谈之外的情境中,对企业的陈述进行验证,有助于校正对其环境态度的认识。根据笔者在非访谈情境中与部分受访企业主的交流,以及对其与他者沟通的观察,部分受访企业主会有更为消极或更为积极的环境态度。比方说,在企业主私下聚餐或闲谈时,企业主们会表达“污染治理就是走一步,看一步,尽量配合政府”的态度,而在政府与企业主的协商会上,企业主们都表态会全力治污、达到整改要求。所以,结合外部情境理解铁网企业主对环境污染的态度更切合实际,也进一步说明,企业主对污染治理的态度是以其生存发展需求为基础而构建的。

(2) 从纵向看,企业主对环境污染的态度较为矛盾:一是企业主表示从铁网加工过程中产生污染物是客观事实,但是,从源头上解决污染物减排是个难题。比如关于防治镀锌废水的问题,一方面,在技术上,企业认为镀锌不能摆脱对盐酸的使用,而且即便有无需盐酸的镀锌工艺,企业也无法承担高技术投资和高生产成本;另一方面,在市场上,企业表示客户未必能接受污染相对小的铁网替代产品,因此,企业主认为,当前从源头上根治镀锌废水不切实际。二是企业主认为污染物的扩散虽对环境有负面影响,但这一影响并未严重到危害社会公众健康或危及社会公众日常生活的程度,村民发起的环保事件和提交的环境举报信访夸大了事实。三是企业主表态为了不破坏子孙后代的生活环境,进行环境治理是有必要的。如下摘录了部分受访企业主对此的表述。

目前从技术上来说,镀锌铁网还没出现替代工艺。我觉得只要能解决一下用什么东西能代替酸处理铁丝表面,就解决了俺们这企业们的大问题了。像镀锌必须要通过盐酸来处理(铁丝表面),现在热镀锌主要是(用)盐酸,电镀是配置药液来处理铁丝镀锌,(电镀锌的)污水还含其他(有污染的)东西。

我也听说了,美国有通过激光镀锌的技术,产品不论从外观到实用性,肯定都比咱们这个强。但是,这种项目投资很大,在产品利润并不高的情况下,一般企业根本承受不了这种技术、设备投资和生产成本。

(2017 年 4 月 17 日,访谈高镇奇村企业主刘先生的资料)

铁网在市场上肯定有替代品。这主要看客户能否接受替代品的价格，然后，就是看产品用途是否完全满足客户需求。比如说，像我们销往东南亚的后热镀锌渔网，价格是比较高的，基本上三个月或半年就要换新的（渔网），其实最适合他们的是塑料网，更耐用。但是，客户有一个使用行为惯性在里面，而替代品在市场上推销得也不是太强硬，所以客户就还是在用着（镀锌网）。

当然，塑料网的生产也存在污染环境的问题，但是，关键是要看客户是否能接受（塑料网），你看，像在非洲，黑铁丝网他们也还在用，他们经济水平在那①，更好的、价格高的东西他们用不起。

（2017 年 4 月 23 日，访谈高镇新庄企业主江先生的资料）

2003 年，有老百姓说我们工厂导致了水污染问题，他们就去北京上访。后来，政府取了（地下水）水样，拿去检测，检测结果（表明）没有问题。我们这的话说是，人们看我们挣到钱了眼红，就拿一些小矛盾扩大化，搞的这个事情。事实上，我们也生活在村里，平时喝的虽然是桶装水，但是，洗衣、做饭用的也是地下水。

（2016 年 12 月 2 日，访谈李镇留村企业主钱先生的资料）

我们也不是挣钱了，环境污染都不管了，那子孙们怎么办呢？咱是农村人，世世代代都要生活在这里的，不能紧着这一代人的幸福，占了几代人的幸福。所以，这个污染肯定是要彻底治理的。

（2016 年 11 月 8 日，访谈李镇留村企业主王先生的资料）

从企业主对污染的产生、扩散及代际传递的态度来看，其中存在两个矛盾点：一是企业主表示铁网加工的污水治理难点是镀锌工艺改善，可是，当他们发现市场上存在不产生镀锌废水的替代产品时，他们指出市场对铁网的依赖会对替代品产生抗拒，因此，源头治理不可行；二是企业主认为污染物扩散带来的后果并没有严重到危及人们的身体健康和正常生活的程度，因此，社会公众的环境信访举报是小题大做，但是，他们却表态为了子孙后代的良好环境，需要彻底治理污染。这种内在矛盾的环境态度表明，尽管企业主在意识层面最为关注的是企业自身的生存和发展，但是，外在的环保压力迫使企业不得不考虑污染治理问题。所以，企业主们尝试在意识与形为之间，在自身发展与污染防治之间寻找一个适合的平衡点，既确保企业生存，又达到环境政策规制要求。

---

① 意指：非洲地区经济水平低，市场客户消费能力不能承受更高价格、更好质量的铁网产品。

（二）对污染防治的态度

铁网企业主对环境污染防治的态度具体包括：①企业主对污染防治必要性和可行性所持的立场，即对“是否需要进行铁网加工业污染防治、能否进行污染防治”的表态；②企业主对污染防治主体责任由谁承担的看法，即对“应该由谁对污染防治负责”的回答；③企业主对污染防治难点的判断，即对“开展铁网加工业污染防治的压力、阻力”的陈述。企业主在以上三方面所持的观点，即构成其以铁网加工业污染防治的基本态度。

(1) 企业主普遍认为开展铁网加工业各类污染防治是必要的，但是，他们对污染防治条件是否成熟表示怀疑。上文提及，企业主认为铁网加工产生的污染物未经净化处理直接排放是有历史原因的，当前，社会经济发展已解决了人们的温饱问题，政府开始重视环境问题，对排污企业进行治理，这是必要的。但是，部分企业主对企业是否具备防治污染的能力，以及政府环境治理能力表示担忧和质疑。因为：①规模以上的铁网企业数量并不多，大部分企业是小型、微型企业，未必能负担得起治理污染的时间、资金、人员和技术投入；②鉴于企业环保意识和行为参差不齐，政府有效的环保监管十分重要，但是，定州市目前的环境治理设备、技术和人员配置不一定能实现对每个污染源进行实时监控，这会影响污染防治的最终效果；③如果全国各地环境执法进程不一致，污染企业有机会通过异地转移规避治理，同时这会直接影响同业之间的竞争格局，在市场上产生“劣币驱逐良币”的后果。企业主的如下陈述说明了其对污染防治必要性和可行性所持的观点。

在政府环保治理问题上(采取)的措施，我是理解的。这个东西，从国家的角度、社会的角度，咱们都有这个责任，这些年来环境确实是一年不如一年了，总不能说跟咱们没有一点关系吧，是么？站在社会这个角度，咱们也应该支持，同时，站在你(企业)的持续发展上，更应该支持。

(2017 年 4 月 1 日，访谈高镇新庄企业主郑先生的资料)

咱说实在的，咱们这多是小摊小点，负担环保成本，还要维持生产，对有的厂子是非常难的。像我这儿的环保改造包括基础建设、设备、原料，加起来已经投入近百万了。如果都让企业自己处理(废水)，(政府)是不能放心的，万一偷排偷放呢，是有这种潜在风险的。像咱们这，如果环保局的监测精确到每家企业，一是投资太大，二是定州目前的信息技术状况还做不到，人员也跟不上。

(2017 年 3 月 24 日，访谈李镇留村企业主张先生的资料)

比如，安平(县政府对)铁网环保的管理不如定州强，(就)会有企业去那，或者去饶阳、深州[1]去生产。换个环保管理不严的地方，照样可以生产，而且投入也不用太大，所以说，国家在各地的执法还需要同步。全国所有的企业必须在同一个起跑线上，如果不在（同一竞争起点上），那么，做了环保整改的企业撑不下去，肯定就垮了。

（2016年12月24日，访谈李镇企业主朱先生的资料）

企业主并不排斥政府推进产业环保升级的规制，但是，同时，他们表达了一种隐忧，即"如果我的企业环保整改达标了，政府又不能取缔仍在非法排污的企业，与之竞争市场，对我来说是不公平的"。企业主的这种担忧反映出他们在决策是否采取积极污染治理行动时的犹豫，因为企业意识到非均衡的政府环境管控会直接影响它们的竞争力和生存机会。

（2）企业主们一致认为政府是推动铁网加工业环保治理的最佳责任主体，企业的角色是配合政府进行相应的治污整改。首先，正如前文所述，企业主认为国家法律制度不健全，政府未对排污企业进行有效治理，导致环境污染状况持续，并且在政府规制缺失的情况下，单个企业的环境行为自律对扭转整体环境恶化的趋势是难以奏效的。其次，虽然企业主认为企业在环保整改中的角色是配合政府完成治理任务，但是，如第三章所述，他们也表示政府公信力不足，且政策执行缺乏延续性，这使他们对政府主导的产业升级改造保持警惕。在谈及对政府环境治理的看法时，受访企业主王先生和江先生的说法具体、生动且较为典型。

他们（乡镇）答应我们等这片区的厂子建成后，镇政府负责帮我们安装路灯、搞绿化。当时，承诺得特别好，这是很简单的事情，也不过是花几万块钱。去年，俺们天天去镇上找他们，书记答应了，镇长也答应了。今年，到了该种树苗的时候了，他们还是没有动静。我们几个工厂商量了下，只好自己凑钱买来树，找人把树种上了。

（2017年4月10日，访谈李镇留村企业主王先生的资料）

安平县属于衡水市，石家庄这边有辛集、晋州、无极、深泽这几个市县，大家一说领导们要环保检查呀，就（让厂子们）都停了，尤其是环保部过来检查的时候。这就导致这些小企业们有想法，那我也不好好整治环保，整治了我赚不到钱，反正你管我的时候，我就停了，不管的时候，我接着干。

（2017年3月24日，访谈高镇新庄企业主江先生的资料）

由上可知，企业主既认为需要政府负责推动铁网加工业环保整改，又担心政府的内在局限性会影响整改的效果。这种具有内在冲突的环境态度，在一定程度上促使部分企业反而策略性地选择偷排偷放等非绿色环境行为。

---

① 饶阳、深州均邻近安平县，是河北省衡水市下辖县。

(3) 企业主表示成本负担重是当前环保升级改造面临的最大困难,但是,企业对于申请政府专项环保基金并不积极。从环保整改成本投入来看,镀锌厂投入最多,最高可达数百万元;涂塑厂、拔丝厂次之,约为数十万元;普通拔丝厂最少,约数万元。从环保成本结构来看,企业主们均表示前期环保建设和设备配置成本投入最大,后期环保材料购置成本较多,设备运维费和电费成本最小。对于大部分年盈利在数十万元至数百万元的铁网企业来说,环保升级改造成本是较重的,与此同时,在第三章已提到,正处于环保整改阶段的铁网企业更难申请到金融机构的资金支持。此外,企业主还担心上游原材料供应商的环保成本增加,最终会导致原材料成本激增,这将进一步挤压企业的盈利空间。

镀锌工厂(环保设备投入数从十多万到上百万不等)有政府提供的专项环保补贴,咱们(涂塑网工厂)这儿的环保设备投入十到二十几万就可以了,(政府)没有这方面的环保资金补助。

未来各行业的环保压力都大,我们原料供应商的环保成本也会相应增加,这会导致我们的原料成本增加。所以,进行环保整改给企业带来的成本压力真不小。

(2016 年 11 月 7 日,访谈李镇留村企业主林先生的资料)

环保局也组织企业开过会,说有政府的环保扶持资金可以申请,但是,它那搞得比较复杂,要很多手续,(工厂环保整改工程)要走招投标,要保留正式发票。咱们做得很简单,如果照着它的要求来做,15 万的投入可能要花 20 万,甚至 30 万,最后申请来的补贴可能还不够(抵消)这个差价。所以,企业们都没有去申请,都是企业自筹资金。

(2017 年 4 月 17 日,访谈高镇奇村企业主朱先生的资料)

可见,企业主们认为环保成本加重了运营负担,这有可能导致企业不堪重负,难以持续经营下去。这进一步说明,在抉择是否进行积极环保整改时,企业主会仔细权衡相应的行为策略对其生存和发展的影响。不过,企业主们放弃申请政府的环保专项基金是因为申请条件约束较多和可申请的资金过少,这说明政府与企业的思考方式有明显差异,政府通过设置申请条件,确保制度公正、规范,而企业则更关注行事效率和成本控制。这种行动逻辑差异同样体现在政府和企业对环保整改和产业转型的规划和实践中,本章第 2 节将具体分析。

(三) 对绿色转型的态度

在前文已说明,铁网企业绿色转型包括褪去"黑色"和染上"绿色"两个阶段。此处的"绿色转型"仅指第二个阶段,即铁网企业转变成为绿色企业的过程。更具体地,就政府对铁网加工业的转型规划来说,企业可持续的发展方向是进入铁网工业园。因此，企业主对绿色转型的态度具体是指其对铁网工业园区规划的基本立场和观点。

早在2009年，定州市政府已在工作报告中提出，2010年的工作目标包括“启动沙河工业园区①规划编制和设施建设”“引导民营企业进园区”②。此后，在2014年和2015年的定州市政府工作报告中分别提出打造“一区多园”模式，并在2016年的经济发展规划中具体指出“加快产业集群优化升级，积极打造产业聚集平台，按照‘一区多园’的思路，以定州经济开发区为主体，将高新区、双天基地、再生资源基地、正阳基地、沙河园区等整合到一个平台上，规划建设国家高新技术开发区”③。按李镇镇长介绍，产业园模式是传统产业未来发展的大趋势，定州市政府计划通过建设专业化铁网加工工业园，将合法且环保合规的企业搬迁至园区进行规范化管理，统一建设厂房等基础设施，统一监管企业污染防治，统一配套政策、资金、科研等支持。由此，可实现环保合法的入园企业可持续正常生产，园区之外非法运营的企业将被取缔。

当前，铁网工业园建设正在逐步规划中，诸多细节问题正处于商讨阶段，因此，企业主们对这一项目规划的必要性、可行性、实践性的态度，直接影响着其参与实践的积极性。

（1）企业主们认为构建产业园可使小型、微型企业的发展规范化，但是，对于建设铁网加工工业园的必要性，各企业主有不同的看法。支持者们认为，工业园区建设势在必行，有两方面原因：一是，在环保趋严的大环境下，产业园模式是规范企业污染防治的必然方向；二是，从长远发展看，工业园更能发挥行业集聚优势，对确保企业的稳定发展是有益的。质疑者们认为，一方面，铁网加工业不适合工业园模式；另一方面，将所有铁网企业规划在园区内可能会形成企业之间的恶性价格竞争，并不利于产业发展。以下摘录了部分受访企业主的观点。

说真的，陈镇长（有关铁网加工工业园规划）的思路、原则都是正确的，将来这些小、散企业，尤其涉（及排污）水、冒烟的这些，肯定是没法持续下去的。从国家政府角度来说，他们对传统企业的发展是负有引导作用的。你说要是再等三五年，国家决定将这些个污染企业都取缔了，那该怎么办？所以，工业园主要还是便于（政府对企业进行）管理。

（2017年4月10日，访谈李镇留村企业主郑先生的资料）

我们肯定是支持呀，因为在工业园区模式下，行业的规模优势会更大，现在我们企

① 沙河工业园区即本书所指的铁网工业园区。

② 摘自《定州市政府工作报告（2009年）》。

③ 引自2016年1月28日中国共产党定州市第六届委员会第六次全体会议审议通过的《中共定州市委关于制定定州市国民经济和社会发展第十三个五年规划的建议》。

业都是单打独斗，很多东西就做不了。这方面咱们就不如人家南方，人家的行业都有协会什么的，而且协会的管控力度比较大，比如协会能定价，相对来说工厂利润比较有保障，生产也比较稳定。

(2017 年 4 月 23 日，访谈高镇新庄企业主王先生的资料)

如果厂子要集中到园区，并不是件好事，因为那样恶性竞争会更厉害了。比方说，客户进了园区，肯定要看好几家企业的同类产品，再进行选择。那么，企业为了竞争客户，就会面临不断地被杀价和自主降价。说实在的，咱们这个行业就是靠价格低站稳脚的，说白了，客户为啥买你的产品？就是价格便宜。所以，我觉得(铁网工业园)不合适，也不太现实。

(2017 年 3 月 25 日，访谈李镇留村企业主顾先生的资料)

从支持者和质疑者的表述来看，前者考虑的更多的是产业长远的整体发展，而后者更多聚焦于短期的个体生存。值得注意的是，支持者的企业成立时间长、规模相对大，质疑者的企业成立时间相对短、规模也小一些，这表明：一是，铁网企业之间有较大差异，企业主对铁网工业园规划必要性的态度与企业自身的特点直接相关；二是，企业主关注的重点是工业园区规划对其生存和发展可能产生的影响。

(2) 部分企业主们认为，铁网工业园区的可行性受到企业成本承受能力的约束；另一部分企业主则认为，入园成本会在园区建成后因产品市场价格提升而自动抵消。以下为受访企业主中较为典型的两种观点陈述。

这些企业都是自发、自主地发展到现在这样的(局面)，有些企业真的是脏、乱、差，但说实在的，他要真搞得像模像样的，涉及他的成本和投资实力问题。小企业们是站在自己的小圈子考虑这个事的，第一是他们没有这个经济实力搬到园区去，他没能力承担园区厂房建设、用地投资成本；第二是如果政府把基础建设搞好了，让他们去租用，在园区还涉及各种管理成本，这些也是他们顾虑的。所以，他们真的只是为自己眼前的这点利益考虑的。

(2017 年 3 月 28 日，访谈高镇新庄企业主季先生的资料)

园区管理规范有利于企业长期发展，我觉得园区管理成本不是大问题，因为如果环保管理不规范，这个行业也发展不起来。你看如果既存在环保手续齐全、生产规范的企业，又存在不办手续、偷着生产的企业，那么，这些不规范的企业会挤占市场，让这些规范的企业没法生存了。如果政府采用工业园区的管理模式，这些小散乱的企业都给取缔了，那么，(入园)企业的成本虽然是高了，(但产品的)市场价格也会提上去。

(2017 年 4 月 17 日，访谈高镇奇村企业主贺先生的资料)

可见，企业主对工业园模式是否可行的问题有两种不同结论的观点，但是，持不同观点的企业都是从工业园模式对其生存和发展的预期影响来考虑的。

(3) 企业主们普遍认为,由于多种客观阻力的存在,铁网工业园区规划能否付诸实践尚未可知。具体来说,企业主们认为启动园区建设至少有以下四个方面的困难:①园区建设周期长、资金投入大,大部分铁网企业并没有参与投资建设的经济实力,同时,如果引进外部投资,入园成本过高,大部分企业进不了园区,反而打击了企业的生产积极性。②项目规划用地难、征地成本高,一方面,高、李两镇可用于工业开发的土地是有限的,而开发沙荒地成本高且有环保风险;另一方面,民间自主形成的土地流转价格高,政府很难以低价征用到土地,且高用地成本势必带来入园企业成本增大。③铁网加工业的前景并不明朗,这是由于政策、宏观经济环境等因素的综合作用,因此,企业对新的发展模式和投资都较为谨慎。④各级政府、政府各部门的立场不同,工业园相关的决议难以在政府内部一以贯之,园区规划的进展很难预期。以下摘录了受访企业主对四种阻力的陈述。

说实在的,咱们这个行业,厂子的资金实力一般。如果(园区建设投资的)参与面太大了,将来也不便于管理。比如,一个企业拿出百八十万都参与进来,要凑好几十个,将来园区也不好管理,是么?如果政府招商引资解决园区建设投资,企业入园的要求不能太高了,因为咱们的底子就摆在这(指企业的资金实力有限)。如果要求太高了,小的企业进不去,况且咱们这儿的大环境也还不太能吸引到大企业到园区。我觉得按本地实情来搞。

(2017年3月24日,企业主顾先生在李镇政企座谈会上的发言)

现在老百姓的地可以转让,他们形成了自由交易的市场价格,你不可能无视他们的权利,目前咱这自由交易的地价8(万)到12万一亩不等。政府如果征地只给5万一亩,谁也接受不了。老百姓觉得这土地是他的饭碗,他们世世代代都占着的,地价不是很理想的话,他不会愿意跟你交易。

(2017年3月24日,企业主钱先生在李镇政企座谈会上的发言)

这些年以来,我觉得咱们(铁网加工业)到了最低谷。第一,国家大的外贸政策始终在调整,它并不利于咱们这类资源型、劳动密集、低端技术产品的出口。退税税率一直在降,有的产品原来有13%退税,现在已经取消了。第二,就是从2008年开始,美国次贷危机之后,他们的经济没有复苏,咱们体会非常深,而且近两年咱们国内经济发展也不景气。再就是,人民币升值了,原来与美元挂钩,现在兑换汇率是6块8,原来是8块4,这就等于你相同的钱买的东西缩水了,相当于中国产品在提价。所以说,这两年,除了年轻人上新项目,我们这一辈的都非常谨慎。

(2017年3月24日,企业主于先生在李镇政企座谈会上的发言)

(铁网工业园)这个事政府四五年前就协调过,原来的市长、书记、主管副市长,土地、规划、住建、河道、水利等这些涉及到的相关科局局长们都来过这,开过政企座谈会。市里的意思是说,李镇和高镇的铁网企业要规划到一块,成为一个工业园区。两个镇的镇长、书记也都在会长表态,说咱们支持政府工作、按市里的决定做,但实际操作中还存在困难。

俺们高镇的书记说,这个事不能搞到李镇去呀,李镇那边建筑物多、企业多,开发成本肯定比咱这大。咱们单独开发高镇就可以了,咱们有2000多亩地,跟李镇这搞什么呀。在镇政府层面,他们更多考虑镇城的政绩、利益,直到现在,两个镇也没有坐到一起商量共建园区的事。所以说,他们现在只是有个想法,这件事是否能落实,这里还有好多事不一定能解决。

(2017年4月10日,访谈高镇新庄企业主黄先生的资料)

从企业主在政企座谈会上的发言,以及访谈的陈述来看,铁网工业园区建设是一项涉及高、李两镇区域内外多元利益主体的复杂、长期的工程,即企业主认为园区项目有可能给企业的生存和产业的发展带来冲击,正因为如此,对园区规划必要性和可行性持不同观点的企业主们,均对其实践性持疑。

综上所述,受访企业主对环境问题成因及其解决的认知表明,整体而言,企业本身对环保升级改造和绿色转型缺乏责任感和积极性;同时,企业主对铁网加工带来的环境污染及其治理等问题的态度进一步说明,企业的思考是基于其污染防治对企业个体和产业整体的生存机会和发展空间的影响的判断展开的。由此可知,企业保生存和求发展的需求是其能动性的核心内容,也是影响其环境行为决策实践的重要内部因素。

第二节
企业能动地开展绿色转型实践

前文提到，在本研究中，企业环境行为具体指铁网企业在应对外部环境压力和生产危机的过程中，为了纾解压力、化解危机以实现企业存续，而采取的对环境有影响的各类行动。本节将从生产危机的形成与应对两方面呈现铁网企业在保生存、求发展目标的指导下能动地转变环境行为的过程。首先，生产危机的形成包括：危机前的企业环保问题、危机的构成与特点；其次，生产危机的应对包括：整改期的生产保障、能源替代的整改、污水处理升级。

需要说明的是，铁网企业绿色转型包括企业褪去“黑色”和染上“绿色”两个阶段，而笔者进入田野期间所观察到的主要是铁网企业在前一阶段的实践过程，后一阶段尚处于规划中，因此，本书对铁网企业环境行为转变的观察、描述和分析，均是建立在铁网企业已完成或正在进行的升级改造实践基础上的。由于铁网加工业后一阶段的绿色发展正处于探索和规划中，尚未有铁网企业的环境行为实践，本书将其列入第五章的内容进行分析。

一、生产危机的形成

总体而言，铁网企业的生产危机是因基层政府强制所有企业停产、限期进行环保整改而产生的、正常生产无法持续的问题。如前文所述，2014 年末，定州市政府强制铁网企业煤改气、煤改电的行动是这一时期生产危机的起点。此前，虽然定州市政府一直注重加强对铁网企业的污染防治监管，但是，仍存在诸多环保不达标的问题。所以，铁网企业在转型期面临的生产危机，就是因环保不达标带来的强制停产危机。

（一）前期的企业环保问题

铁网企业污染防治过程中存在的问题是触发生产危机的直接原因，这些问题的产生与企业的生产工艺、排污节点、污染防治措施直接相关。因此，本书将在介绍铁网加工业几种主要的工艺类型(即拔丝工艺、镀锌工艺),及其排污类型和污染防治措施的基础上,呈现生产危机前铁网企业的环保问题。

(1) 燃煤拔丝工艺产生的污染物主要是含烟尘、二氧化硫、氮氧化物的燃煤烟气、固废、噪声,治理方式是通过湿式脱硫除尘器①处理煤烟、以出售方式处理固废、经厂房隔音处理噪声,通常处理后的烟气经工厂内 30 多米高的排气筒外排。

燃煤拔丝工艺流程分为上线、穿线、拔丝机拉拔、燃煤锅炉热处理、自然冷却、收线、卸线几个环节,其中,前后两个环节基本由人工操作电动机器完成,这些环节产生的污染物主要是机械噪声。关键的排污节点在产生煤烟的燃煤锅炉热处理环节上,燃煤锅炉热处理即将冷拔后的铁丝经过 350～400℃燃煤锅炉,保持 15 分钟左右,以提升铁丝的强度、延伸率等性能(湖南大学教育组,1973)。在该环节中,虽然脱硫处理后煤烟可实现达标排放,但是,由于对煤的消费量大,因此,工厂的煤烟排放量大,对空气环境的影响较大。

此外,煤烟经湿式脱硫除尘器处理后会产生污泥,这属于工业危险废物,需经具有相关环保资质的专业公司处理,而拔丝工厂并不具备自行处理的能力。燃煤拔丝工艺流程及其关键排污节点如图 4.2-1 所示。

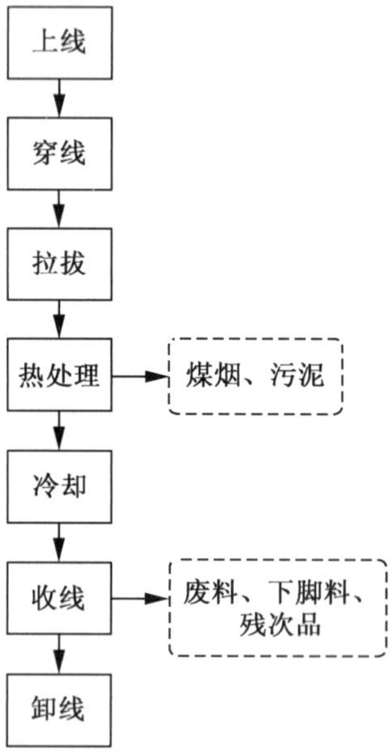

图 4.2-1　燃煤拔丝工艺流程及其关键排污节点示意图

① 这种除尘方法即通过往气流中喷洗涤水雾,捕集煤烟中的污染微粒,将污染物从废气中分离出来。因其操作简单,自 1900 年以来这种湿式脱硫除尘器就在工业上得到了广泛应用。

(2) 镀锌工艺产生的污染物主要是废气、废水、固废和噪声，治理方式分别是：湿式脱硫除尘器处理煤烟废气、通过工厂污水处理间的“酸碱中和①—絮泥沉淀②—砂滤③”处理废水、通过出售工程固废、委托第三方处理危废、厂房隔音处理噪声。与拔丝工艺不同的是，镀锌工艺产生的污染物中，增加了新的废气、废水和危废，这是镀锌工艺污染治理的重点。

具体来说，镀锌工艺分热镀锌和冷镀锌两种，且各自涉及的工艺流程和产生的污染物成分有所差异。首先，热镀锌工艺基本流程包括：①上线；②退火（铁丝经过温度为800℃的退火炉，出炉后自然冷却）；③酸洗（铁丝经过浓度为17%的盐酸池，去除锈迹或氧化膜）；④水洗（铁丝经过清水池，洗去表面残余酸液）；⑤烘干（铁丝经过退火炉余热加热的铁板，烘干表面水分）；⑥热镀锌（铁丝缓慢经过450～460℃熔有锌锭的镀锌锅，均匀地镀上一层80～100微米厚的锌膜）；⑦收线。在热镀锌过程中，各类污染物的产生节点分别为：一是，废气污染源主要为②、③、⑥，即燃煤退火炉产生的煤烟、酸洗池逸出的盐酸雾、镀锌炉产生的废气和锌尘。二是，废水污染源为④，即水洗过程中产生的酸性废水。三是，工程固废源于各加工环节产生的铁丝废料或下脚料、残次品，危险废物来源于③酸洗产生的废酸液、⑥热镀锌产生的锌渣和湿式脱硫除尘器的污泥。四是，噪声污染源于上线机、风机等机器的运转。

如上污染物经处理后，均直接从工厂排出，具体有：热镀锌工艺产生的废气中，盐酸雾通常采用“集气罩＋碱水吸收塔＋鼓风机”收集，再经15米高的排气筒排出；废水经工厂污水处理站处理后，排入沙河。需要指出的是，在整改前工厂污水处理站未安装实时监测污水处理情况的装置，政府对工厂的处理结果难以及时监管。热镀锌工艺流程及其关键排污节点如图4.2-2所示。

其次，冷镀锌工艺流程及其排污情况具体为：①上线（产生机械噪声）；②退火（产生煤烟和机械噪声）；③酸洗（产生废酸液、酸雾及机械噪声）；④水洗（产生酸性废水）；⑤电镀④（产生阳极泥、电镀废渣和噪声）；⑥镀锌后水洗（产生电镀废水）；⑦烘干（产生噪声）；⑧收线。对比热镀锌工艺，冷镀锌工艺中，第⑤和第⑥个环节会产生带有电镀

---

① 酸碱中和指在废水中加入工业碱，使废水酸性得以中和，将废水的pH值提升到达标值。

② 絮泥沉淀即在废水中加入成分为PAC（聚合氯化铝）和PAM（聚丙烯酰胺）的混凝剂，使废水中的杂质沉淀至池底。

③ 砂滤是指以石英砂、锰砂和无烟煤等作为滤料，过滤掉水中各种悬浮物、微生物以及其他微细颗粒，最终达到降低水浊度、净化水质的效果。

④ 电镀基本过程是将铁丝浸在锌盐的溶液中作为阴极，金属板作为阳极，接直流电源后，约8至10分钟，在铁丝上沉积所需的锌层。铁丝镀锌量为每平方米40至45克。镀锌液的成分为硫酸锌、硼酸、硫锌光亮剂，pH值为2到5。

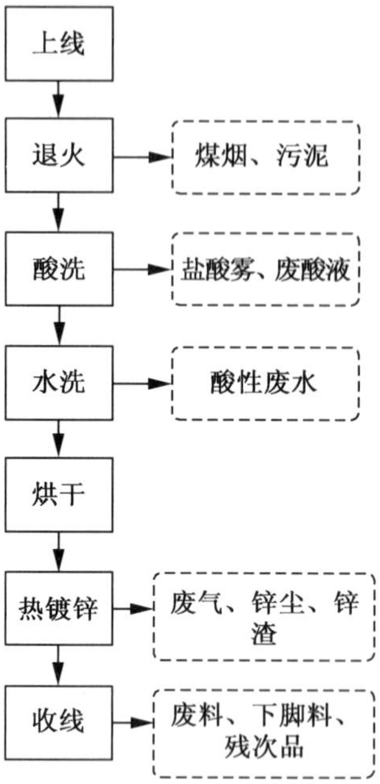

图 4.2-2　热镀锌工艺流程及其关键排污节点示意图

锌液残留的废水、废渣。在整改前期，电镀工厂的废气、废水、固废、噪声的处理方式与热镀锌基本相似，但是，电镀废水化学成分复杂，而工厂污水站的处理流程较为简单，因此，处理后的污水达标检测和监管受到质疑。废水的处理成为镀锌工厂在环保整改中的主要挑战。冷镀锌工艺流程及其关键排污节点如图 4.2-3 所示。

在高、李两镇铁网集群中，以铁丝或钢铁为原料的延伸加工工艺还有涂塑工艺①、制钉工艺、电焊条工艺、刀具工艺等，这些工艺过程均不产生工业废水，主要污染物为废气、扬尘、工程固废、噪声，同时，工厂采取的处理方法与拔丝工艺和镀锌工艺中同类污染物的处理相似。此外，具有这些加工工艺的工厂数量相对较少，因故，本书在此不对其具体工艺过程和排污节点作详细介绍。

(3) 生产危机前企业环保存在的问题主要是污染物处理工艺简单，处理结果不达标或者难以保证长期稳定达标。据环保局张所长介绍，这种不达标状态可能由以下原因所致：一是，工厂扩建、改建后，新增生产线或加工工艺，但污染处理设备未增设，旧有环保设备不能负荷新增污染物的处理。二是，工厂购置二手环保设备，进行简单改造后投入使用，设备老化和损坏未能及时更新，导致污染处理效率低、效果差。三是，

① 涂塑工艺是通过喷、滚、浸等加工过程，在铁丝表面熔接一层塑料防腐层。

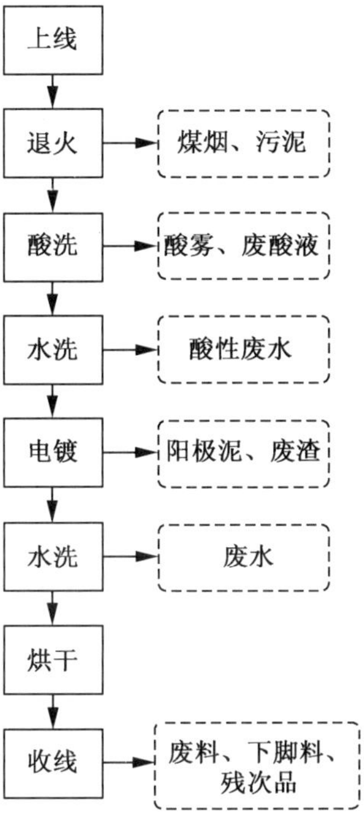

图 4.2-3　冷镀锌工艺流程及其关键排污节点示意图

为减少污染处理成本，部分工厂私自关闭污染处理设备，偷排偷放。四是，个别非法修建的小工厂无任何环保手续甚至没有配置环保设施，采取偷着生产、偷排污染物的方式规避环保责任。

可见，导致以上各类情况的共因是，铁网企业数量较多，污染物的处理均为分散自行处理，基层政府受技术、人员、财力等方面的限制，无法对每家企业各类污染处理结果进行监控。同时，按多位受访企业主的（如：顾先生、王先生）说法，政府此前未曾采取强制所有涉污企业停产整改的强硬措施。因此，企业污染处理过程缺乏政府规制是其环保不达标的重要原因，这也是铁网企业环保升级改造的逻辑起点。实践表明，增强基层政府的环保执法力度有助于强化环境政策对企业环境行为转变的驱动作用。

（二）生产危机的构成与特点

如前文所述，2014 年末，所有铁网企业被强制停产进行煤改气、煤改电是铁网加工业生产危机的起点。之所以称之为生产危机，是因为这是由铁网企业污染治理存在问题而引发的正常生产中断的危机。根据政府对企业的整改要求不同，以及整改目标差异，本书将生产危机分两个部分（即能源替代部分和污水处理升级部分）分别介绍，并分析其特点。

（1）能源替代。首先，国家和省政府的大气污染防治工作部署成为市级政府的行动指南。自2013年年中至2014年，国家、省级政府印发的多个公文对改善空气质量、加大大气污染防治提出了具体要求，并且对各项行动制定了具体的考核办法。2013年6月14日，国务院召开常务会议，确定了大气污染防治的十条措施（简称大气十条）①，措施中包括“减少多污染物排放，全面整治燃煤小锅炉，加快重点行业脱硫、脱硝、除尘改造”。同年9月6日，河北省政府向全省设区市、定州市、辛集市政府印发了《河北省大气污染防治行动计划实施方案》（简称河北省大气十五条）②，对河北省大气污染防治工作进行全面部署，明确指出“加大工业企业治理力度，全面整顿燃煤小锅炉，加快热力和燃气管网建设，通过集中供热、‘煤改气’‘煤改电’工程建设。化工、造纸、印染、制革、制药等企业集聚区，通过集中建设热电联产机组逐步淘汰分散燃煤锅炉”。由此，国家部署的大气污染防治计划传导至河北省各级政府，在企业集聚区开展煤改气、煤改电工程被列入河北减少空气污染物排放的重点工作。

2013年9月17日，环境保护部、发展改革委等6部门联合印发《京津冀及周边地区落实大气污染防治行动计划实施细则》③，其中要求“到2015年底，京津冀及周边地区地级及以上城市建成区，除必要保留的以外，全部淘汰每小时10蒸吨及以下燃煤锅炉、茶浴炉”。京津冀大气污染防治计划对处于区域范围内的河北省来说，无疑是更具化、精准的行动指南。同年12月16日，河北省人民政府办公厅印发了《河北省重污染天气应急预案》④，根据预案部署，由河北省发展改革委“负责全省节能综合协调工作，削减煤炭消费量、全省钢铁产能，逐步淘汰10万千瓦以下常规燃煤机组”，并重点推进“煤改气”“煤改电”能源替代工程。以上国家、省政府对大气污染防治的工作要求和实施计划显示，规制分散的、工业烧煤企业是空气污染治理的重点内容，而这与依靠燃煤加工的小型、微型铁网企业集群直接相关。

2014年4月30日，国务院办公厅印发《大气污染防治行动计划实施情况考核办法

---

① 资料来源于环境保护部门户网站，网址为 http://www.zhb.gov.cn/home/ztbd/rdzl/dqst/。2013年9月10日，国务院印发《大气污染防治行动计划》，将大气十条正式以公文形式公开发布。

② 资料来源于河北省人民政府门户网站，网址为 http://www.hebei.gov.cn/eportal/ui?pageId=10751506&articleKey=11284047&columnId=10761139

③ 资料来源于环境保护部门户网站，网址为 http://www.zhb.gov.cn/gkml/hbb/bwj/201309/t20130918_260414.htm

④ 资料来源于河北省环境保护厅门户网站，网址为 http://www.hebhb.gov.cn/hjzw/yjyyj/zwrtqyjyxy/201612/t20161213_52505.html

(试行)》[①],指出将以“空气质量改善目标完成情况和大气污染防治重点任务完成情况”作为考核指标对各省级政府进行年度考核(自2014年起)和终期考核(2017年),其中重点任务完成情况考核指标项下包括“燃煤小锅炉整治”这一工作。同年,针对河北省设区市、定州市、辛集市政府的《河北省大气污染防治行动计划实施方案落实情况考核办法》[②]公布,“燃煤锅炉综合整治”作为占6分的单项考核指标列入重点任务考核项。至此,大气污染防治工作及其考核部署完成了从国家到省政府层面的传递,各项行动要求最终传递并落实到市、乡镇政府的具体工作中。这一过程,充分体现了在国家推动的绿色发展大趋势下,政府主导的、自上而下的环境政策变革逐级传递,并通过基层政府实现其对企业环境行为的规制和驱动。

其次,基于国家、河北省政府对大气污染防治工作的部署,定州市政府于2013年6月启动对铁网企业集群的升级改造计划[③]。该计划内容包括:一是,镀锌厂的酸雾处理升级,由原来集气罩收集酸雾塔处理方式,改为水帘式全封闭处理方式,提升了酸雾收集、处理效果。二是,燃煤工厂的煤烟处理改造,由原来的燃煤提供热源(配备湿式脱硫除尘器),改为使用天然气提供热源,减少污染物排放。三是,镀锌厂的污水处理升级,由原来在各企业分散的污水处理站处理后,排放或循环使用,改为企业自己处理后或循环使用或统一排放到污水处理厂进一步处理。由于各项计划难度不同,推进进度差距较大。具体来说,由于酸雾处理升级(又称酸槽密闭改造)涉及的企业数量少,且整改过程操作简单,企业的设施改动小、成本投入少,2014年8月所有涉及此项的企业均完成了整改任务。因此,该项计划并未构成铁网加工业的生产危机,而以煤烟处理改造为目标的能源替代和污水处理升级改造进度缓慢。最终,定州市政府决定采取强制措施,以环保政策倒逼企业开展污染治理升级改造,由此触发了铁网企业的生产危机。

能源替代工作的阻力在于替代能源价格相对更高。相比于天然气、电能而言,煤的价格较便宜,铁网企业整改前均以煤为燃料控制生产成本。但是,煤烟对空气质量的污染相对更大,完全达标净化处理的成本并不低,同时,铁网企业分散处理煤烟的达标情况并不稳定。更重要的是,随着京津冀大气污染防治行动的推进,可预见的是铁网工厂的燃煤锅炉必然要被淘汰。从基层政府的角度来说,彻底从污染产生的源头上对烧煤企业进行治理是一举多得的。企业不再使用煤作为燃料后,不仅空气污染物排放量减少,而且政府对企业煤烟处理过程和结果的监督任务和范围也相应缩减。

---

① 资料来源于国务院门户网站,网址为 http://www.gov.cn/zhengce/content/2014-05/27/content_8830.htm

② 资料来源于百度文库,网址为 https://wenku.baidu.com/view/ca47e99c102de2bd960588e6.html

③ 资料来源于定州市环保局门户网站,网址为 http://www.dzhbw.gov.cn/

但是，到2014年8月，完成煤改天然气的铁网企业仅两家，虽然政府配套的燃气站已建成，但是，其他企业的能源改进工作推进艰难。可见，计划启动后的一年多，能源替代工作成效并不显著。为此，2014年11月28日，定州市政府对铁网加工业启动"以环保倒逼机制推进传统产业改造升级"的专项行动。为防止行动期间企业擅自恢复生产，定州市政府要求需要改造的企业先停产断电，再规范治理，并且整改到期后，如环保验收不达标，企业将被依法取缔。同时，为确保整改到位，当地环保工作人员加大对企业巡察、排查，并及时督促检查企业的整改落实情况。对完成升级改造的企业，由定州市环保局负责验收，并坚持验收达标后，再恢复生产。这意味能源升级改造成为烧煤企业恢复正常生产的必备条件，也就是说因环保整改引起的停产触及铁网企业的生存和发展。如上一节所述，企业在意识层面缺乏主动性，其调整环境行为的决策是基于环保升级对其生存和发展的影响预期而确定的，这是铁网企业能源升级改造决策依循的逻辑。

此外，虽然，使用电能的织网工厂或家庭作坊不直接受停产整改的影响，但是，如前文所述，铁网加工业集群内部形成区域性生产供应链，当燃煤拔丝厂、镀锌厂、涂塑厂等停产时，从这些厂采购原料或为这些厂织网的工厂和家庭作坊也无法正常生产。因此，企业停产进行燃煤整改的影响波及整个铁网产业。

(2) 污水处理升级。在生产危机触发之前，铁网企业排放的废水均是在分散的企业污水处理站进行净化处理，再自行排放。企业的污水处理工艺简单，处理效果并不能长期稳定达标，同时，政府难以对各家企业的污水处理情况进行及时监督。所以，对铁网企业污水处理进行升级改造，彻底解决污水处理不达标问题是此次环保整改的另一重要内容。与能源替代相比，污水处理整改有很大不同。

一是，需要进行污水处理升级改造的主要是镀锌厂，而热镀锌的废水和冷镀锌的废水处理成本不同。高、李两镇共计近40家镀锌厂，其中包括单有热镀锌和冷镀锌的工厂，以及兼有两种加工工艺的镀锌厂。前文已提到，热镀锌厂排放的废水成分相对来说比冷镀锌厂简单，处理过程也相对容易，因此，处理热镀锌工艺排放的废水的成本相对低。根据定州市政府对污水处理改进的计划，是要将工厂污水集中到污水处理厂统一处理①，这意味着两种处理成本不同的污水进行集中处理后，均摊处理成本是个难题。

① 升级改造计划中提到的"企业自己处理后或循环使用"的情况适用于涂塑厂和电焊条厂等，因为这些工厂的废水为自备井抽取的冷却水，不含其他污染杂质。升级改造后，这些工厂的废水在车间内循环使用，不外排。

二是，污水集中处理涉及建设工业污水处理厂的问题。2013 年，定州市为李镇申请到国家投资的生活污水处理厂建设项目。根据项目规划，该项目投资资金为 2 500 万元，及至 2014 年末，李镇建成日处理能力 2 000 吨的生活污水处理厂，并委托河北省保定市尧润环保科技有限公司团队进驻，负责运营管理，开展污水处理试运行工作。这是高、李两镇唯一一个已建成的污水处理厂，但是，由于镀锌厂的工业污水与乡镇居民排放的生活污水成分有很大差别，具体来说，生活污水的 COD[①] 通常在 300mg/L 以下，pH 值在 7～9 之间，氨氮、铁、总氢等含量基本达标，而镀锌厂污水的 COD 达 1000mg/L 左右，pH 值都在 6 以下，氨氮、铁、总氢等含量都超标。因此，生活污水处理厂的基础设施和设备并不具备处理工业污水的能力，需要增加基建和设备。

为实现镀锌厂的污水集中处理，两镇企业面临以下三种可能的选择：一是，高、李两镇镀锌厂共同新建一个工业污水处理厂，集中处理两镇的工业污水；二是，高、李两镇镀锌厂出资对李镇已建成的生活污水处理厂进行改进，增设处理工业污水的设施和设备，将两镇的工业污水集中到改建后的生活污水处理厂进行处理；三是，高镇十几家镀锌厂单独新建工业污水处理厂，李镇十几家镀锌厂改进污水处理站和生活污水处理厂，将废水集中到生活污水处理厂处理。但是，除方案二外，备选方案一和三均存在一个客观问题，就是污水处理厂建设项目从申请、招标、环评、审批，到施工、建成、试运行、验收，整个周期至少需要两年。这意味着，在完成污水处理升级改造以前，高、李两镇镀锌厂需要停产两年，实际上，以镀锌铁丝为原料和为镀锌厂提供原料的织网厂、涂塑厂、作坊等短期内也将难以正常生产。据参与污水处理厂建设讨论的企业主顾先生的估测，如果镀锌厂两年无法生产，那么，铁网企业的现有客户市场都会流失掉，铁网加工业也将难以为继。而方案二，则面临两镇政府难以确认、分担潜在污水处理环境风险的客观问题，实践阻力大，预期效果低。以上就是因污水处理升级派生的铁网企业生存危机。

(3) 外部性、政府主导性、全面性是铁网企业生产危机的突出特点。如上文所述，铁网企业因污染防治存在问题，而面临停产危机。具体来说，生产危机主要有以下三个特征：

其一，外部性，即危机来自企业外部力量的作用，这股力量就是自上而下的环境政策变革。对铁网企业而言，政府强制推进的环保升级改造是外部强加的，从上文有关企业主环境认知和环境态度的内容可知，企业内部缺乏主动承担环境责任、完善污染

---

① COD(Chemical Oxygen Demand)即化学需氧量，是以化学方法测量水样中需要被氧化的还原性物质的量。

防治的积极性和意愿。所以，外部力量触及企业正常生产，企业不得不考虑调整环境行为，以适应政府主导的环境政策规制。

其二，政府主导性，即企业因被强制停产改造而陷入危机，在基层政府的强制权威下，企业不得不停产。按基层政府的铁网产业升级改造计划，如果环保不能整改达标，企业到期将直接被取缔。这种政府主导的环保整改，迫使涉污企业需要通过完成整改目标获得政府恢复生产的许可。

其三，全面性，即所有涉污企业均需要整改升级，涉污企业的所有环保问题均需要验收达标。在危机触发之前，各家企业的污染治理情况不同，部分仍存在治理不达标或非法排污等问题，政府通常采取对被查处的违法行为进行罚款、勒令停产整改等措施，对违法个案予以处理。但是，此次危机不仅对所有涉污企业进行逐个排查，而且各项污染处理均要求彻底升级改造。

此外，危机的全面性包括基层政府对所有铁网企业的环保手续进行核查，包括对企业新建、改建、扩建项目的环境影响评估报告、各类污染物的排污许可证等文件齐备情况、有效情况的审查。

综上所述，定州市政府为切实推进国家污染防治行动计划，强制铁网企业停产、进行环保升级改造形成了铁网加工业的生产危机。此次生产危机以能源替代和污水处理升级为重点内容，并具有显著的外部性、政府主导性和全面性。

二、生产危机的缓解

结合环保整改内容，本书分整改期的生产保障、能源替代的整改和污水处理升级三个部分，分别介绍铁网企业在保生存、求发展能动性指导下纾解生产危机的过程。

（一）整改期间的生产保障

生产危机直接危及企业的正常运营，对铁网企业来说，最紧急的不是完成环保升级改造任务，而是如何在环保整改期间，如期完成手头的订单，以及如何减少由此带来的客户交易损失、原材料损失、人工成本等。因此，为确保环保停产整改期间的订单加工，铁网企业采取了多种紧急应对办法。

根据受访企业主们的介绍以及笔者的观察，企业主为保障整改期间的订单加工作出了诸多努力。

（1）以行业协会为代表，与政府沟通，争取分步骤整改、按整改达标情况恢复部分生产工艺的可能。在生产危机触发后，行业协会会长与会员企业经过多次讨论，认为：

其一，根据企业主们对环境政策的了解，铁网产业环保升级改造是从国家、省、市政府对基层环保工作的一致要求，企业必须如期进行相应的环保整改才能恢复正常生产。其二，与政府对着干，拒绝环保整改，不仅不能解决生产危机，而且会把环保问题扩大化，最终的结果对企业肯定不利。其三，政府强制企业停产的目的不是取缔污染企业，而是希望企业在环保达标后再继续生产，实现持续发展，这说明只要企业污染防治达标，政府是支持企业生产的。其四，按照企业主们对整改过程和整改耗时的估测，短期内完成能源替代是有可能的，但是，污水处理改造是一个长期工程，如果在两项整改均完成后企业才能恢复生产，那么，企业将很难再发展下去。如果分步骤整改，完成相应整改后恢复相应环节的加工工艺，企业的损失相对会少一些。

因此，综合考虑政府的整改要求和企业面临的实际情况后，行业协会作为被停产会员企业的代表，向定州市政府提出“在不降低环保升级改造标准，有序推进整改工程的同时，充分考虑铁网企业持续发展所需要的条件，尽量减少被停产企业的损失，允许其分步骤进行环保改进，完成一项验收一项，恢复一项生产工艺”的诉求。事实上，如前文所介绍的，站在高、李两镇镇政府的角度来说，为铁网企业创造发展的条件和机会，既可凸显铁网加工业集聚效应，繁荣镇域经济，又可由此带来解决农村剩余劳动力就业，申请各种荣誉认可，扩大其在市、省范围的影响力。因此，在一定程度上，镇政府决策的出发点是希望能确保铁网加工业持续发展、壮大。不过，乡镇政府作为最基层的政府组织，并不具备环保决策权和执法权，其意愿需要通过向上传达给市政府才有可能得以实现。最终，在行业协会与镇政府的共同努力下，铁网企业的这一诉求基本得到定州市政府的许可。在这一许可下，铁网企业加快完成煤改气、煤改电的行动得到了鼓励，也使企业与政府之间的环保执法对立变得缓和。

(2) 从外地调运短缺的原料，完成短期小额订单的加工。高、李两镇铁网企业签订的几乎均为外贸订单，普通的小额订单会在 1 个月左右加工完成，铁网成品装集装箱后，从港口运出到对方收货，共计需约 3 个月。而大额订单的加工时间需要 3～6 个月，完成成品交付则需要更长时间。在停产整改期间，拔丝厂、镀锌厂、涂塑厂等未完成能源替代和污水处理升级的生产线均不能继续生产，这导致部分短期小额订单因本地供应的细铁丝、镀锌铁丝或涂塑铁丝等原料短缺，面临不能如期交付成品的风险。因故，有企业选择从外地调运短缺原料，解决这一问题。

据受访企业主刘先生介绍，由于大部分外贸订单都是通过网络远程沟通谈成的，企业与客户之间相互了解有限，因此，在外贸交易中，按约定时间交货对于维护企业的信誉至关重要。但是从外地临时联络急需的原料，不仅需要支付更高的原料价格，而且增加了运输成本，同时，如果外地调运的原料品质不理想，还会影响企业产品品质，造成更多交易问题。所以，按企业主金先生的说法，这是特殊时期的特殊办法，能按时、保质完成订单已很难得。

不过，从企业主们的介绍来看，能通过从外地调运原料，完成订单加工的情况并不多。因为：一是，通常外贸客户订单对产品的要求是个性化的，如铁丝的粗细度、镀锌层厚度、抗拉力等都有详细要求，外地供应商未必储存了所需的原料；二是，小额订单所需的原料不会太多，而外地供应商考虑到利润问题，未必愿意专门加工此类原料；三是，外地调运原料耗费时间，加工短期订单的时间调整空间通常很小，临时采购原料未必能赶上交货期限。所以，通过这种方式解决的是有足够原料供应，且原料采购时间合适的订单。

(3) 临时异地转移生产线，继续加工长期大额订单。如上文所言，大额外贸订单所需加工时间大致在 3～6 个月不等，在停产整改期间，从外地调运原料继续加工耗时长、成本高，且未必能如期完成订单。由于定州进行环保整改的行动早于晋州、深州、安平等邻近地区，在高、李两镇铁网企业停产期间，以上地区的铁网同业仍可正常生产，与此同时，天津等地环保达标的铁网企业也可正常生产。因此，部分企业主考虑通过临时异地转移生产线的方式，完成长期大额订单的加工。

根据受访企业主于先生的介绍，这种临时异地转移生产线有两种不同的情况。一种是，通常所说的企业为了规避政府环保治理，将污染性生产线转移到环保管理宽松或环保规制缺失的地区，继续进行违法生产。在高、李两镇铁网企业中，将生产线转移到晋州、深州、安平等尚未开展环保整改地区的情况，就属于规避性异地转移。另一种则与此不同，企业的临时生产线是转移到环保治理已达标的地区，企业主的主观上不是为了规避环保责任，而是希望按时、保质完成订单。不过，从于先生的介绍来看，这种异地转移生产线的办法，虽使企业如期交付了订单，维护了客户关系，但是，由于人工成本、原料成本、加工成本等增加，企业基本是亏损的。这是生产危机给企业带来间接经济损失。

此外，受访企业主证实，在整改期间，的确有部分工厂选择在夜间或环保巡察的空档偷着加工。只是，这种情况占少数，而且偷偷生产的规模很小，因为，这种方法对具有一定规模的企业来说，不能有效解决订单加工的问题。

再者，在整改期间，由于企业的正常生产除了受环保改造限制，还受定州市重污染天气应急预案的影响，即在相应等级的重污染天气出现时，进入《定州市重污染天气应急响应减排企业名单》的企业，需要进行限产或停产。因此，企业的生产面临较高的中断风险，为减少由此带来的经济和客户损失，部分企业采取选择性地签新订单或不再签新订单的策略。总而言之，铁网企业为确保整改期间订单加工所作的努力，其实质是尽力减少停产对当前生存和未来发展的负面影响。

（二）能源替代的整改

能源替代要求烧煤企业将生产用能替换成天然气或电能，这两种备选替换存在以下不同：一是，相对而言，天然气的使用成本比电能低；二是，煤改电的投入比煤改气高。因为替换电能不仅需要调整用电线路，而且需要更新主体生产设备，企业的总体投入更大；三是，煤改天然气对大气环境仍有一定的负面影响。电能属于绿色清洁能源，对环境无负面影响，天然气虽然几乎不含硫、粉尘和其他有害物质，但是，燃烧时会产生二氧化碳，会增加温室效应。由于政府对改天然气或改电的支持倾向并无差别，企业可自行决定选择其中之一作为煤的替代能源，考虑到成本投入、整改时效等因素，绝大部分企业选择煤改气，个别企业选择煤改电。

考虑到企业进行能源替代的实际需要，定州市政府与保定光阳天然气利用有限公司合作，投资 4 000 余万元，成立万博天然气有限公司。在铁网企业集中区域建成日供气能力 5 万立方米的供气站，并为使用天然气的企业提供供气管网铺设支持。

（1）煤改气。具体来说，选择煤改天然气的企业需要依次进行如下整改：拆除燃煤锅炉、配置天然气调压站、将天然气排气口连接工厂排气筒。由于天然气排气口烟气达到废气污染物排放标准，因此，燃烧产生的烟气直接经过 15 米高的排气筒排出。不过，对于工厂内含有其他污染物的烟尘，如镀锌炉产生的锌尘，则仍须净化处理达标后，才可向外排放。在环保整改期间，大部分企业仍沿用湿式除尘器处理其他烟尘，经环保局验收达标即可。

（2）煤改电。选择煤改电的企业需要进行的整改包括：用电线路改造、配置新的电能生产设备。由于电能的使用不产生污染物，进行煤改电的企业不需要配置废气处理设备，排气筒均拆除。但是，煤改电的前提是企业具有电能生产设备的投资条件、投资意愿和投资能力，即企业需要找到合适的电能生产设备替代燃煤设备，且愿意、能够进行大额设备投资。比如，受访企业主顾先生的拔丝厂是因业务合作契机找到了一套新的电能拔丝设备，选择了煤改电，共配置了 8 台电炉，并相应地更换了拔丝机，设备置换投入共计近千万元。据他称，其他几个进行煤改电的企业也为拔丝厂，可见，并非所有企业的生产线均适合进行煤改电。

（3）煤改气和煤改电的比较。一是，从整改成本来看，煤改气的成本相对更小。在整改过程中，煤改气的成本投入主要在于锅炉替换和燃气管道铺设，据受访企业主称，由于各企业所需燃气锅炉大小和管道长度不同，这部分投入约在数万元至几十万元不等，而煤改电的成本投入基本在数十万元至近千万元。二是，从整改时效上来看，煤改电相对更快。这是因为在煤改气过程中铺设天然气管道耗时长，其中涉及与村民等协商管道线路、开挖渠道、铺埋管道等细节工作。为减少天然气管理铺设的麻烦，部分企业选择购置大型储气罐，在需要时通过天然气供应站配送的方式使用天然气。三是，从整改后的用能成本变化来看，用天然气和用电成本几乎相同。据受访企业主钱先生测算，煤改气后拔丝厂加工每吨铁丝使用天然气的成本比燃煤增加 80～100 元。而煤改电后拔丝厂在选择使用夜间波谷电价的情况下，电费成本与用天然气的成本差不多，据企业主顾先生称，电能拔出的铁丝每吨价格仅比天然气高十几元，但是生产效率比后者更高。四是从整改后的生产效率变化来看，两种替代均在一定程度上提升了企业的生产效率，但是用电企业的生产效率更高。五是，从整改后企业的环保风险变化来看，用电企业因不直接对环境产生负面影响，几乎无环保风险。虽然，相对于未进行能源升级地区的烧煤企业来说，煤改气的企业在重污染天气应急预案二级预警下仍可继续生产，但是，更高等级的预警下则需要限产或停产，而煤改电的企业则不再受此约束，可以说实现了可持续生产。

根据定州市政府 2015 年的工作报告，铁网企业煤改气、煤改电工程于当年完成。当然，在铁网加工业集聚区，的确存在因无法承担能源替代成本或因其他问题面临破产的企业（如因挪用银行贷款投资到房地产项目，无法收回资金，或因借高利贷无力偿还而陷入经营困境）。据环保局玉所长称，这部分企业的燃煤锅炉均被强制拆除，不完成改造，不允许恢复生产。不过，几位知情的受访企业主（如王先生、郑先生）表示，这些企业即便不存在环保问题，恶化的经营状况也会导致其被淘汰。

（三）污水处理升级

根据受访企业主和高、李两镇工作人员的介绍，污水处理升级的艰难性主要体现在如下几点：一是耗时。上文提及的污水处理整改三种备选方案，都涉及污水处理厂建设或改建工程，按照政府的常规流程估测这一过程非常耗时。对涉及污水排放的企业来说，工程建设的时间就是企业运营的时间成本。二是耗资。高、李两镇涉及污水排放的企业共四十余家，根据企业主排污量估算，如果参照政府投资建设生活污水处理厂的情况，那么，新建一个服务这四十多家企业的工业污水处理厂，所需投资将达数千万元。由于各家涉污企业资金实力存在差异，超大的环保资金投入对各企业而言，其所面临的环保投入压力是不一样的。三是复杂。由于高、李两镇铁网产业群是未经规划、自发、自主发展形成的相对集聚状态，需进行污水处理整改的企业布局比较分散，所以，通向污水处理厂的污水管道铺设工程涉及高、李两镇四五个村庄，企业与村民多对多的沟通协商事宜，这一过程将非常复杂。此外，不论是新建工业污水处理厂，还是改造已建成的生活污水处理厂，在四十多家企业中分摊建设资金也是一个复杂的问题。

对铁网企业和基层政府而言，尽管污水处理的整改存在诸多主观、客观因素所致的困难，但是，农村企业污水集中处理是其环保升级的重要任务，也是未来企业环保规制的发展趋势。同时，定州市铁网企业过去分散的“工厂污水处理站”模式过于简单，严格来说处理结果并不稳定达标，管理过程也缺乏监督，对此进行整改是必然的。从对部分企业主（如钱先生、郑先生）的访谈中可知，虽然企业和行业协会曾提出“更新工厂污水处理站设备，提高污水处理效果，配置环保监督设施”的折中方案，以替代“集中污水处理”的整改方案，但是，政府从分散处理模式难于监管的实际出发，为确保污水处理的最终结果完全达标，并不支持企业的提议。

根据对多位企业主、乡镇工作人员的访谈，本书从污水处理方案的达成、实施，以及实施整改后的对比三个方面，具体呈现高、李两镇污水处理的整改实践。

（1）李镇“污水处理站＋生活污水处理厂”两步走方案和高镇“铁网企业集资新建工业污水处理厂”一步到位方案的达成

高、李两镇铁网企业污水处理整改方案的确定，与两镇政府之间、企业与镇政府之间、两镇企业之间对前文提到的污水处理三个备选方案的讨论过程直接相关。首先，两镇企业共建一个工业污水处理厂的方案未能得到镇政府的支持。虽然高、李两镇铁网企业共同组成行业协会，但是，在行政区划和管理上，两镇企业分别由高镇和李镇两个镇政府管辖，并由定州市政府统筹管理。那么，如果两镇企业共建一个新的工业污水处理厂，则涉及选址、排管具体如何布局，以及两个乡镇在这一工程中如何分工协作等细节问题的协商。而李镇已于 2014 年建成一座生活污水处理厂，从尽快让李镇企业实现污水处理整改的目标出发，李镇镇政府更倾向于引导铁网企业充分利用现有的生活污水处理厂，在此基础上进行一定的改进以实现污水集中处理。因为如此一来，不仅缩短整改耗时，而且相对减少企业前期的环保设施建设投资。

但是，据李镇受访企业主郑先生表示，在李镇污水处理整改方案达成以前，企业主们最初也想自主筹资新建一个工业污水处理厂。但是，镇政府对新建投资成本的估测远大于企业的承受能力，且出于尽快让企业恢复生产的考虑，镇政府更倾向于引导企业选择改建既有生活污水处理厂的方案，因此，这一想法未能实现。这说明政府主导着污水整改方案的选择，企业的参与角色功能在一定程度上受到限制。以下为郑先生对此的介绍。

最初咱们这儿也考虑过自己建设一个污水处理工厂，但是镇上，尤其是市环保局这就说，李镇这有一个生活污水处理工厂了，就别考虑再重新建一个工业污水处理工厂啦，再建一个投资很大，周期也太长了。按政府的说法，建设一个污水处理工厂需要投资至少三千万。如果新建，从设计、政府审批、招标、建设、试运行，到最后验收，定州市有很多例子，二年也没什么反应。因为要走严格的政府流程，光公示期就要二(个)月，这样就把企业们都耽误了。当然政府当时也是好心，怕叫企业全死在这了，所以，政府是既叫你整改，又担心把企业全整死了。

可咱们想的是，在先紧着眼前这些企业(污水处理需要)的基础上，稍微扩大一点(新建污水处理厂的)处理能力，往后看到十年、二十年，能再增加20家企业的污水处理量就可以了，只要花个几百万就好了。

(2017年3月24日，访谈李镇留村企业主郑先生的资料)

其次，方案二因实践难度大、可行性受限而被放弃。由于将高镇企业的污水汇集到李镇污水处理厂，不仅需要启动复杂的污水管道铺设工程，而且仍需先对李镇生活污水处理厂进行改造。后者涉及两镇政府与负责污水处理厂运维的第三方协调，因为两镇企业的污水集中后，污水处理厂的基础建设要扩展，污水处理过程要增加，第三方的运维压力和风险将显著增加。李镇钱先生回忆了当时讨论的情况。

当时考虑的是，如果他们的污水也输送到李镇污水处理工厂来，政府找专家论证由于高镇的污水牵引至李镇需要深挖4米深的沟渠，这个成本较高。同时，还涉及布管路线长，埋管挖地太复杂，因为这一片地面上是密集的居民楼和工厂，这个总的建设成本核算下来是很大的。

此外，李镇的生活污水处理工厂不能将工厂的污水一次性处理到位，它只能处理COD在300 mg/L以下，pH值较高且氨氮、铁、总氢等都达标的污水。这种情况对企业来说并不是最理想的。

(2017年1月16日，访谈李镇留村企业主钱先生的资料)

此外，高镇镇政府工作人员黄先生认为，方案二被否是李镇镇政府出于污水处理风险可控性考虑，以及工厂之间的潜在竞争、村民有可能不配合等多个因素共同作用的结果。两镇镇政府从各自利益角度出发对方案二产生分歧，因此，实施方案二存在一定的阻力。以下为黄先生对此的介绍。

厂子在同一个行业，按理说，集中到一块处理是最好的。但是，通过两镇协商后，他们不允许我们把企业污水输送到他们那集中处理，因为他们考虑到的是，这样会增加处理设备的负荷，减少设备使用年限，毕竟他们(的污水处理厂)是以李镇为基础建立的。

另外，企业之间也有竞争性，如果咱们这没有污水处理工厂，那么有可能咱们需要停产，他们可以正常生产，相对增加他们的产量，所以他们是不愿意的。还有一个是，铺设管道需要从村民地下通过，老百姓不会让你这样做。这三个原因，导致咱们这（的污水）去不了他们那边。

（2017 年 3 月 28 日，访谈高镇乡镇工作人员黄先生的资料）

综上所述，由于前两个备选方案均存在难以实践的阻力，最终，经政府与企业的多次磋商，决定各自采取契合实际的污水处理整改方案，即方案三被选中。

（2）李镇铁网企业污水处理的整改过程

前文已述，李镇企业自建工业污水处理厂的提议未得到政府支持，最终选择了改造现有生活污水处理厂的方案。李镇虽已建成生活污水处理厂，但是，由于企业排放的工业污水与生活污水存在成分差异，不能直接输送到污水处理厂统一处理。经政府、企业（由行业协会代表）、污水处理厂三方共同协商，确定的解决办法是分两步走，即分“工厂污水处理站初步处理”和“生活污水处理厂最终处理”两步。第一步是，对工厂污水处理站进行升级，并铺设通向污水处理厂的排污管道，然后先在企业的污水处理站对污水进行初步处理，初步处理后污水的达标标准是 pH 值达到 6～9。第二步是，在生活污水处理厂内新建一个工业污水应急池，接收工厂排送的污水，检测达到入水口标准后，再将污水进行最终处理。受访企业主林先生的如下陈述，体现了李镇政、企、第三方之间关于污水处理整改的沟通过程。

政府的意思，生活污水成分与工业污水不同，如果把企业的工业污水集中到污水工厂处理，需要再增加一个应急池。政府也是想尽快让企业排管道，将污水集中到污水处理工厂进行处理，可尽快进行生产。但是，这个应急池是没法一步到位处理好工业污水的，所以，各企业再分别建立一个自己的污水处理站，在排送到污水处理工厂之前，企业先进行初级处理，这个想法是好的。

但是，经过实践证明，这种做法反而是把整改周期拖得很长了，为什么呢？污水处理厂不情愿接受这些工厂的污水，它觉得处理的成本太高，另外，涉及这么多家企业，一旦出了什么问题，这责任难以确定。输送污水的企业多了，各种情况都有可能发生，甚至有的企业偷偷摸摸的（将初步处理不达标的污水排送至污水处理厂），会导致管理上带来很大的问题。一旦企业的污水控制、处理不当，就很有可能毁坏污水处理厂的活性泥。比如企业排送的污水酸度过高的话，它们的活性泥就会破坏掉，它们培养的污水处理细菌就废了。这是污水处理厂所担心的事，但是，他们不是也得听政府的嘛。

（2017 年 3 月 24 日，访谈李镇留村企业主林先生的资料）

从林先生的介绍可知，事实上，李镇污水处理的两步走方案并未能彻底解决企业分散处理污水潜在的风险控制问题，而是将这种风险转嫁到了污水处理厂。但是，污水处理厂作为担负污水处理末端责任的第三方，在与政府沟通的过程中其角色地位相对较低，在没有更好处理办法的情况下，污水处理厂只能接受这一方案。虽然，企业污水处理站的改造和污水处理调试相继在2017年前完成，但是，李镇生活污水处理厂的改建工作进展受阻，政府与企业预期的快速完成整改的目标并未能实现。

（3）高镇铁网企业污水处理的整改过程

在两镇污水集中一处进行处理的方案被否后，高镇政府与市政府、企业进行沟通最终决定需要在高镇新建一个工业污水处理厂，而且，由于工业污水处理厂仅供高镇排污企业使用，因此，该污水处理厂将由企业自主集资建设，政府不再提供配套资金支持。从政府的角度来说，这一整改方案是最彻底的，但是，对于涉污企业来说，这一方案前期的建设投资很大，而企业之间的资金实力差异导致其所承担的投入压力不同，因此，企业内部产生分歧。据负责此事的高镇工作人员黄先生称，在企业接受此方案前，镇政府下了很大的功夫给企业做动员工作。

当时考虑的是申请国家资金建设污水处理厂，必须是生活污水与工业污水一块建设的，周期比较长，从政府强制企业停产到建成污水处理工厂恢复企业生产，大概要一年半的时间，在这期间企业没法接（订）单，可能面临整个行业的萎缩。因此，我就组织企业召开多次座谈会，最终决定由企业根据生产线、产值大小核算出资额，以自主筹资方式来建设工业污水处理工厂。这种方式就像是家庭联产承包责任制一样，以企业为主，让他们自己为自己的发展负责，自己出资建设，不仅自主性强、效率高，而且减少了政府的干预，避免吃大锅饭。

企业最初是不配合的，毕竟增加了他们的成本投入，而且这几年经济总体形势比过去差了一些，所以企业不是自愿的。但政府给企业做工作，摆事实、讲道理。告诉他们，现在面临的（情况）就是：如果集资建设工业污水处理工厂，那么，日后他们就都能正常生产；但是，如果不建，那么就只能停产、破产。哪个更有利？企业需要好好考虑，毕竟他们是污染性企业，如果污水不处理好，他们早晚就是政府强行关闭的对象。最终，企业心甘情愿地接受了。

（2017年3月28日，访谈高镇工作人员黄先生的资料）

在高镇铁网企业接受新建工业污水处理厂的方案后，2015年3月至2016年12月，高镇工业污水处理厂工程经历了如下环节：筹资、选址、申请、审批、设计、环境影响评估、投资建设、工程验收、委托第三方试运行等。与此同时，12家铁网企业的污水管网铺设也相应跟进，在工业污水处理厂试运行后，各家企业单设一条污水管道将污水输送至污水处理厂。从高镇政府工作人员黄先生的介绍可知，镇政府对企业的支持、企业之间的协作是这一方案顺利推进的关键。

2015 年开始，俺们就着手帮助企业开始筹建污水处理工厂，先是从 12 家企业中找了 3 个企业代表负责全面跟进建设工程，并管理筹集到的资金。当时共集资 750 万，企业出资最少的 10 万，最多的 80 多万，这是根据企业生产线和产量来确定的。大家对建设成本的分摊规则，没有太大异议，因为谁家生产多少，基本上大家都有个数，工厂都在一块，所以，一谈这个事，细节上没有太大分歧。

然后，镇政府出面协调了 15 亩建设用地，接着，我帮着（企业）去（市政府各部门）跑建设、规划、验收等一系列手续，这些基本是我一手操办的。因为企业去跑手续，很多（市局的）人他们都不认识，我大概 10 天左右，就把主要手续办好了。

建好之后，我们找到北京有国家验收资质的公司过来帮助验收，验收结果说我们这个污水处理工厂建设得比较标准。而且，污水处理的风险预警也做得比较好，建设了两个储备池，能够保证在一个月的维修期，不影响企业正常生产运营，整体规划建设标准是能保证未来 20 年都能跟上产业发展要求。最后，市、省环保局验收结果也是非常好，确定我们这儿处理水平能达到国家一级标准。

（2017 年 4 月 16 日，访谈高镇工作人员黄先生的资料）

不过，值得注意的是，在高镇污水处理厂的建设过程中，镇政府与市局相关科室之间因工程建设流程不合规产生分歧，并由此导致工程进展受阻。该问题的协调过程体现出镇政府对企业的支持，以及政府不同层级、不同部门之间的博弈，并进一步凸显政府与企业在思考惯性和实践逻辑上的差异。负责解除这一危机的高镇工作人员黄先生介绍了这一过程。

原来计划是 6 个月完成污水处理厂的建设，尽快让企业恢复正常生产。但是，后期建设出现了问题。最初，俺们经过与市政府协调，市里决定是边建设、边申请，但下边的科局部门不理解。基建（部门）要求（污水处理厂）必须是有资质的公司才能承建，而企业为了节省成本、加快速度，没有找有资质公司。结果，建设到三分之二的时候，上边说不让继续建了，让停工。环保部门和基建部门都让停工。

后来咱们去了解，是因为他们（市里的科局）希望能由政府负责招商承建污水处理厂，而按照政府的建设要求，整个投资就要达到 1000 万，当时核算的是要 1600 万，（比企业筹资）多出近 1000 万，那么这个对企业来说投资压力太大了。国家来投资筹建污水处理工厂，从审批、规划、设计、招标到建设，至少要两年的时间。

当时，市里科局找了第三方做单位检测之后，说咱们主体工程承压度是10～11 米，这就是说基建容易渗漏，污水会造成地下水二次污染。他们以这个证明咱们是不合格的建设，要炸毁。在这种情况下，咱们就郁闷了。俺们是高镇的人，要为高镇企业负责，所以，咱跟企业商量，既然人家说咱们基建不合格，那么，咱们拿着设计图，找省级有资质的公司来实地检测，评估是否合格。

后来，我通过私人关系咨询这事，我问他们说承压度11米是什么概念，人家说，承压度达到15米就能正常使用，达到17米就是非常好的，能用上20年。如果承压度是11米根本用不了，比方说，这池子里能放5吨水，你放1吨，池底的地基就破了，这是半灰渣（意同"豆腐渣"）。但是，我看实际建设的情况，绝对不是半灰渣工程。

所以，我去找到企业们商量，我说这事不论是从流程，还是检测结果上来看咱们已经很被动了，但是，咱们不能就真让这项目黄了呀。我说这么着，咱们上北京去找一家比石家庄公司更高资质、更权威的公司，而且，不带任何水分地给咱们实地检测一次，而且多找几个点，全面地检测看看，做个公平、客观、科学的报告。咱们公事公办，该付人家多少钱，咱们付多少钱，绝对不送礼，让别人抓把柄，说咱们是做了假报告。如果你们让人家做了假报告，将来如果这项目真被炸了，那我也不管了。如果检测真是不合格，那么，你们什么也别说，这是你们自己造成的，如果说咱们是合格的，那我帮你们找领导，我跟你们一块去市里找主要领导要个公道。

就这么着呢，前后花了3个月，咱们找了特别大的一家国家正规公司做了检测，结果显示地基的承压度不但不是11米，平均值都达到了16米，甚至有些比17米还高，没有15米以下的。在这种情况下，俺们去找市领导，俺们说俺们敢签责任状，如果是假的俺们承担一切后果。在企业代表、镇领导、环保人员共同签订法律责任书，确认是合规检测结果之后，市领导拍板让俺们继续建设。建成后，经市环保局测试污水处理达标，试运行后也验收了，最终给污水处理厂下发了排污许可证。

（2017年4月16日，访谈高镇工作人员黄先生的资料）

正如高镇政府工作人员和受访企业主所介绍的，污水处理厂的建设经历了较为曲折的过程，不过，最终在污水处理厂建成后，按环保管理要求，经第三方环保公司运维的污水处理厂确保高镇的企业完成了污水处理整改的任务，也使企业不再因污水处理不达标而被迫停止生产。

（4）两镇污水处理整改的比较

由于高、李两镇铁网企业分属不同乡镇管辖，同时，高、李两镇在污水处理整改前的相关基础设施条件不同，经政府、企业、第三方环保机构协商，两镇选择了不同的污水处理整改方案。实践表明，这两个不同思路的整改方案因其差异而产生不同于预期的结果。

首先，高镇的整改方案污水处理成本相对更经济。高镇新建工业污水处理厂虽前期投入高，过程曲折，但是，这一方案能在污水处理厂一步到位实现污水达标处理。与此同时，后期的污水处理成本由排污企业共同分担，由于有规模效应，单位污水的处理成本相对更经济。与之相对，李镇的两步走方案虽前期投入低，进展速度快，但是，企业不仅要承担污水处理站的处理成本，而且要分担污水处理厂集中处理的成本，每吨污水的处理成本更高。两镇的受访企业主和两个污水处理厂厂长对现有的运营情况的分析，证实了这一点。

从运行来看，那边工厂的运行成本比较低，因为他们的处理是进污水处理厂后一步到位完成处理。咱们这每个工厂有个污水处理站，将污水初步处理达标之后，才能输送到污水处理工厂集中处理。今年三月份，俺们测算了一下，1 吨污水的处理成本大约是 400 元，根据使用热镀锌工艺和冷镀锌工艺的不同，大约加工 10～20 吨镀锌丝，产生 1 吨污水。这还是在年初碱片价格没涨的情况下，这个碱片，原来是 2 200 元/吨，去年涨到 3 600 元/吨，今年四月已经涨到 4 500 元/吨了。所以，咱们这边各家企业承担的污水处理成本肯定比高镇的高。

（2017 年 4 月 12 日，访谈高镇奇村企业主的资料）

（污水处理）成本这一块包括处理原料、人工费、电费、设备维修费、后勤支出、检测支出，所有支出核算下来，目前来看，1 吨污水的平均处理成本均摊给企业大约 70 多元。其实，污水量越大，均摊到企业的成本越划算。

（2017 年 4 月 17 日，访谈高镇污水处理厂厂长的资料）

其次，两镇镇政府基于同一个出发点，却产生两种不同的结果。在高、李两镇的污水处理整改过程中，镇政府都在积极参与，都想让企业尽快恢复生产，同时，两镇的企业都认为政府投资或筹资建设的污水处理厂肯定比企业集资自建花费更多。但是，在高镇的情况是，政府说服企业集资自建工业污水处理厂；在李镇的情况是，政府不同意企业集资自建工业污水处理厂，而是说服企业利用已有的生活污水处理厂。产生的结果是，高镇的整改预期会经历更长周期，污水处理厂现却已能正常运行；李镇的整改预期经历更短周期，污水处理厂却仍不能正常运行。从整改过程上看，两个都是市政府、镇政府、企业、第三方环保机构合力解决污水处理整改的问题。但是，仅从目标是否达成的结果上看，一个是相对成功的实践，另一个是不太成功的。由此来说，政府对企业的帮助目的合理，未必产生理想的结果，这可能与政府本身决策能力或内在机制的局限有关，也可能与实践过程中主体意愿或环境变化，或者与企业在政企沟通过程中角色地位相对低相关。高、李两镇的政府工作人员和企业主分别表达了他们对此的理解。

咱们每家企业各自有自己的排污水管道，直接到污水处理工厂，每家企业排水量都是实时可查到的。污水处理是实时监测、上传处理结果的，所有数据都可以随时传输到政府网站上，这样让政府放心，也保证了企业正常生产。

最终来看,咱们这儿污水处理现在可以正常运行,而李镇却经常出现不能运行,污水输送过去了,处理不了的情况,污水处理经常中断。我了解的是,他们出现问题有两个原因:一是,政府管理污水处理工厂,导致企业想管理的没法管理;二是,他们那是以处理生活污水为主的,可以适当增加工业污水处理,但是真正运营起来,基本上都是工业污水,最后经常出现各种各样的问题。

(2017年3月28日,访谈高镇乡镇工作人员黄先生的资料)

李镇的生活污水处理厂的调节池是市政府投资建设的,政府应该拿钱,但是,政府资金老是到不了位。所以,从2014年主体工程建设完成,到现在,市里的环保局也没法验收这污水处理厂,因为改建的工业污水调节池没有完成。其实污水处理厂试运行调试、污水处理结果这些都是达标的,主要就是调节池费用问题没达成一致。

调节池是按照政府正规招投标程序请第三方承建的,据说这个承建商对工程的设备预算比政府预想的高出一倍多,他要求政府按规划提供建设资金,不过,具体情况我们没有实际参与,也不是特别了解。不过,大概就是对调节池的建设费用等方面的原因,到现在调节池也没有建设完成,这是事实。

调节池是为了暂存超标工业污水,以便进行再次处理,使其完全达到生活污水处理入水标准后,才能进行后续的处理环节。按环保相关法律的规定,咱们这个污水处理厂是因为基础设备不健全导致不能验收的,其他方面是没问题的。

这里头有很多纠缠,所以,企业的工业污水到现在也没有能正常进行,这是实际情况。所以,高镇那边自建的污水处理厂现在已经能运行起来了,结果咱这还不能实现。

(2017年9月12日,访谈李镇污水处理厂厂长的资料)

从高、李两镇污水整改的过程和结果对比来看,虽然两种方案各有不同,但是,整体来说,在两个实践过程中政府才是起着主导作用的一方,行业协会或企业均不能左右整改方案的选择,同时,整改过程的推进仍需要政府给予支持,因此,从案例的情况来看,可以说,农村小微企业在环保升级改造过程中,更多的是依循政府的环境规制要求和意识引导而采取环境行动,其对整改决策过程的影响是十分有限的。

最后,关于基层政府要求铁网企业环保相关手续达到合法性和齐备性要求。根据2016年12月环保部印发的《排污许可证管理暂行规定》[①],企业首次发放的排污许可证有效期为三年,延续换发排污许可证有效期为五年。同时,如在有效期内,企业的生产情况或排污情况发生改变,应当及时向发证机关申请变更。据定州市环保工作人员对高、

① 资料来源于环境保护部门户网站,网址为:http://www.zhb.gov.cn/gkml/hbb/bwj/201701/t20170105_394012.htm

李两镇涉污铁网企业环保手续的排查结果显示，企业环保手续不齐全或无效的情况较为突出，如李镇 27 家涉污企业中，有 7 家存在手续缺失或未进行环保验收的情况。因此，政府要求企业在恢复正常生产前，必须完善环保手续，确保企业的环保认证文件合法、有效、齐全。这对需要补办或更新相关手续的企业来说，是一笔数万元的环保整改投入。李镇受访企业主王先生称，他改建工厂补办环境影响评估报告花了三万余元。

第三节
企业环境行为的呈现

高、李两镇铁网企业能动地调整环境行为适应环境政策规制，主要体现在其绿色转型第一阶段，即褪去“黑色”阶段。整体而言，铁网企业的环境行为呈现多元性，但是，其行为背后的决策和实践逻辑又凸显出统一性。

一、多元的环境行为

以铁网加工业强制停产进行环保整改为界，涉污企业在此前和此后所采取的环境行为有所不同。在生产危机应对过程中，企业的环境行为调整决策与其环保意愿、环保行动的关联进一步凸显。基于此，本书分别梳理生产危机前后的企业环境行为，并以企业环保意愿和环保行动为分类坐标系，呈现环保升级改造过程中的企业环境行为表现。

(1) 在生产危机前，虽然在铁网企业群中，既有进行污染治理的，也有偷排偷放的；既有上交排污费的，也有不交排污费的，但是，企业的污染防治普遍存在表面合法性和隐秘不合法性。

如上所述，在强制停产整改前，高、李两镇铁网加工业污染防治的突出问题是，尽管大部分具有一定规模的企业对煤烟、污水、固废等采取了净化处理措施，但是，由于这些处理方式较为简单，同时政府对其处理过程和结果缺乏实时的监督、检测，最终的治理情况往往不达标或者未能长期稳定达标。从企业环境行为实践的合法性上来说，由于企业的确按政府要求配置了环保设施，并对污染进行了治理，表面上看企业的污染防治是合法的。而从企业环境行动的过程和结果来看，由于实际的治理结果未达标，企业是不合法的，只是，这种不合法性是隐秘的、非公开的。在上级环保检查期间，铁网企业被要求停产的事实，也印证了一直以来企业的污染治理不达标，普遍存在隐秘不合法性的情况。

关于排污费的交纳，据受访企业主钱先生介绍，自 1996 年开始，环保局开始向铁网企业征收排污费，但是，上交排污费的企业是具有一定生产规模的企业，而非所有排污企业。并且，企业交纳排污费的额度是政府与企业协商决定的，并不是按企业的排污量进行核算确定的。这与企业治污的环境行动一样，表面上企业依法交纳了排污费，实质上并未严格按法律要求来履行交费义务。

此外，涉污企业偷排偷放、不交排污费的行为，通常存在于微型企业或者不合法的“散乱污”企业，但由于这些企业规模小，排污量相对少，产生的环境污染相对小。但是，在这一时期，这种逃避环境责任的企业行为是客观存在的。

（2）在强制整改后，即铁网企业在应对生产危机过程中，其环境行为呈现多样性。根据企业环保意愿和环保行动差异，可大致将企业的环境行为划分为以下四种，即积极型、被迫型、规避型、间接型，分类如图 4.3-1 所示。

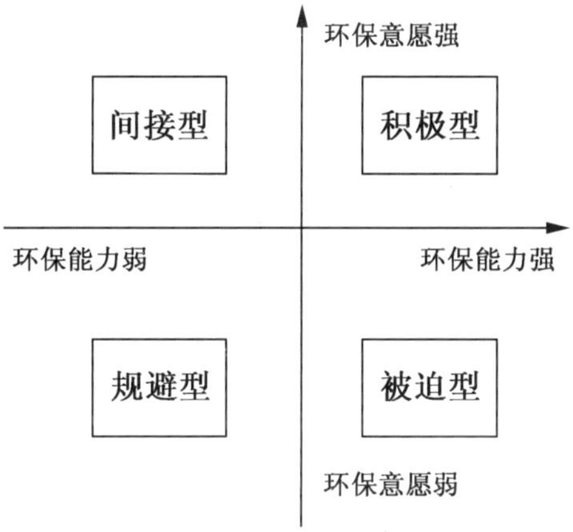

图 4.3-1　铁网企业环境行为类型图

具体来说，积极型环境行为是指企业环保意愿相对强且采取有效环保行动的企业行为，即企业为完成环保整改任务，积极地与行业协会、政府、第三方环保机构进行协商、沟通，并通过环保升级改造，达到政府环保验收标准，恢复正常生产。从案例中来看，具有一定生产规模、经营状况较好、对市场预期乐观的企业倾向于选择积极型环境行为。因为这类企业具有承担环保成本投入的能力，同时，强制停产对其运营产生的不利影响相对更大，其恢复正常生产的意愿更为迫切。此外，这类企业的企业主与政府接触较多，个别企业主还被推举为市人大代表等角色，并在行业协会担任会长、副会长等职务，所以，相对而言，他们的积极环境行为既是承担企业的环境责任，又是履行社会角色义务。与此同时，他们了解政府加强企业污染防治的决心，以及政府主导的环境政策的持续性、稳定性，对他们而言，积极地进行环保升级是最佳策略。此外，他们的行动在铁网加工业中直接起着一定的示范、带动作用。

被迫型环境行为是指企业环保意愿弱，但迫于政府强制权威，不得不进行环保升级改造的行为。这类环境行为最大的特点就是，污染防治改造仅是企业恢复正常生产的工具性措施，如有其他可保持正常生产的方式，企业不会采取环保行动。通常刚成立几年、具有中等规模、经营情况尚可、认为市场尚有一定发展前景的企业，呈现被迫型环境行为的可能性最大。因为对这类企业而言，刚在铁网加工业站住脚跟，尚处于成长关键期，内部运营刚稳定，客户关系还在积累，那么，尽快达到环保验收标准，意味着企业能迅速维持住较好的发展状态。相对于具有积极型环境行为的企业来说，这类企业更关心内部的生产运营，对于通过积极行动以获得其他社会角色机会并无兴趣。由于这部分企业大多认为政府的环境规制具有非持续性、突击性，被动、适度地调整环境行为以适应特定时期的政策要求是较可取的。此外，这类企业倾向于跟随在选择积极型环境行为的企业之后，并采取相应的污染治理行动。

规避型环境行为是指企业环保意愿弱，以偷排偷放、异地转移等方式规避环境责任的行为。这类环境行为的目的就是最大限度地规避企业环境责任和政府的环境规制。在高、李两镇铁网加工业集群中，微型企业、“散乱污”企业，以及陷入经营困境，随时面临破产的企业，通常表现出规避型环境行为。因为对这类企业来说，规模非常小、难以承担环保投入成本、长远发展下去的机会非常有限，所以，企业多生产一天，就能多一份营收。那么，在各地政府对企业的环保规制节奏尚未同步的情况下，这类企业选择通过调整生产时空，如选择环保巡察空档期或环保规制滞后地区，躲避环保整治和环境责任。这类企业通常认为政府的主导的环境规制与过去“运动式”治理相似，因此，抱持侥幸心理，寻找暂时逃避停产规制的策略。

间接型环境行为是指企业虽有环保意愿，但缺乏进行环保升级改造投入的能力，因而放弃采取环保行动的行为。这类企业比较特殊，因为从主观意愿上来说，企业主并不排斥承担环境责任和整改规制，但是，由于企业规模小、资金实力弱，或者企业刚成立、尚未稳定盈利等内在因素限制，企业无力完成环保整改要求。同时，该类企业与采取积极型环境行为的企业对环境规制的判断在一定程度上是一致的，他们认为短暂地逃避环境责任无法确保企业稳定地生产，因此，通常企业主会考虑放弃涉污生产线或业务，聚焦于不排污的织网加工或者铁网商贸业务。在案例中，这类企业并不多，因为这一行为策略对企业来说需要有放弃既有投资和调整业务的魄力和较长远的发展规划。

整体而言，如上四类企业环境行为的出现，既与政府主导的、自上而下的环境政策变革直接相关，又受各企业保生存、求发展的内在需求的影响。尽管，环境政策带给企业生产危机，企业通过发挥能动性在保障整改期生产和完成环保升级改造之间获得存续空间（即小生境的创建）。同时，企业内在的生存发展需求对其环境行为转变的影响是持续的，而企业的能动性是天然存在、不能消除的，这表明兼顾企业生存和发展的绿色转型实践才可持续，这或许是政府完善环境政策的方向。

（3）高、李两镇铁网企业为解除外部环境事件或环保治理危机，积极抱团、组建行业协会，并通过协会与外部主体进行协商、沟通的共同体意识和行动，均表明小微企业在实践中呈现出集体性企业环境行为。这种以行业协会为行动代表的集体性企业环境行为，在基层环境管理中，承担着中间协调者的角色，起到显著的矛盾缓冲器作用。同时，从案例的实践来看，这种集体性企业环境行为对于推进企业环保升级改造、传统产业转型发展是有积极意义的。这也进一步说明，行业协会在铁网企业绿色转型过程中，既从外部约束铁网企业环境行为推动转型升级，又从内部为企业争取生存和发展机会。就此而言，本书在实践观察层面对社会转型理论范式关于转型社会中解决环境问题的新的可能的观点作了回应，即在农村社会加速工业化、城镇化过程中，行业协会对农村污染治理具有积极影响。

二、统一的行为逻辑

根据本研究的观察，结合受访对象的介绍，在铁网企业进行能源替代、污水处理整改、完善环保手续等环境行为的背后，企业的行为策略遵循着较为统一的行动逻辑。这集中表现为以保生存、求发展的需求为目标能动地开展环境行为决策和实践。

（1）充分发挥能动性，梳理可供备选的行动策略。比如，在面对能源替代整改时，企业可以积极配合政府的环境治理完成整改，选择煤改电或气；或者跟随大部分企业先观望，再决定是否必须进行能源替代；或者直接放弃燃煤生产线，专注于无煤生产线；或者进行燃煤生产线的异地转移，等等。企业环境行为决策的第一步即其能动地以保生存、求发展需求为目标梳理备选的行动策略。

（2）以保生存为底线目标，判断各个行动策略的发生概率，即生存的可能性。仍以能源替代整改为例，企业会进一步分析进行能源替代与否，产生的后续结果发生可能性和未来发展趋势，以判断哪种策略对企业正常生产和生存机会更有保障。一方面，企业会整合各种信息，考虑如果继续烧煤，被人举报或受查处、被关停的概率如何？这种潜在风险能否减控？能源替代的未来发展趋势怎样？是否同业企业会全面禁煤？另一方面，企业也会设想，如果进行煤改气或电，设备配置的成本投入是多少？能源替代后企业的生产成本会增加多少？企业在多大程度上仍可维持稳定经营？行业整体的市场前景怎样？企业对两种行动策略的思考均是围绕其对企业生存和发展的影响展开的，值得注意的是，不论最终采取哪种环境行为，企业本能地会以自身生存为底线标准进行决策。

(3) 以求发展为上限目标，衡量自身行为能力与最优行动策略的匹配度，即发展的可及性。仍以能源替代整改为例，企业最后会根据自身的实际情况，审视哪种行动更切实际。比如：F 企业判断认为禁煤是大势所趋，煤改气或电不仅有助于企业提高生产效率和产品品质，增加市场机会，而且可使企业免除环保查处和被关停的风险。同时，F 企业估算这项改进需要投入 20 万元，且每吨铁丝加工成本净增 80 元。如果 F 企业有能力承担改造费用投入，而且其产品价格在市场上还有上涨空间，将这部分净投入预期收回的把握较大，那么，最终 F 企业选择采取这一环境行动。

又如：F 企业没有承担改造费用的能力，那么，企业往往会通过寻找同业资金支持来达成最优方案必备的条件。再如：F 企业既无力承担升级改造费用，又无法寻找有效方式解决资金困难，那么，F 企业会选择其他备选方案（如异地转移、放弃燃煤加工线、偷排偷放等），而不再考虑进行能源替代。铁网企业环境行为实践逻辑如图 4.3-2 所示。

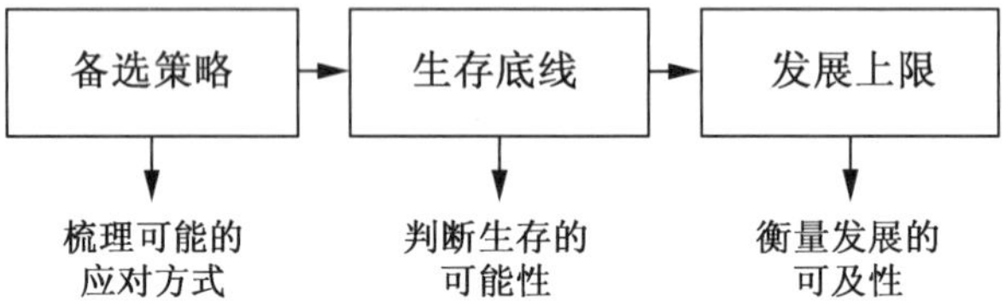

图 4.3-2 铁网企业环境行为实践逻辑图

总而言之，从案例中铁网企业环境行为实践过程来说，企业的环境行为因外部驱动机制作用而进行积极调整和转变，同时，其环境行为决策和实践均是在保生存、求发展的目标指引下进行的。整体而言，企业的决策既考虑环境政策规制要求，又需保障企业的生存和发展，最终其所呈现的环境行为是在二者之间寻找契合自身特征的平衡点。这是铁网企业能动地调整环境行为，以适应环境行为规制的集中体现，也是其环境行为演化的内在实践逻辑。补充说明的是，由于企业的生存和发展与环保升级改造在目标上存在对立，这在一定程度上影响了环境政策的规制效果。

第五章 企业绿色转型的阶段性进展

本章将基于前文的分析，进一步呈现铁网企业环境行为绿色转型的阶段性进展，并探讨其发展方向，也就是尝试回答第三个研究问题：农村小微企业“绿色转型有何进展”。

第一节
铁网企业环保整改结果

总体来说，铁网企业环境行为转变的实践过程，既使其环境意识改观，也带来了其环境行为的积极变化，同时，在很大程度上改善了高、李两镇初期的工业污染防治效果。但是，客观上还存在污染治理不达标、不彻底、不全面等问题，这与预期的绿色转型目标仍有距离。

一、企业环境意识改观

在铁网加工业升级改造前，企业主在整体上是缺乏进行环保整改的责任感和积极性的。同时，其环境意识较为矛盾，一方面，他们认识到企业的不当排污行为造成了当地空气质量下降、水污染的后果，并认为进行及时治理是必要的；另一方面，他们表示政府应当负责推进所有企业的污染防治，因为单个企业的环保自律对整体环境的改善帮助不大，而且，自律带来的高环保成本可能会将企业引向市场竞争的不利地位。在经历能源替代、污水处理升级后，企业主的环境意识至少在以下几个方面有所改观。

(1) 企业主认识到环保升级改造兼具利弊，企业应当在新的环境下发挥主观能动性，将弊转化成利。从高、李两镇铁网企业环保整改的实践来看，企业最大的整改压力在于前期环保基础设施建设和设备升级所需的成本投入，因为：一是，这部分资金是企业的净支出，不会给企业带来直接经济回报；二是，单就污水处理升级改造来说，前期环保投入从数十万元至数百万元不等，对于流动资金较紧凑、资金实力有限，而又缺乏金融机构资金支持的小微企业来说，这是一笔不小的资金压力；三是，由于近年来国内铁网产品销售在国际市场走低，企业担心进行环保投入后，行业前景不见好转，那么这部分投入将加剧企业的运营困难。

同时，因停产整改直接带给企业的客户、原材料、订单等损失，也增加了企业的生存压力。当然，在环保整改后，相对于环保滞后地区的企业来说，高、李两镇铁网企业的生产成本显著增加，导致其处于不利的同业竞争地位，这也是企业在进行环境行为决策时的顾虑所在。受访企业主顾先生就此谈了他的看法。

现在定州是在加强环保工作，周边县市、省也需要同步做这件事，如果不同步做这件事，定州的企业就死了。一个是煤改气，石家庄、唐山那边的企业都没有改，这1吨铁丝的生产成本就差80块，再加上这污水处理成本也要100多，这两项就高出200块成本。再有，你用了处理设备，总得用人来管理吧，俺们用第三方服务，将来污水处理厂还要收费，那么，加上第三方服务费和污水处理厂的收费，1吨铁丝的加工成本预计要增加近300块。如果周边的企业都不做这个事(指环保改造)，咱们自己就死了呀，因为企业们根本不在同一个起跑线上，像(镀锌)铁丝1吨就挣个几十块钱。如果周边(企业环保整)改了，咱们还能同步竞争。

(2017年3月24日，访谈高镇奇村企业主顾先生的资料)

尽管环保升级改造带给企业一定的运营压力和负担，但是，在能源替代和污水处理升级后，企业主发现了环保先行的潜在优势。其一，环保停产限制减少。在重污染天气应急预案二级预警下，当晋州、深州、安平等地同业企业因未进行能源替代而被强制停产时，高、李两镇的铁网企业仍可继续生产。这在一定程度上增加了环保企业的生产稳定性，同时，激励企业主动抵制外部污染生产线的转入，确保环保升级改造的进展。

其二，提高生产效率和技术、研发新产品成为可能。比如，在上一章提到，在使用天然气和电能后，由于锅炉温度相对稳定、可控，企业能在此生产条件下，尝试进行技术延伸、拓展产品类型，或进一步提高生产效率和产品品质。这对于依托低成本战略在国际市场占据一席之地的铁网企业来说，意味着获得新的增长突破和市场机会的可能。据煤改气的企业主刘先生称，以前燃煤时，企业即便有心思钻研产品，也不具备改进生产的基础条件，没办法实现。不过，这种潜在的市场机会需要企业主充分发挥自身的能动性和积极性，着力提升企业的技术水平才能产生实效。

(2) 企业对环保问题的关注度显著提高。随着生态文明建设进程的推进，在中央、省政府对基层政府环境治理督察、巡察力度和频率不断加强，基层政府面临日渐增大的环境治理压力。定州市政府通过积极推进涉污企业环保整改，提升环境治理效果的方式来缓解这一压力。铁网企业在环保升级改造过程中，意识到对企业排污的治理是国家自上而下推动的绿色发展大趋势，如果企业想继续在当地维持正常生产状态，必须承担相应的环境责任，短暂的转移或逃避并不能解决问题。

同时，企业主发现，获得环保合法认证已经成为企业竞争力的重要组成部分。因为在政府主导的环境政策规制下，环保不合法的企业难以获得维系运营所需要的生产机会，而这直接影响了企业竞争力的发挥和提升。正如受访企业主郑先生所言："企业的生产环保是一条硬坎，过不了环保这条硬坎，你是干不下去的。”（2017 年 3 月 18 日）。因此，为了更好地实现企业正常、持续生产，企业主的环保政策风险意识和对环保问题的关注度均得以提升。

（3）环保压力逐渐成为企业的环保优越感。由于定州的烧煤企业先于河北省其他地区进行能源替代，定州市因环保工作表现突出连续三年被评为河北省的环保先进单位，且是河北省唯一未被扣缴生态补偿金的县市。这使企业的环保合法性进一步增强，由此，企业从过去对煤改气或电感到有压力和抗拒，变成感到自豪和优越。此外，经过铁网加工业近几年的环保整改，高、李两镇铁网企业主对国家环保法律、政策的了解得到提升，而且企业主对其所排放的污染物的环境影响、治理过程和结果等的了解更为全面、深入。从这方面看，政府在推进铁网企业环保实践的同时，也增进了企业的环境知识积累。

总而言之，铁网企业环境行为转变带来的环境意识的改观所体现的是，企业环境行为实践在意识层面重塑企业对其生产过程与环境的关系的认知，即企业认识到在保障生存、追求发展的思考和行动中，需要全面考量其可能带来的环境影响和受到的环境政策规制。

二、企业环境行为变化

大体而言，在基层政府采取自上而下的环境规制前，铁网企业中规模相对较大、运营良好、且市场预期好的企业，大多配合政府进行基础性污染防治。在强制停产整改期间，这些企业基本未改变曾经的环境行为方向，仍选择积极型或被迫型环境行为。但是，对于成立时间相对短（五年内）、规模相对小、且运营尚不稳定的企业来说，其需要适度调整环境行为策略以适应政府的自上而下的环境规制。具言之，铁网企业环境行为有如下转变。

（1）环保整改实践使部分企业将运营重点转向环境压力相对较小的加工工艺和业务。高、李两镇铁网企业属于农村传统工业中的小型、微型企业，相对于城市大型企业而言，突出的特点是规模小、资金少、抗风险能力弱。这也是铁网加工业环保升级改造面临较大阻力的原因。因为对部分环保成本承受能力弱的企业而言，环保压力在一定程度上意味着“压死骆驼的最后一根稻草”。根据田野观察，这类企业选择了对环境无负面影响的回避策略。

在上一章中提到间接型企业环境行为，即环保意愿相对较高，但承担环境责任能力有限的企业，会选择收缩加工工艺和生产线，将运营重点渐渐转向环保压力小或几乎无负面环境影响的织网或铁网商贸等业务。尽管这会使企业削减利润增长点，压缩业务提升空间，但是，企业的环保投入压力也大为减少。这在一定程度上也保障了企业在铁网加工业的生存和发展机会。受访企业主王先生就是这一行动的实践者。

早二年，我也做镀锌丝，后来我发现政府对环保这一块管得越来越严。你也去过其他厂子，我这厂子在附近是小规模的，本来咱这是薄利多销的行业，靠的就是加工规模。早前我这盈利就少，加上环保方面的压力，（经营）就更难了。所以，干脆我就放弃了镀锌线，只保留了织网。

现在，我这企业专门做织网加工，不烧煤、不烧天然气，只用电，也不排放废水，就是一个纯绿色企业。环保方面，我没啥好担心的，我的环保手续也好办，因为我这没排放啥污染。刚开始利润是小点，但是，慢慢市场打开了，我相信会更好。

（2017 年 1 月 16 日，访谈李镇留村企业主王先生的资料）

可见，在政府主导的环境规制下，铁网企业调整业务范围的应对策略，在一定程度上加速推进了铁网产业集群的内部分化。铁网产业加速分化的趋势还体现在选择规避型环境行为策略的企业中。政府推动的自上而下的环境管理，促使部分无力承担环保责任，亦难以通过缩减业务或转向其他环保压力小的经营项目等方式适应环境规制的企业，选择偷排偷放、转移到环保相对滞后地区生产，或陷入经营危机，面临破产。就此而言，环境政策变革影响了铁网企业的业态发展，加快了产业优化速度。

(2) 在应对环保事件和生产危机过程中，企业习得通过行业协会作为中介处理危机事件、争取缓冲期、规模化环保成本的方法。如上文所言，企业通过自发组织成立铁网行业协会，并通过协会向其他社会主体、经济主体传达企业的沟通意愿，最终实现保障企业个体生存和发展的机会。

比如，在铁网行业协会正式成立前，面对附近村民发起的环保上访事件，企业主就开始组成非正式企业代表队伍，与村民、政府就水污染情况进行协商，并取得较好的沟通效果。在铁网加工业生产危机触发后，企业主很快自发组建了正式的铁网行业协会，并就争取环保整改过渡期与政府达成共识。同时，在升级改造过程中，协会又积极组织企业赴外地考察环保设备、原料市场，并以团购的形式为企业节省一定的环保成本。行业协会在整个生产危机解除实践中，既代表铁网行业与政府、第三方环保机构就具体整改规划进行沟通，又代表政府、第三方环保机构将环保整改要求和目标传达给会员企业。

高、李两镇铁网企业的实践表明，这种以行业协会为中介的政企协作和企业间合作，对推进产业集聚区的环保升级改造产生了积极影响。恰如行业协会会长所言，越来越多的铁网企业看到了协会的“好处”，在环保整改前后，更多的企业主动申请加入行业协会。这从微观实践角度说明，行业协会参与环境治理具有积极作用。

三、污染防治效果改善

客观地说，铁网企业污染防治整改是取得了一定成效的。首先，能源替代从空气污染源头上减少了污染物的排放，对于空气质量的改善有积极作用。其次，污水处理升级在末端提高了处理效果，降低了工业废水造成水污染的风险。但是，值得注意的是，铁网加工业集聚区的环保整改仍存在不达标、不彻底、不全面等问题。

（一）李镇铁网企业污水处理不达标

由于李镇采取“污水处理站＋生活污水处理厂”两步走方案，企业在对工业废水进行初步处理，并在达到生活污水处理厂入水口标准后，需集中排送至污水处理厂进行最终处理。生活污水处理厂为接纳企业排送的工业废水，需要在原有基础建设完成的基础上，再增加一个应急池和调节池，前者用于暂存工业废水，后者用于对超标工业废水进一步处理，以确保其不会因污染成分超标而造成污水处理厂的活性污泥被破坏。如前所述，由于政府与污水处理厂改建工程承建商，对改建工程资金预算未达成共识，以致调节池建设暂停。这直接导致生活污水处理厂整体项目无法获得环保验收，同时，也不能接收李镇企业的废水。所以，事实上，李镇铁网企业污水处理整改停留在“污水处理站”初步处理阶段，而未能实现集中后的彻底处理。

由于导致李镇整改方案的停滞不前，主要与政府与污水处理厂工程承建商之间的资金协商相关，因此，李镇的镀锌企业在非环保督察和检查时期又恢复生产。在此期间，工厂产生的废水只能暂存在污水处理站进行初步处理。但是，工厂的污水处理站存储容量是有限的，随着工厂恢复生产，如果生活污水处理厂一直不能接收工厂的废水，工厂污水处理站的废水会达到并超过其存储上限，那么，新增的废水如何处理？初步处理后的废水排向哪？这些问题并未得到企业主、污水处理厂、环保局和乡镇政府的正面回应。

不过，2018 年 2 月，生活污水处理厂向定州市环保局提交了一份“关于停止设备调试的报告”。根据这份报告，污水处理厂称“自 2017 年 11 月开始设备调试至今，由于当地政府无法解决其排水去向问题，该污水处理厂已决定停止设备调试，停止外排水，并关闭进出水在线 COD 氨氮设备”。从这份陈情报告可以看出，李镇污水处理厂仍处于未被验收、未能正常运行的状态，李镇铁网企业的污水处理整改并未按计划完成。因此，李镇污水处理不达标的问题，并未彻底解决。

（二）铁网加工业污染防治不彻底

在当前国家环保高压下，笔者发现有关地方污染防治情况的问题，不论是对企业，还是对基层政府而言，都是一个敏感的话题。因此，有关环保问题是否存在的真相，笔者无法直接从访谈对象的回答中获得肯定、准确的答案，而只能间接地从受访者对相关内容的解释或陈述中，对比前后逻辑矛盾，以瞥见其中端倪。铁网企业污染防治不彻底的客观情况，就是在这一过程中发现的。一方面，当地政府与企业主均宣称污染治理已达标，不存在环保不合法的问题；另一方面，在定州市接受上级政府环保检查或督察期间，企业仍被要求停产。受访者对事实的陈述与他们的行为之间存在明显的矛盾，而他们对此的解释则推翻了他们的陈述。比如，高镇政府工作人员和环保局工作人员对在上级检查时要求企业停产的说明，就印证了这一点。

经过这五六年的整改，企业已经没有其他污染了。但企业仍有停产的时候，因为毕竟现在企业刚刚步入正轨，如果在国家环保监测的过程中，没准，或多或少会出点儿纰漏，所以说为了保护企业，在一些大的检查的情况下，让企业停产，一般情况下是不停产的。但是，最终目标还是真正解决环保问题。

随着进一步的规范和长期的运营，我感觉铁网行业以后如果再有大的环保检查，只要是环保问题彻底处理了，那么企业就应该正常生产。前期主要是，毕竟是在初级阶段，在污水处理过程中，或多或少会有些小问题，咱们不能因小失大，作为企业来说，他们也能接受特殊情况下的停产。

（2017 年 9 月 14 日，访谈高镇工作人员成先生的资料）

2016 年初企业停产，是基层政府的要求，因为有些领导也是怕企业查出问题，不好交代。比方说，上面来检查了，有些厂子是已经停产了的，可能是为了检查工作的成绩，以体现出检查多少家企业、查出多少个问题，对于停产的企业发现了问题，我们也是要逐条进行回复。比如，他们在检查问题清单里提出：该企业未生产。我的回复是：因为没有订单。

（2017 年 9 月 12 日，访谈环保局工作人员李先生的资料）

正是由于涉污企业的污染防治仍存在问题，所以，在上级政府到地方进行环保检查时，少数基层政府强制所有企业停产，其目的既是为了“保护企业”，同样也是基层政府自我保护的方式。这从侧面说明，全面推进企业环保整改，使涉污企业完全褪去“黑色”转变成“绿色”是一项长期、持续的工作，就目前来说，铁网企业已朝这一方向迈进重要的一步，但是与预期目标仍有距离。

（三）铁网企业污染防治不全面

大部分企业在加工、生产过程中存在噪声污染的问题，通常企业通过厂房的物理阻挡降减工厂内的噪声。在这种情况下，一方面，工厂内的工人直接受到噪声影响[①]；另一方面，降减噪声的效果并未达标。笔者在调研期间，通过分贝测试仪软件，对工厂外围、作坊外围噪声进行测试，发现白天和夜间，工厂和作坊作业时的噪声平均都在 70 分贝以上[②]。根据《中华人民共和国环境噪声污染防治法》对工业企业各类厂界噪声标准值的规定，工业区昼间噪声标准值为 65 分贝，夜间为 55 分贝[③]。因此，工厂和作坊进行噪声污染防治是有必要的。

但是，噪声污染防治并非铁网加工业环保升级改造的内容。对铁网企业来说，在噪声污染治理方面既无外部强制压力（如政府整改要求、村民或居民控诉），也无内部治理需求（如工人提出该要求）。因此，企业并未对此采取实质性防治措施。当然，这或许是因为在农村环境中噪声污染的存在本身是较为普遍的现象，村（居）民对生活环境质量的要求还未包括噪声治理问题。

（四）异地污染生产线转入高、李两镇的铁网企业，带来新的污染源

由于定州市铁网企业开展环保整改的力度和速度均超过邻近其他地区，因此，高、李两镇铁网企业所受的环保约束相对较少（如在重污染天气应急预警机制中，只在污染更严重的情况下会被限产或停产）。当邻近地区政府对当地铁网企业采取强制停产的整改行动时，部分污染生产线就悄悄转移到高、李两镇的铁网企业中继续生产。这对于高、李两镇铁网企业来说，是一种污染异地转入的新现象，转入的生产线不需要承担污染治理成本，但可共享高、李两镇铁网企业环保升级后带来的继续生产机会。

据担任行业协会副会长的高镇企业主顾先生称，这种污染异地转入的现象已在高镇企业中初现苗头。为了维护高镇企业进行环保整改的成果，避免企业因新的污染源而被再次强制停产整改，他已联系乡镇政府和市环保局，决定对企业进行摸查，打击这种接纳异地污染生产线的行为。可见，虽然高、李两镇企业产生的污染在整改后相应减少，但是，异地污染的转入又增加了当地环境风险，也为基层政府的环保工作带来新的挑战。

---

① 根据笔者在铁网工厂和家庭作坊的观察，所有企业主、工人和作坊作业人员在工作期间均未佩戴防噪声设施。据受访者称，未发现噪声对听力造成明显的伤害，而且已习惯机械噪声，佩戴防护设备影响他们在工作时的交流，因此，他们认为没有必要进行噪声防护。

② 笔者利用分贝测试软件检测，在工厂和作坊作业时，厂区和作坊内的噪声平均值都在 90 分贝以上。

③ 资料来源于环境保护部门户网站，网址为：http://www.zhb.gov.cn/gzfw_13107/zcfg/fl/201605/t20160522_343372.shtml

第二节 铁网加工业绿色转型方向

铁网加工业集群经历了数十年的发展才得以初具规模，同样的，其绿色转型肯定也是一个漫长的过程。前文对铁网企业环保升级改造实践的分析已表明，企业与完全褪去“黑色”、完成绿色转型第一阶段的目标，尚有一定的距离。当然，铁网企业褪去“黑色”与染上“绿色”之间并无绝对的先后顺序，事实上，从田野的观察来看，定州市政府早在2009年已将铁网企业转化成“绿色”企业的规划（即铁网工业园区建设规划）写进工作报告。

如第四章中所述，铁网企业主对构建工业园区规划的态度是较为复杂的，既有支持方，也有质疑方；既有认同者，也有反对者。这表明以“政府主导、企业运作”模式为思路的铁网工业园区规划是一项颇为复杂的工程。但是，由于小微企业入园进行集中环保治理是未来乡镇政府规范涉污企业管理的趋势，因此，即便存在诸如资金、征地等困难，这仍是铁网企业绿色转型发展的大方向。

此外，从铁网企业当前的发展实践来看，已有个别企业尝试转行或转移到国外。尽管促使这些企业拓展新领域和探索新市场的原因，不完全是当地政府环保规制加强，更主要的是企业对铁网加工业市场行情预期走低和国内生产成本增加，但是，这是铁网企业主动尝试转型发展的重要方面。因此本书通过对工业园模式和产业转移进行分析，来探讨铁网企业绿色转型的发展方向。

一、工业园模式

根据多方受访者的介绍，经过定州市政府、乡镇政府与铁网企业对工业园规划的沟通，对该规划中所涉及的部分关键事项的商讨已取得初步进展。

（一）建设铁网工业园是推进铁网产业升级和绿色转型的方式

据定州市发改委工作人员介绍，在定州市“一区多园”规划中，经济开发区已申请成为河北省省级项目，配套建设的铁网工业园即在开发区项目规划中。由于铁网加工业目前存在资源消耗大、浪费严重，环保不好管理，生产方式落后等现实问题，一方面，为了彻底实现对铁网企业用水、用电、用气及其污染物排放的集中管理；另一方面，为了扶持农村传统工业转型发展，未来定州市政府将要求各生产企业进入工业园发展。由此，可以预见的是政府推动的铁网工业园将成为该产业转型发展的方向。

（二）铁网工业园将主要采取外部投资基建的方式建设

在以工业园规划为主题的政企座谈会上，李镇书记表示，通过前期的走访，了解到当地铁网企业可用于园区建设投资的闲散资金并不多，远不能满足工业园投资建设的需要，因此，乡镇与市政府沟通后决定园区的建设将采用“PPP”模式①，利用外部资金进行工业园基础设施建设（其中将包括水、电、道路、绿化、厂房、污水处理设施等）。园区基础设施使用方式的商榷沟通环节，将由铁网企业直接与外部投资商对接。据李镇镇长称，已有两家大型企业参与到工业园投资洽谈中。

（三）企业可灵活选择租用、购买或自建厂房的方式入园

由于铁网企业间的规模差距较大，如果要求所有企业均采取自建或购买厂房的方式入园，那么，一部分企业会因难以承担厂房投入支出而无法入园。同时，铁网企业各家加工工艺不同，各家企业对厂房建设的具体要求有显著差异，统一建设标准化厂房，让企业以租用的方式入园，并不能满足企业对厂房的个性化需求。因此，定州市政府和两乡镇政府认为，允许企业自主、灵活选择园区厂房使用方式的方案更切合实际。

（四）政府将为园区企业争取外部科技、资金等支持

在对园区企业提供科技支持方面，考虑到铁网企业技术低、设备落后、研发缺失等现实情况，李镇镇长曾让笔者帮助联络北京科技大学，希望通过高校科研力量为铁网企业提供相关技术指导或者合作开发新产品。

由于绝大部分铁网工厂是通过租用村民的土地建设的，企业的厂房用地未办理土地使用证，因此，无法以厂房作为抵押向银行申请贷款支持。同时，铁网加工业面临环保风险，金融机构现已收紧对该行业的资金投放。李镇镇长称，待企业入园后，未来可

---

① PPP是Public-Private-Partnership的缩写，指政府（Public）与私人（Private）之间，基于提供产品和服务为出发点，达成特许权协议，形成“利益共享、风险共担、全程合作”的伙伴合作关系。PPP优势在于使合作各方达到比单独行动预期更为有利的结果：政府的财政支出更少，企业的投资风险更轻。（资料来源于百度百科检索“PPP”的结果。）

获得政府提供的信用证保障，解决过去因缺乏担保、抵押而难以申请贷款的融资问题。据农商银行工作人员吕女士表示，园区企业不再面临环保风险，金融机构也会重新考虑增加对其提供的资金支持。

（五）关于工业园区建设用地规划

定州市发改委工作人员表示，为提高土地集约利用效率，计划在距离铁网加工业集聚区不远，且工厂、居民楼较少的东南面规划一片园区建设用地。他提到如果在铁网企业现有集聚区进行园区改建，那么，涉及众多居民楼、工厂厂房等建筑物的拆迁，沟通成本和征地费用远高于另辟新址；此外，如果开发沙河河道两边的沙荒地作为园区用地，不仅涉及高额的填埋沙坑、平整地基的成本，而且，将来如果沙河通水，园区污水处理将存在污染河水的风险。因故，定州市政府当前的初步规划是，就近规划新的园区用地。

综上所述，构想中的铁网工业园是在高、李两镇东南面重新规划建设，园区将进驻由定州市发改、税务、环保等政府部门组成的管理委员会。入园企业的生产、税务、环保等过程将在园区管理委员会的监管下进行，因此，园区企业有望实现环保合规，并不再面临因治污不达标而强制停产的风险。此外，在科技、资金方面，入园企业会得到政府允诺的高校科研团队和金融机构等第三方的支持。在李镇的全国重点镇宣传册上，对未来铁网工业园规划的具体描述如下。

李镇拟规划 2 000 亩土地打造铁网工业园区，完备基础设施建设，建立健全园区管委会，实行统一规划、统一管理、统一运营，坚持绿色发展坚定走生产发展、生活富裕、生态良好的文明发展道路，打造一个配套设施齐全、功能完备、环境优美、服务优质的现代化工业园区。

（2017 年全国重点镇：李镇宣传册，第 22 页）

但是，受访铁网企业主站在各自的角度，对铁网工业园建设规划的商讨进展，持有不同看法。

(1) 企业主认为，入园后会在多个方面增加企业的运营成本。一方面，工业园的投资商需要投资回报，而这部分回报直接从入园企业中收取，这是入园企业承担的入园成本；另一方面，园区管理统一化，企业入园后各类成本（如用地成本、环保成本、管理成本等）汇集，相比企业各自分散在园区外负担的成本更重。因此，企业主认为高成本会导致：一是，部分企业难以进入工业园；二是，部分企业进入后难以运营下去。受访企业主郑先生列举定州市已建成的另一工业园对此进行说明。

它们那边（工业园）也是搞那种小厂房模式，有的（业主）是租厂房，有的是买，但是，有好多老百姓（指经营废旧塑料加工的业主）不愿意去，为什么呢？它们原来是在自家小院收集废旧塑料，清洗之后，进行粉碎，最后，进行残渣分离，再利用。现在让它们聚集在工业园区集中管理，老百姓考虑到利润，并不愿意接受政府那种管理。所以，它们那只是很小的一部分企业去了工业园区，因为老百姓们进了园区之后，经济上面临一定的困难。

咱们这的企业原来都是自发建设、发展的，如要集中到工业园，会对很多企业造成一定难度，它们进不去，因为没有那么多钱呀。所以，我跟镇长建议，一定要将工业园的标准放开，让能进的企业都进去。不要设置太高的进入门槛，你的目的应该是让它们能进去，而不是不让它们进去。

（2017 年 4 月 12 日，访谈高镇奇村企业主郑先生的资料）

（2）企业主对园区配套提供的科研和资金支持并不看好。关于高校为入园企业提供科研支持，企业主认为铁网加工业的总体规模太小，难以与高校科研团队的技术支持力量匹配，即若高校有研发高端的技术、产品的项目，企业没有这个投资实力投入研发，而且，农村人力资源有限，难以支撑企业将高科技成果付诸实践。关于入园企业获取金融机构融资，企业主认为申请银行贷款程序繁琐、周期长、成本高，难以满足企业急用钱的需求。如下为高、李两镇两位受访企业主对此的观点陈述。

主要是科研院所的技术支持太贵了，毕竟咱们这种小微企业规模太小了。从行业、区域、产值来说，咱们在镇上还有一定影响力，说实在的，镇上也没别的产业。当然，如果有好的产品，倒是可以让我们来尝试生产，或者有技术能改进我们的生产设备，也很好，但是，如果让我们投资进行研发，肯定是很难的。

（2017 年 4 月 24 日，访谈高镇奇村企业主何先生的资料）

银行贷款的申请手续非常麻烦，他也不救急，急用的时候他给不了你。不是你想要他就能给你的，有的贷款从申请到放贷要一年时间。所以，企业们通常先会想到找民间借款，民间借款它很简单，没这事，没那事的，你去银行申请贷款，提交好多材料，最后还可能给不了你。银行要求抵押、担保，如果企业没有资产抵押，可以找担保公司，可是加上担保公司收取的费用，银行贷款利息比民间还高了。

（2017 年 4 月 10 日，访谈李镇留村企业主陈先生的资料）

（3）企业主并不支持园区用地规划。他们认为园区开辟新址，意味着所有企业面临厂址搬迁，现有基础建设将被拆除。如此一来，企业入园不仅损失既有厂房建设投资，而且还新增一笔园区厂房设施投入。企业主们认为，征用新址建设园区是一种资源浪费，既不经济，也不合理。

此外，企业主认为园区项目尚处于规划阶段，具体实践情况如何还难以完全确定。

因为自铁网工业园规划提出至今已八年，园区的建成势必需要更长时间，根据他们的实践观察，基层政府领导的调整会直接影响项目的延续性，因此，最终铁网工业园将在什么时候建成，以及将按哪种规划具体建设，目前还难有定论。

二、产业转移

在政府主导的环境政策规制下，整体而言，铁网企业选择依照政府环保升级改造要求，完成污染防治任务，获得继续生产的机会。与此同时，也有个别企业尝试通过转向国外加工或转投其他行业，以探索新的发展机遇和可能性。

（一）尝试向国外转移

在前文提到，由于国内劳工成本、原料价格、环保压力等多方面原因，导致东南亚国家的铁网同业已挤占高、李两镇铁网企业在市场上的低价格优势。据受访企业主郑先生称，考虑到中国生产成本的增加，与之合作的好几家外资企业已将工厂转移到泰国、缅甸。事实上，在李镇也有企业主尝试去国外经营。

（1）这位企业主决定去国外经营不仅是因为市场利润吸引力大，而且是因为他有当地的人脉保障。自 1998 年开始，于先生在李镇与亲戚合伙加工丝网；2011 年，他从合伙企业中分离出来，专营丝网贸易。在商贸过程中，他结识了河北省衡水市一名在刚果经营面包店的朋友。由于这位朋友的弟弟在刚果有过硬的“关系”①，他确信在当地办理经营手续非常便利，而且人身财产安全和经营安全都会有较好的保障。因此，2013 年，于先生去刚果进行市场考察，认为去刚果做生意利润可观，比如，国内 1 吨钉子卖几千元，在刚果可卖上万元。综合考虑后，于先生决定去刚果经营建材贸易，如销售门、地板砖、卫浴等。

（2）在刚果经营了近四年后，于先生选择回到李镇继续丝网加工和经贸。关于从刚果回国的原因，他提到了三点，分别是语言障碍、安全问题、贸易风险。于先生的具体陈述如下。

我回来就是因为，你看，第一，他们那边讲法语，咱们语言不通，要学好语言至少得一年以上。你看我这都是抄写的法语，我得自学一些。因为你请的翻译只在店里，不跟你出门送货的，所以，一些简单的用语是需要掌握的。咱们最开始，只好连比划带

① 据于先生介绍，最早中国的每个省都派出医疗队对口支持非洲国家，河北省正好援助刚果。那时候，刚好是衡水的医疗队去刚果首都。后来，这位面包店主的弟弟辞了职，在刚果做起了建材生意，并慢慢组织河北的亲友去刚果帮忙，因此，在刚果驻扎了一批河北的商人。

说，进行交流。第二，时刻进行人身安全防范，像咱们保险柜里多少会放点美元备着，因为万一有人拿着枪过来抢，多少要让他得点钱，不然人就危险了。第三，不熟悉他们那的环境，做起生意来风险不好控制。当时决定回国也比较矛盾，贸易刚刚稳定点，不过，他们那是民主国家，正好碰上大选，到处是游行队伍，我们没法做生意。

（2017 年 3 月 26 日，访谈李镇留村企业主于先生的资料）

（3）基于在刚果经营的经历，于先生认为将铁网加工转移到国外并不合适。究其原因，他认为虽然国外劳工成本、用地成本、生产成本等远低于国内，但是，国外经济相对落后，不具备铁网加工所需要的支撑条件。

在咱们这，真正尝试去国外开工厂的企业几乎没有，因为真的太不容易了。非洲那些国家的基础设施太差了，车床、机械配件之类的都没有，如果机械坏了，咱们总不能从中国运输过去吧？咱们这距离非洲太远了，我要个货，要提前 4 个月预订，才能收到货呢。所以，真正去那开工厂不太现实。

（2017 年 3 月 26 日，访谈李镇留村企业主于先生的资料）

从于先生的国外经营经历来说，虽然国外有很低的生产成本和很高的利润空间，但是，非洲、东南亚地区国家的基础建设相对落后，这在很大程度上局限了企业的生产和发展。同时，国外人身财产安全、国际语言、文化环境差异等也是欲将工厂转移到国外的企业不得不谨慎考虑的关键问题。因此，可以确定的是，在近期来说，铁网企业转向国外的意愿并不强。

（二）尝试转向新的行业

据多位知情的受访企业主介绍，高、李两镇曾经最大的铁网企业已于近几年尝试涉足房地产、小额贷款行业。该企业规模大、资金充裕、投资实力强，据称已在多地投资房地产项目，并在高、李两镇开办了一家小额信贷公司。该企业的铁网加工业务已交由企业主的儿子负责，工厂的经营虽无显著增长，但从规模来看，依旧是两镇屈指可数的大企业之一。不过，据悉，该企业在房地产投资的项目受宏观市场行情影响，进展并不顺利，同时，镇上的小贷公司也未见起色。

对此，受访企业主们认为，向新行业转移是一项风险很大的经营决策。一方面，在当前的市场环境下，各行各业的竞争都很激烈，寻找一个进入门槛低又轻松盈利的行业非常难。另一方面，各个行业的经营方式和关注重点差异很大，通常进入一个陌生的行业，至少需要三至五年的时间熟悉市场情况。在这三至五年里，企业几乎都是在进行资金投入，而难以获得利润。对普通规模的企业来说，转向全新的产业或行业，并能获得市场空间的机会是很小的，而且，即便有，这个过程也会非常艰难。再者，虽然当前铁网加工业面临环保压力和市场低谷，但是，企业尚有利润空间，而且企业主们大多在这个行业经营了十几年，甚至几十年，对这个产业和市场都非常熟悉，出现危机或风险时，大家可一起想办法解决。基于以上三点考虑，大部分受访铁网企业主表示，他们暂不考虑向新的行业转移。

由此可知，从铁网加工业转向新的行业，不仅需要企业有一定投资实力和风险承受能力、运营经验，而且还要有放弃铁网加工业既有发展机会的决心和魄力。但是，这几项条件，对于大多数铁网企业来说，都难以齐备，因此，未来铁网企业向其他行业转移的可能性并不大。

第六章 结论与讨论

前文沿着“铁网企业为何要绿色转型？如何开展绿色转型？其绿色转型有何进展？”这一问题脉络，具体呈现了在国家推动的绿色发展大趋势下，政府主导的、自上而下的环境政策驱动农村铁网企业环境行为转向绿色的过程。在该过程中，企业以保生存、求发展的需求为指引，能动地调整环境行为，在环保升级改造达标和企业生存之间寻求平衡，由此构建小生境，这是铁网加工业绿色转型的阶段性进展，与绿色转型最终目标还有一定距离。

第一节
农村小微企业环境行为的影响机制

一、政府主导的环境政策的有效性和局限性

本研究认为,在国家推动的绿色发展大趋势下,政府主导的、自上而下的环境政策,改变了农村小微企业所处的社会情境和市场环境,并通过社会主体(基层政府、行业协会、社会公众)和市场主体(金融机构、市场同业)将其对企业环境行为转变的驱动作用以多元压力的形式呈现,从而有效推进农村小微企业绿色转型。从环保升级改造结果来说,本研究观察到铁网企业环境意识和环境行为均有积极转变,污染防治效果有显著提升,这表明政府主导的环境政策产生了正向环境效应,对农村小微企业环境行为规制有积极作用。但是,铁网产业仍存在治理不达标、不全面、不彻底等环保问题。这表明,政府主导的环境政策的规制作用是有限的,仅通过环境政策变革难以完全实现推动农村小微企业环境行为绿色转型的目标。就此而言,本研究从实践层面说明了社会转型理论范式提出的,通过促进环境管理制度化,强化环境规制力度解决转型期环境污染问题的观点的合理性和局限性。

基于本研究的观察,制约政府主导的环境政策效果的原因主要有两个:一是,在农村小微企业环境行为的外部驱动机制中存在一定程度的反向激励,这是当前研究实践和社会转型理论尚未论及的。具体表现为:首先,各地环境政策执行进度差异导致率先进行环保升级改造的企业陷入不利的市场竞争,同时,环境政策的不稳定性、非持续性促使部分铁网企业心存侥幸采取非法排污行为。此外,考虑到铁网产业的社会经济贡献,基层政府默许污水治理尚未验收达标的企业进入间断性停产状态,这进一步促使个别企业转向非绿色环境行为。其次,由于市场环境中绿色金融政策的推进,金融机构减少对铁网企业的信贷支持,对难以通过自有资金或自筹资金负担环保升级改造成本投入的企业形成反向激励。此外,各地区的环保整改进展不均衡,在铁网企业环保升级改造期间,同业竞争者抢占市场对其发展构成威胁;在环保升级改造后,增加的

环保成本影响企业竞争力,这均在一定程度上驱使部分铁网企业抗拒或迟疑率先采取环保升级整改。

换言之,由于部分传导环境政策正向驱动作用的外部主体(如基层政府、金融机构、市场同业)对企业环境行为的驱动力具有双向性,即随着铁网产业环保升级改造的推进,其作用方向会发生变化,因此,在绿色发展的大趋势下,外部主体的反向驱动作用制约了环境政策的规制效果,农村工业污染状况未能彻底扭转。社会转型理论指出强化环境管理、促进环境政策变革对社会主体环境行为规制的重要性,本研究通过个案分析从微观层面提供了推进社会政策变革的研究支持,即在实践过程中,通过减少、消解或转变外部主体对企业环境行为的反向作用力,可进一步增强环境政策对企业环境行为转变的正向驱动。

二是,农村小微企业能动地追求生存发展机会与政府强制企业环保升级改造在目标上存在差异,这是环境政策面临的内在阻力。在本研究的案例中,铁网企业环境行为并非被动地依循环境政策规制,而是能动地开展行为决策和实践:其一,企业的思考和行为选择以保生存、求发展的需求为首要目标;其二,企业在实现环保达标和维持自身存续之间寻求平衡,构建有限的、狭窄的小生境。环境政策不仅无法阻止企业追求自身的生存和发展机会,而且这一需求在面临环保整改时,显得更为迫切。当政府主导的、自上而下的环境政策从外部触动了铁网企业的社会情境和市场环境时,其既有的经营模式难以为继,企业能动地调整环境行为,并通过组建行业协会、增进企业间合作、争取政府支持等方式,在实现环保达标和维持自身存续之间寻求平衡,以此来构建有限的、狭窄的生存和发展空间。简言之,农村小微企业在进行环境行为决策过程中始终以生存和发展为首要目标,这是环境政策面临的内在阻力,也是其局限性产生的另一重要原因。

社会转型理论认为通过增强环境保护制度化,引导、校正社会主体环境行为,改变普遍存在的短期性行为,最终解决转型期的环境问题,但是,其对社会主体能动性的忽视,约束了我们全面认识当前农村工业污染防治效果受限的现象。就此而言,本研究通过深入观察和分析企业生存发展需求对其环境行为的内在影响,提升了社会转型理论对环境政策局限性的阐释力。

从案例实践来看,企业能动调整环境行为的方向,随着环境政策与企业生存发展需求之间关系的变化而转变。一方面,当前者成为后者的必要条件,且未完全阻断实现后者的可能时,企业环境行为会朝着绿色方向靠近,比如,在第四章提到的积极型环境行为和被迫型环境行为即是企业在这一情境下选择的行为方式。另一方面,当企业无力通过满足环境规制要求而恢复生产时,企业环境行为会背离绿色方向,比如采取规避型环境行为。据此，从提升企业环境行为规制实践的角度来说，在政策层面纳入对企业生存发展需求的考量，在不降低规制标准的前提下，以提升企业环保能力为目标，在绿色转型过程中，充分调动企业能动性。这或将成为环境政策完善的新方向。

二、农村小微企业环境行为的差异性

农村小微企业数量多、内部差异大，在环境政策规制下，企业环境行为表现参差不齐。本研究中，百余家铁网企业在成立时间、规模、管理、工艺、经营状况、排污类型和数量等方面，均存在不同程度的异质性。因此，如前文所述，在环境规制下，每家企业所感知的来自社会主体和市场主体的驱动力是不同的，这决定了铁网企业环境行为类型的多样性。换言之，农村小微企业都处于政府的强制规制下，均抱持生存和发展的目标，但因其属性异质性(决定其环保能力)，企业面对的环保压力不同(影响其环保意愿)，最终表现出多元环境行为。

具体而言，经营妥当、有发展潜力、看好市场发展前景且相对规模较大、环保能力和环保意愿较强的企业倾向于采取偏绿色的积极型环境行为、被迫型环境行为，反之，运营困难、生存空间有限、不看好产业发展前景且相对规模小、环保能力和意愿均较弱的企业则更多表现出偏非绿色的规避型环境行为。补充说明的是，间接型环境行为是铁网企业放弃污染性加工工艺，积极回避环境规制的表现，这类行为直接减少污染物排放，且未直接产生负面环境影响，就此而言，其具有绿色环境行为的效果。

需要注意的是，由于农村小微企业内在异质性大，且其环境行为表现的多元化，对铁网企业环境行为进行统一的政策规制面临客观阻力。但是，企业环境行为背后依循统一的行为逻辑，即企业均是以保生存、求发展的需求为目标的能动地开展环境行为决策和实践的。因此，如上文所述，充分考量铁网企业生存发展需求对于提升企业环境行为规制效果和完善环境政策具有现实意义。

三、小生境:农村小微企业绿色转型的阶段性标志

(一)特定的时间和空间维度决定了小生境的“小”

小生境的“小”在在时间上表现为:一是不可持续，由于铁网加工业环保升级改造仍有不达标、不全面、不彻底等客观问题，随着国家环保体系完善、环保标准提升、环保规制从严，铁网加工业当前的环保势必需要进一步改进;二是不稳定和脆弱性，当环保成本增加，竞争压力增大，而研发能力尚不足以支持铁网加工业发展新的增长点时，该

产业的市场环境极有可能产生新的变化。在空间上，一是利润空间缩小，由于铁网加工业利润薄，盈利空间有限，同时，其环保成本增加，人工成本提升，盈利空间被挤压；二是市场空间减少，在国际市场上，东南亚地区人工成本相对更低，且环保压力相对小，所以，同类企业以更低价产品挤占其市场。

（二）小生境的存在依赖于一系列约束条件

农村小微企业所创建的小生境有其支持前提，主要包括：一是政府主导的环境政策对企业环境行为的规制从严；二是乡镇政府出于对镇域社会稳定、经济发展和环境绩效考核的考虑，在向上级政府争取铁网加工业的生存和发展机会的同时，也着力推进企业环保升级改造；三是行业协会从铁网产业整体长远发展出发，对企业环境行为形成内部约束；四是从社会公众角度说，铁网产业是当地村民赖以为生的经济来源，绝大部分公众都希望铁网产业既环保又能持续生存；五是铁网企业能动地调整环境行为，获得恢复正常生产的许可，并提升经营效率，争取生存发展机会。综言之，小生境是铁网企业在国家管制下，乡镇支持下，行业约束下，公众企盼下，内部自觉作用下，构建的一种能动地适应当前环境规制的状态。

（三）小生境未来的发展尚难定论

小生境是铁网企业绿色转型的阶段性标志，这与预期的绿色转型目标是有差异的，当约束条件发生变化的时候，它就会产生变化。如果将铁网企业绿色转型比喻为在黑夜里朝着绿色发展方向行驶的车辆，那么，小生境类似于探照灯所照射到的空间，它随着车辆的前行会一直存在，但是，前方目之所及的范围始终限于探照灯照射的区域，区域之外将面临的情况尚不明确。就此来说，铁网企业的绿色转型或许可在探照灯的指引下持续朝着绿色目标驶进，或许在探照灯区域外突然出现悬崖峭壁阻断了前行之路。总之，目前来看，由于探照灯的范围是有限的，即小生境的可持续性受到内外约束，因此，铁网加工业的绿色发展之路充满了不确定性。究其原因，一是铁网企业能力所限（如规模小、利润薄、技术水平低、人力资本不足等），只能在当下创建暂时性的生存和发展空间，缺乏勾画长远绿色图景的内在条件；二是铁网企业极易受外部环境影响，而外部社会情境和市场环境处于持续、快速变化中（如政府规制从严、社会公众环保意识提升、国际市场下滑、同业竞争加剧等）。

从产业国际发展的角度来说，正如铁网产业最初是因成本优势，从欧美发达国家逐渐转移过来的，或许在将来它也会从中国转移到生产成本更低、环保相对落后、更有生存空间的国家或地区，那么，铁网企业的绿色转型或将成为铁网产业的国际转移。

如此而言，铁网企业为适应环境政策变革，而创建的小生境，是由当下特定的社会机制和市场机制支撑的暂时的、狭小的、不稳定的生存空间。

补充说明的是，铁网加工业的小生境是由单个铁网企业创建的小生境组成的，具体而言，铁网企业各自的小生境因其环境行为和自身属性不同而存在一定的内部差异。比如，个别铁网企业在能源替代过程中，选择进行煤改电，此后企业成为纯绿色企业，不再产生和排放对环境有负面影响的污染物，这些企业在能源替代方面实现了绿色转型的终极目标，就此来说其获得了能源整改上的持续性。与之相对，选择偷排偷放或煤改气的企业仍将在不同程度上面临政府进一步提升的能源升级整改规制，并无持续性或其处于相对持续状态。同样的，在空间上，由于铁网企业自身属性（如规模、工艺、产品品质、经营状况等）的差异，其各自在市场上所获得的竞争地位和发展空间也是有差异的。因此，小生境的特征、约束条件和发展趋势均是基于铁网加工业整体，而非个别铁网企业而言的。

四、社会转型理论视角下的农村小微企业绿色转型

本研究为社会转型理论提出的关于中国环境治理路径的宏观分析提供了微观经验研究支持，尤其是通过个案观察和分析说明了调整环境政策促进环境保护制度化等观点的合理性，及其当前存在的局限性。本研究的发现主要包括以下三点：一是政府主导的环境政策对农村小微企业环境行为转变的驱动作用是通过多个社会主体和市场主体传导实现的；二是农村小微企业能动地在环境友好行为和环境污染行为两个极端之间进行环境行为调适，并在环保与自身发展之间寻求平衡构建小生境，以此适应当前环境政策变革；三是多主体的反向驱动与企业生存和发展的内在需求制约了政府主导的环境政策的规制效果。图 6.1-1 集中呈现了本研究的主要发现。

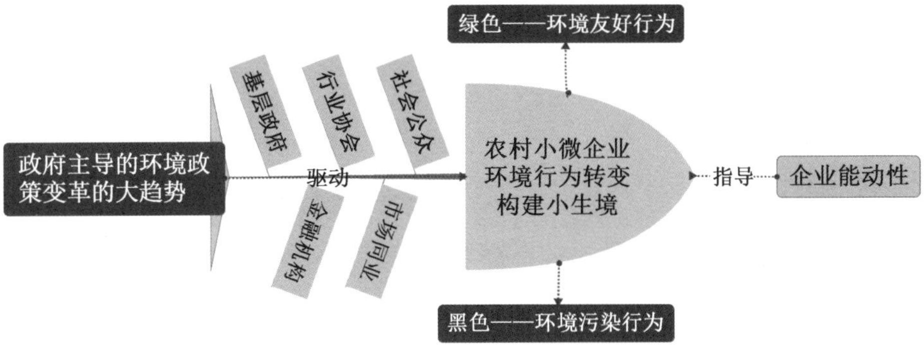

图 6.1-1　农村小微企业环境行为影响机制图

本研究对社会转型理论和企业环境行为研究的贡献主要有：一是尝试将宏观、整体性理论与微观、具体实践观察结合，为社会转型理论提供微观层面的经验研究支持。本研究对农村小微企业绿色转型的观察和分析，从实践层面说明了调整环境政策，促进环境保护制度化等观点的合理性及其当前存在的局限性。二是提升社会转型理论对政府主导的环境政策下农村工业污染治理局限性的阐释力。将社会转型理论视角拓展至企业环境行为研究领域，延展了其理论视域，并通过呈现环境政策、企业能动性、企业环境行为及其影响因素之间的内在关联，增进其对当前农村小微企业污染问题仍普遍存在的阐释力。三是从社会转型理论视角提出改善转型期农村环境治理的针对性建议，提高了该理论的实践指导性。基于研究发现，本书认为通过将自上而下的环境政策变革与自上而下的企业发展需求相结合，构建有利于农村小微企业环境行为绿色发展的社会环境，是推进其绿色转型可持续的关键。

第二节 农村小微企业绿色转型的特点、局限与可持续性

一、农村小微企业及其绿色转型的特点

相对于城市大企业而言，农村小微企业作为一个类型整体具有“乡土性、生计主导性、环保能力弱、内部异质性”的特点，这决定了其环境行为影响机制和绿色转型路径的特殊性。

(1) 农村小微企业具有深厚的乡土根基，企业环保的内外压力较弱，因此，凸显了环境政策规制的重要性。农村小微企业中的从业人员绝大部分是相互熟识的乡里乡亲，这种在乡土情境中由多重角色整合而成的组织关系，决定了它难以通过规范、高效、现代化的管理规制发展成为城市大企业。同时，企业内部员工和外部公众均缺乏对其环境污染行为的监督，因此，来自管理层、员工或社区的绿色发展压力是城市大企业需要应对的(何劭玥，2017)，而农村小微企业则少有此顾虑，后者带来的环境污染问题更需要政府采取强有力的治理措施。

(2) 农村小微企业与农村居民生计息息相关，主导其生计问题的解决状况。从农村小微企业发展的历程来看，其最初是因应农村社会发展需要，为解决农民温饱问题、提供农村剩余劳动力就业、活跃农村经济而发展起来的，经过近半个世纪的发展，最终成长为超过农业，支撑农村居民生计的产业。农村小微企业与农村居民日常生活之间具有天然的紧密联系。当前，一方面农村小微企业的生存和发展需要农村居民为之提供人力、财力、智力等支持；另一方面，部分农村居民已不再从事农业劳动，而是转变成以经营小微企业或在小微工厂劳动为主业的人员，小微企业成为其家庭生计来源。因此，农村小微企业的环保升级改造和绿色转型是一个融合了农村环境问题、经济问题、社会问题的综合问题，它不仅与农村环境治理相关，而且直接影响着农村居民的生计。

此外，相对于城市大企业而言，就职于农村小微企业的农村居民缺乏进行生计替代的能力和条件，倘若企业因环保不达标被关停或被强制取缔，那么，虽然环境污染得

到控制，但是，以此为业的农村居民将失去赖以生存的收入来源，其可能难以负担家庭的子女教育、老人养老、家人医疗等生活开支，并因此陷入贫困。同时，与农村小微企业伴生的物流业、零售业、餐饮业、娱乐业等也可能面临衰落，农村经济或将因此萧条。正是出于农村小微企业具有经济社会功能的考虑，政府推进的自上而下的环境政策并未彻底关停环保升级不达标的企业，而是采取渐进地提升环保力度和标准，逐步推进农村小微企业实现绿色转型的方式。

(3) 农村小微企业规模小、利润薄，单个企业环保乏力，以行业协会为基础的企业间合作和政企协作是其绿色转型的方式。农村小微企业最突出的特点就是单个企业生产规模小，且属于盈利空间较小的产业，因此，单个企业难以独自承担环保成本，"上了环保设备，找死；不上环保设备，等死"的现象即说明了这一点。在案例中，铁网行业协会组织企业以集资共建、共治的方式缓解污水处理成本高的问题，这是铁网企业污水处理升级得以实现的关键。

农村小微企业的"小"在政企互动中集中体现在其"位卑言轻"上，即单个企业并无城市大企业所具有的与政府博弈的力量。因此，在污染治理升级过程中，铁网企业通过行业协会整合单个企业的力量，并以此获得与政府协同合作的机会。这种协作不同于"政企合谋或共谋"(聂辉华 等，2006；张俊 等，2014；张跃胜 等，2015)，其目标是寻求最大可能的兼顾企业的发展和污染处理的改善。就此而言，以铁网行业协会为沟通中介的政企协作在实践层面支持了社会转型理论提出的通过社会组织创新转型社会环境治理效果的观点。从案例的实践效果来看，铁网企业仍有生存发展空间，与此同时，污染治理升级取得阶段性进展，因此，基于行业协会的政企协作机制或许是农村小微企业绿色转型的新趋势。

(4) 如结论第二点所述，由于农村小微企业数量多，群体内部自身属性异质性大，尽管企业依循统一的行为逻辑，但是，这导致其环境行为呈现多元化。更进一步，环保能力和意愿相对强，能负担环保升级改造成本的企业，更倾向于采取偏向绿色的积极型或被迫型环境行为；而环保能力和意愿相对弱，难以承担环保整改支出的企业，则选择偷排偷放或异地转移等偏向黑色的规避型环境行为。而虽无环保能力，但是对环境规制政策有较高认同感，且预期政府环境政策会更严格的企业则往往呈现间接型环境行为，即企业放弃污染工艺，选择专注于非污染工艺或从事商贸。因此，在政府主导的环境政策规制下，由于铁网企业内部的异质性，其环境行为表现多元化，且不均衡地分散在绿色和非绿色区间中。

综言之，相对于城市大企业而言，农村小微企业作为一个企业类型，具有"乡土性、生计主导性、环保能力弱、内部异质性"的特征，这决定了其环境行为转变需要政府采取有力的规制；其绿色转型是渐进式的；其绿色转型路径表现为基于行业协会中介角色的企业合作和政企协作模式；同时，其环境行为不均衡地分散在绿色和非绿色区间中。

二、末端治理方式的局限及其适用性

在案例中，铁网企业的环保整改实践，提升了其环境意识和环境知识积累，并改善了污染治理效果，取得转型发展的阶段性进展。但同时，铁网加工业的环保升级仍存在不达标、不全面、不彻底等问题，比如由于李镇的污水处理厂改造遇到非企业所致的阻力，虽然企业被默许在非环保督察和检查时期恢复生产，但是，其污水处理并未完成整改达标任务。这表明在规制农村传统工业小微企业环境行为的实践中，末端治理方式有其局限性。一是在政府主导的末端治理方式中，企业缺少参与的能动性，同时，企业对政府的依赖性增加，在一定程度上局限了治理效率的提升和治理目标的实现。二是由于农村企业布局分散，政府对企业污染防治过程和结果的监督能力和力度直接影响末端治理规制的效果。三是如前文所述，在环保整改过程中，当持续性强制停产政策有可能危及铁网加工业生存时，地方政府会默许企业进入间断性停产状态，这使企业对政府的治理决心存疑，并使个别企业对非法排污心存侥幸。

与此同时，一项关于利用税收工具控制污染的研究表明，在环境税试点区域内的企业主要选择了末端治理而非清洁生产来实现减排，也就是说环境税可能不会激励企业在短期内采用清洁生产等创新技术（He Pan 等，2018）。这一研究结论对案例中铁网企业的环境行为实践也具有解释力。农村小微企业本身发展不稳定，其资金、技术和人员等条件不能支撑其进行长期的技术革新、产品研发投入，走发展模式绿色转型的路子。因此，农村小微企业环保先行难以带来“波特假说”所说的因环保投入产生的财务绩效增长。基于同样的原因，农村小微企业也难以沿袭生态现代化理论倡导的“双赢”方案①。

总而言之，对规模小、技术低、研发乏力、成本敏感、发展不稳定的铁网企业来说，通过末端治理达到环保规制要求，比通过研发清洁技术实现发展模式的绿色转型相对更契合，这体现了末端治理在推进农村小微企业污染防治和环保改造方面具有适用性。因此，需要在加强对企业环境行为监督的基础上进一步完善该制度，以减少其局限性带来的负面影响。

---

① 生态现代化理论提出，从政策、技术、市场等方面对社会经济环境进行改良，或许能推进企业和传统产业实现绿色发展和环境保护的“双赢”（马国栋，2014）。

三、深化社会系统变革与可持续的绿色转型

从农村小微企业(乡镇企业或民营企业)过去几十年的发展来看,其发展壮大不是源于某几项或某方面的政策变革,而是源于整个改革开放的大环境(孙立平,2018)。因此,在短期内,出台政府主导的环境政策对于解决农村小微企业环境污染问题是必要的。从长远来说,关键是要构建有利于农村小微企业绿色环境行为实践的正常社会环境。

在本研究中,政府主导的、自上而下的环境治理变革整体上加快推进了农村小微企业环境行为的绿色转变,但是,这一转型尚未达到农村小微企业绿色转型的最终目标。从社会转型理论范式来看,其关键在于环境治理变革只对企业构成自上而下的、被动调整的压力,而未形成自下而上的、主动转变的动力。换言之,农村小微企业绿色转型不可能仅依赖政府主导的、自上而下的强制性环境政策驱动来实现,而是需要基于环境保护和企业可持续发展的长远考虑,将自上而下的政策规制与自下而上的企业发展需求有机结合,促进管理机制、社会体制变革,构建有利于培育农村小微企业绿色环境行为能力的社会环境。

具体就本研究的农村小微企业环境行为规制而言,至少可从如下三个方面着手推动社会系统转变,以完善基层环境治理。

(一)提升行业协会的角色地位,加强其对企业绿色环境行为的引导

在个案中,行业协会在基层政企沟通过程中扮演重要的协调角色,通过促进行业协会组织化,提升其角色地位,加强行业协会对企业环境行为的积极引导,可进一步整合企业短期个体利益与行业长远整体利益,从而构成规制企业环境行为的、无形的行业内部约束力,促使企业加强环境行为自律。

(二)加强社会公众在基层环境治理过程中的参与性

进一步完善社会公众的舆论监督机制,从环境权益角度切入,培养农村居民的环境维权意识和维权行动,使农村居民切实参与到对污染企业的监督中。此外,第三方环保机构的专业监督力量应当纳入企业规划、建设、投产的全过程,以弥补社会公众在环境知识专业性方面的不足。非正式、非专业的社会舆论监督与正式、专业的第三方监察相结合,能确保企业更关注污染防治的效果,并消减企业逃避环境污染责任和惩罚的侥幸心理。

(三)培育绿色生产方式、生活方式

一方面,以绿色生产方式为目标的绿色市场能为企业提供具有吸引力的发展空

间，成为企业寻求清洁、低碳、绿色生产的内在动力；另一方面，绿色生活方式对绿色产品的消费需求进一步引导企业采取积极行动，加强污染治理，成为绿色企业，或研发绿色产品，开拓绿色市场。

综上，通过加强行业协会的引导、社会公众的参与，以及培育绿色生产方式、生活方式促进社会系统自身变革，从而促使农村小微企业积极地采取环境友好行为以寻求绿色发展机会。当自上而下的环境变革压力与自下而上的社会变革动力有效结合时，农村小微企业的绿色环境行为实践才能持续，基层环境政策规制目标才可真正实现。

参考文献

一、中文文献

白艳娟、谢思全，2012，《中小企业可持续发展探析——以天津市中小企业为例》，《求知》第5期。

包庆德、夏承伯，2010，《生态位：概念内涵的完善与外延辐射的拓展——纪念"生态位"提出100周年》，《自然辩证法研究》第11期。

包双叶，2014，《社会转型，时空压缩与生态文明建设》，《华东师范大学学报（哲学社会科学版）》第4期。

包智明、陈占江，2011，《中国经验的环境之维：向度及其限度——对中国环境社会学研究的回顾与反思》，《社会学研究》第6期。

蔡拓，2000，《 可持续发展的历史向度与当代中国社会转型》，《文史哲》第5期。

蔡欣怡，2013a，《后街金融》，杭州：浙江人民出版社。

蔡欣怡，2013b，《绕过民主》，杭州：浙江人民出版社。

陈阿江，2008，《水污染事件中的利益相关者分析》，《浙江学刊》第4期。

陈洪燕、汤鹏主，2012，《乡镇企业的环境污染问题及其对策分析》，《经济研究导刊》第31期。

陈辉，2015，《过日子：农民的生活伦理》，北京：社会科学文献出版社。

陈吉宁，2018，《着力解决突出环境问题：认真学习宣传贯彻党的十九大精神》，《人民日报》1月11日，第7版。

陈吉元，1989，《乡镇企业模式研究》，北京：中国社会科学出版社。

陈剑波，1995，《乡镇企业的产权结构及其对资源配置效率的影响》，《经济研究》第30期。

陈涛、左茜，2010，《"稻草人化"与"去稻草人化"——中国地方环保部门角色式微及其矫正策略》，《中州学刊》第4期。

陈向明，2000，《质的研究方法与社会科学研究》，北京：教育科学出版社。

陈兴荣、余瑞祥、向进东，2012，《企业主动环境行为动力机制研究》，《统计与决策》第5期。

陈兴荣、刘鲁文、余瑞祥，2014，《企业主动环境行为驱动因素研究》，《软科学》第3期。

陈占江，2017，《迈向行动的环境社会学——基于反思社会学的视角》，《社会学研究》第3期。

陈宗仕、郑路，2015，《制度环境与民营企业绩效：种群生态学和制度学派结合视角》，《社会学研究》第3期。

程鹏立、钟军，2013，《环境社会学的理论起源与发展》，《生态经济》第4期。

程天权、杨志，2012，《关于低碳经济发展若干问题的思考》，《经济纵横》第9期。

大卫·皮尔斯，等，1996，《绿色经济的蓝图》，何晓军译，北京：北京师范大学出版社。

戴维·波普诺，2000，《社会学》，李强等译，北京：中国人民大学出版社。

邓峰，2008，《基于不完全执行污染排放管制的企业与政府博弈分析》，《预测》第1期。

定州市水利志编撰委员会，1998，《定州市水利志》，定州：定州市印刷厂。

定州市工商行政管理局编委会，1989，《定州经济》，定州：定州市印刷厂。

定州市农牧局，2011，《定州市耕地资源评价与利用》，石家庄：河北人民出版社。

定州市地方志编纂委员会,2016,《定州市志(1990—2008)》,北京:九州出版社。
定州市地方志编纂委员会,2013,《定州市志(2013)》,北京:九州出版社。
樊根耀、曹卓,2008,《自律式环境管理及其制度基础》,《技术经济与管理》第5期。
费孝通,2014,《江村经济:中国农民的生活》,北京:商务印书馆。
冯克,2008,《中国特色农村工业化的成功实践——乡镇企业改革发展30年成就综述》,《农民日报》12月18日。
国家环境保护局自然保护司,1995,《中国乡镇工业环境污染及其防治对策》,北京:中国环境科学出版社。
关劲峤,等,2005,《太湖流域印染业企业环境行为分析》,《湖泊科学》第4期。
郭琰,2008,《环境正义与中国农村环境问题》,《学术论坛》第7期。
郭晓鸣、刘平,1995,《中国乡镇企业:历史回顾与结构分析》,《社会科学研究》第3期。
河北省定县地名办公室,1983,《定县地名资料汇编》,非公开出版物。
贺灿飞,等,2010,《城市可持续发展和企业的环境行为:对昆明市企业环境行为的分析》,《城市发展研究》第7期。
何劭玥,2017,《国有企业环境行为的影响因素:一项个案研究》,北京:中国人民大学,博士学位论文。
洪大用,1999,《当代中国环境问题的八大社会特征》,《教学与研究》第8期。
洪大用,2000,《当代中国社会转型与环境问题——一个初步的分析框架》,《东南学术》第5期。
洪大用,2001,《社会变迁与环境问题:当代中国环境问题的社会学阐释》,北京:首都师范大学出版社。
洪大用,2005,《中国城市居民的环境意识》,《江苏社会科学》第1期。
洪大用,2007a,《中国民间环保力量的成长》,北京:中国人民大学出版社。
洪大用,2007b,《中国环境社会学——一门建构中的学科》,北京:社会科学文献出版社。
洪大用,2007c,《环境社会学与环境友好型社会建设》,《中国人民大学学报》第1期。
洪大用,2016,《复合型环境治理的中国道路》,《中共中央党校学报》第3期。
洪大用,2017a,《企业行为与绿色发展》,《广西民族大学学报(哲学社会科学版)》第6期。
洪大用,2017b,《环境社会学:事实、理论与价值》,《思想战线》第1期。
洪大用、黄家亮、杨峥威,2016,《定县调查的社会学意义》,《社会建设》第5期。
洪大用、马芳馨,2004,《二元社会结构的再生产——中国农村面源污染的社会学分析》,《社会学研究》。
洪大用、马国栋,等,2014,《生态现代化与文明转型》,北京:中国人民大学出版社。
胡隆基、李彩霞、密启慧,2011,《战略小生境管理理论研究综述》,《湖北社会科学》第11期。
湖南大学教育组,1973,《冷拔低碳钢丝热处理的初步试验》,《施工技术》第11期。
贾凤姿、杨驭越,2010,《中国农村环境问题的成因透析》,《辽宁大学学报(哲学社会科学版)》第

3 期。
荆学民，2001，《 现代社会转型的性质、运演和趋势》，《上海行政学院报》第 4 期。
卡尔·波兰尼，2007，《大转型：我们时代的政治与经济起源》，冯钢、刘阳译，杭州：浙江人民出版社。
蕾切尔·卡森，2007，《寂静的春天》，吕瑞兰、李长生译，上海：上海译文出版社。
蓝庆新、韩晶，2012，《中国工业绿色转型战略研究》，《经济体制改革》第 1 期。
李佰帆、李胜霞、谢合明，2015，《小微企业的起源及界定——一个文献综述》，《商场现代化》第 7 期。
李炳贵，2002，《“生态人”的人性假设在管理学中的价值》，《中国煤炭经济学院学报》第 2 期。
李光耀，2008，《生态位理论及其应用前景综述》，《安徽农学通报》第 7 期。
李国平、张文彬，2013，《地方政府环保激励模型设计——基于博弈和合谋的视角》，《中国地质大学学报(社会科学版)》第 6 期。
李景汉，1986，《定县社会概况调查(重印本)》，北京：中国人民大学出版社。
李友梅、刘春燕，2001，《环境社会学》，上海：上海大学出版社。
刘佳宁，2013，《传统产业绿色转型路径》，《开放导报》第 5 期。
刘凌，2017，《河北定州农村小微企业绿色转型的过程性研究》，《广西民族大学学报(哲学社会科学版)》第 6 期。
刘凌，2018，《政企协作破解农村小微企业环保困局》，《中国社会科学报》第 6 期。
龙文滨、李四海、邢丹茹，2017，《行业协会与中小企业环境表现：一个非正式环保规制效应的视角》，《中国行政管理》第 12 期。
陆新元，等，2006，《对当前农村环境保护问题的研究》，《环境科学研究》第 2 期。
罗文兵、金漩子，2015，《利益相关者对企业环境行为的影响研究》，《湖南工业大学学报(社会科学版)》第 1 期。
马国栋，2014，《生态现代化理论产生和发展的理论背景分析》，《南京工业大学学报(社会科学版)》第 3 期。
马小明、赵月炜，2005，《环境管制政策的局限性与变革——自愿性环境政策的兴起》，《中国人口·资源与环境》第 6 期。
马云泽，2010，《当前中国农村环境污染问题的根源及对策——基于规制经济学的研究视角》，《广西民族大学学报(哲学社会科学版)》第 1 期。
孟庆峰，等，2010，《企业环境行为影响因素研究现状及发展趋势》，《中国人口·资源与环境》第 9 期。
鸟越皓之，2009，《环境社会学：站在生活者的角度思考》，宋金之译，北京：中国环境科学出版社。
聂辉华、李金波，2006，《政企合谋与经济发展》，《经济学季刊》第 1 期。
潘绥铭、姚星亮、黄盈盈，2010，《论定性调查的人数问题：是“代表性”还是“代表什么”的问题——“最大差异的信息饱和法”及其方法论意义》,《社会学研究》第4期。
庞玉珍、孟丽君,2010,《社会转型视角下中国环境难题的破解——以D市为例》,《中共青岛市委党校青岛行政学院学报》第1期。
彭海珍、任荣明,2003,《环境政策工具与企业竞争优势》,《中国工业经济》第7期。
彭星、李斌,2016,《不同类型环境规制下中国工业绿色转型问题研究》,《财经研究》第7期。
皮埃尔·布迪厄、华康德,2004,《实践与反思——反思社会学导引》,李猛、李康译,北京:中央编译出版社。
齐晔,2014,《京津冀绿色转型的战略意义》,《人民论坛》第15期。
邱泽奇,1999,《乡镇企业改制与地方威权主义的终结》,《社会学研究》第3期。
渠敬东,2013,《占有、经营与治理:乡镇企业的三重分析概念(下)——重返经典社会科学研究的一项尝试》,《社会》第2期。
曲格平,1998,《中国的工业化与环境保护》,《中国人口·资源与环境》第2期。
任红艳、李琪,2002,《乡镇企业环境污染的经济分析》,《中国乡镇企业》第1期。
任晓冬、高新才,2010,《中国农村环境问题及政策分析》,《经济体制改革》第3期。
任义科,2015,《社会小生境的概念、特征及其结构演化》,《广东社会科学》第3期。
邵建新,2009,《加强环境保护,促进热镀锌行业的绿色可持续发展》,第八届中国热镀锌技术交流会,青岛。
沈灏、魏泽龙、苏中锋,2010,《绿色管理研究前沿探析与未来展望》,《外国经济与管理》第11期。
石敏俊,等,2015,《中国经济绿色转型的轨迹——2005—2010年经济增长的环境成本》,北京:科学出版社。
石云霞,1996,《“社会转型”论辨析》,《真理的追求》第6期。
Stefan Ambec、Philippe Barla、张红凤,2007,《环境规制对企业有好处吗——对波特假说的一个检验》,《国家行政学院学报》第6期。
宋伟、闫俊,2012,《社会转型与中小企业行为逻辑关联探析》,《商业研究》第6期。
石英,2015,《质性社会学论纲》,《人文杂志》第6期。
苏杨、林家彬,2004,《中国中小企业污染治理的技术经济约束分析及政策建议》,《中国科技论坛》第5期。
孙健,2004,《管理学视野中的生态和谐人假设及其实现》,《西北大学学报(社会科学版)》第5期。
孙立平,2018,《孙立平:关于民营经济发展的几点看法》,微信公众号:孙立平社会观察。
王道勇,2007,《现代性延展与社会转型——从概念体系角度考察社会转型论与社会互构论的统合性》,《学习与实践》第2期。
王帆宇,2014,《社会转型的时空压缩性特征对我国生态文明的影响》,《山东青年政治学院学报》第3期。

王芳,2007,《理性的困境:转型期环境问题的社会根源探析——环境行为的一种视角》,《华东理工大学学报(社会科学版)》第1期。

王凤、程志华,2015,《员工环境行为对企业环境行为影响因素的实证研究》,《西北大学学报(哲学社会科学版)》第2期。

王凤林、孟繁隆、王炳新,1988,《乡镇企业经济学概论》,北京:新时代出版社。

王华,2000,《污染控制的信息手段及其在中国的应用》,《中国环境科学》第3期。

王婧,2016,《牧区的抉择:内蒙古一个旗的案例研究》,北京:中国社会科学出版社。

王娟,2009,《乡村工业污染中的环境抗争:东井村个案研究》,《学海》第2期。

王娟,2016,《乡村工业污染的演绎与阐释》,北京:中国社会科学出版社。

王霖,2015,《中国环境政策研究进展》,《环境与可持续发展》第1期。

王宁,2002,《代表性还是典型性?——个案的属性与个案研究方法的逻辑基础》,《社会学研究》第5期。

王钦广,2014,《农村小微企业融资难:成因及对策》,《理论与改革》第3期。

王社坤,2008,《农村环境:被法律遗忘的角落?》,《世界环境》第1期。

王西琴、李蕊舟、李兆捷,2015,《我国农村环境政策变迁:回顾、挑战与展望》,《现代管理科学》第10期。

王晓纲,2003,《对实施工业企业环境行为信息公开化制度的探讨》,《甘肃环境研究与监测》第3期。

王雅林,2003,《中国社会转型研究的理论维度》,《社会科学研究》第1期。

王遥、潘冬阳,2015,《中国经济绿色转型中的金融市场失灵问题与干预机制研究》,《中央财经大学学报》第11期。

王宜虎、陈雯,2007,《工业绿色化发展的动力机制分析》,《华中师范大学学报(自然科学版)》第1期。

王玉良,2015,《广西社会转型与生态文明建设研究》,《环境科学与管理》第11期。

王远,等,2000,《污染控制信息手段——镇江市工业企业环境行为信息公开化》,《中国环境科学》第6期。

王远、陆根法、钱瑜,1999,《企业环境行为信息公开化研究初探》,《上海环境科学》第12期。

温宇,2008,《遏制我国乡镇企业工业污染对策研究》,北京:中国石油大学,硕士学位论文。

夏光,2001,《论环境政策转型》,第二届环境保护市场化暨资本运营与环保产业发展高级研讨会,深圳。

夏龙池、王玲,2000,《调整乡镇企业环境行为,腾出更大空间发展经济》,《资源与产业》第10期。

谢立中,2015,《超越个人与社会之间的二元对立——"社会转型论"理论意义浅析》,《社会学研究》第5期。

徐易伟、栾胜基,2004,《西部企业环境行为现状及改善途径研究》,《环境保护》第6期。

许芳、李建华，2004，《企业生态位原理探析》，《求索》第7期。

荀丽丽、包智明，2008，《生态移民过程中的政府、市场与家户》，《中国社会科学（英文版）》第1期。

杨丽杰、包庆德，2016，《环境悬崖：社会转型发展与生态文明建设——"环境悬崖与社会转型发展学术论坛"主要学术观点述评》，《哈尔滨工业大学学报（社会科学版）》第1期。

杨敏，2006，《社会互构论：从差异走向认同的追求》，《江苏社会科学》第1期。

杨宜、陶秋燕、董焱，2009，《中小企业成长与发展前沿问题研究》，北京：中国经济出版社。

杨志蓉、刘慧乐，2013，《中国制造商集群的绿色小生境研究》，《循环经济》第10期。

叶扬，2004，《苏南模式——乡镇企业发展的经济学分析》，《中国乡镇企业》第8期。

佚名，1985，《贯彻国务院指示 防治乡镇企业污染》，《甘肃环境研究与监测》第2期。

约翰·汉尼根，2009，《环境社会学（第二版）》，洪大用等，译，北京：中国人民大学出版社。

余瑞祥、朱清，2009，《企业环境行为研究的现在与未来》，《工业技术经济》第8期。

詹姆斯·斯科特，2013，《农民的道义经济学：东南亚的反叛与生存》，程立显、刘建等译，南京：译林出版社。

章辉美，2004，《社会转型与社会问题》，长沙：湖南大学出版社。

郑杭生、杨敏，2003，《社会互构论的提出：对社会学学术传统的审视和快速转型期经验现实的反思》，《中国人民大学学报》第4期。

郑杭生、杨敏，2010，《社会互构论：世界眼光下的中国特色社会学理论的新探索——当代中国"个人与社会关系研究"》，北京：中国人民大学出版社。

郑杭生，1996a，《中国社会转型中的社会问题》，北京：中国人民大学出版社。

郑杭生，1996b，《转型中的中国社会和中国社会的转型》，北京：首都师范大学出版社。

郑杭生，1996c，《当代中国农村社会转型的实证研究》，北京：中国人民大学出版社。

郑杭生，1997，《当代中国社会结构和社会关系研究》，北京：首都师范大学出版社。

中华环境保护基金会，1998，《中国公众环境意识初探》，北京：中国环境科学出版社。

中国环境与发展国际合作委员会秘书处，2010，《绿色转型·科学发展的战略思考》，北京：中国环境科学文献出版社。

中国国情丛书编辑室，1991，《中国国情丛书——百县市经济社会调查（定州卷）》，北京：中国大百科全书出版社。

周伟文，2010，《中国国情丛书——百县市经济社会追踪调查（定州卷）》，北京：社会科学文献出版社。

张斐男，2017，《当代中国环境问题研究的理论范式》，《南京工业大学学报（社会科学版）》第3期。

张光明、谢寿昌，1997，《生态位概念演变与展望》，《生态学杂志》第6期。

张洪、司家慧、孙雨茜，2007，《基于三方博弈的供应链核心企业环境成本内部化研究》，《哈尔滨商业大学学报(社会科学版)》第3期。
张建君,2005,《政府权力、精英关系和乡镇企业改制——比较苏南和温州的不同实践》,《社会学研究》第5期。
张劲松,2008,《企业环境行为信息公开及其评价模型研究》,《科技管理研究》第12期。
张俊、钟春平,2014,《政企合谋与环境污染——来自中国省级面板数据的经验证据》,《华中科技大学学报(社会科学版)》第4期。
张倩、曲世友,2013,《环境规制下政府与企业环境行为的动态博弈与最优策略研究》,《预测》第4期。
张世文、张文贤,1984,《社会调查概要》,重庆:重庆出版社。
张世文,1991,《定县农村工业调查》,成都:四川民族出版社。
张卫东、汪海,2007,《我国环境政策对经济增长与环境污染关系的影响研究》,《中国软科学》第12期。
张玉林,2006,《政经一体化开发机制与中国农村的环境冲突》,《探索与争鸣》第5期。
张跃胜、袁晓玲,2015,《环境污染防治机理分析:政企合谋视角》,《河南大学学报(社会科学版)》第4期。
张哲强,2012,《绿色经济与绿色发展》,北京:中国金融出版社。
赵凡,2013,《社会转型与生态文明的辩证关系探讨》,《经济研究导刊》第33期。
赵金山、田翠琴、李澍卿,1999,《社会转型的总体方向与可持续发展研究》,《河北学刊》第6期。
赵红,2008,《环境规制对企业技术创新影响的实证研究——以中国30个省份大中型工业企业为例》,《软科学》第6期。
赵君、蔡翔、赵书松,2015,《农村小微企业集群的基本特征、发展因素与管理策略》,《农业经济问题》第1期。
郑德凤、臧正、孙才志,2015,《绿色经济、绿色发展及绿色转型研究综述》,《生态经济》第2期。
中国社会科学院工业经济研究所课题组,2011,《中国工业绿色转型研究》,《中国工业经济》第4期。
周雪光,2009,《基层政府间的"共谋现象"——一个政府行为的制度逻辑》,《开放时代》第12期。
周雪光,2012,《运动型治理机制:中国国家治理的制度逻辑再思考》,《开放时代》第9期。
周雪光,2013,《社会建设之我见:趋势、挑战与契机》,《社会》第3期。
周雪光,2014,《中国国家治理及其模式:一个整体性视角》,《学术月刊》第10期。
周飞舟,2013,《回归乡土与现实:乡镇企业研究路径的反思》,《社会》第3期。
朱春全,1993,《生态位理论及其在森林生态学研究中的应用》,《生态学杂志》第4期。
庄悦群,2005,《从生态位到可持续发展位:概念的演进》,《中国人口·资源与环境》第4期。
邹伟进、胡畔,2009,《政府和企业环境行为:博弈及博弈均衡的改善》,《理论月刊》第6期。
邹伟进、裴宏伟、王进,2014,《基于委托代理模型的企业环境行为研究》,《中国人口·资源与环境》第 s1 期。

二、外文文献

Ajzen I. 1991. "The theory of planned behavior, Organizational Behavior and Human Decision Processes." *Journal of Leisure Research* 50(2): 176-211.

Bansal P, Roth K. 2000. "Why companies go green: a model of ecological responsiveness." *Academy of Management Journal* 43(4):717-736.

Biglan A. 2009. "The Role of Advocacy Organizations in Reducing Negative Externalities." *Journal of Organization Behavior management* 29(3-4): 215-230.

Bonnie F, Huang Su-chun. 2001. "Achieving sustainability through attention to human resource factors in environmental management." *International Journal of Operations & Production Management* 21(12):1539-1552.

Buysee K, Verbeke A. 2003. "Proactive environmental strategies: A stakeholder management perspective." *Strategic Management Journal* 24(5):453-470.

Claver E, et al. 2007. "Environmental management and firm performance: A case study." *Journal of Environmental Management* 43(4):606-619.

Cordano M, Scott Marshall R, Silverman M. 2010. "How do Small and Medium Enterprises Go "Green": A Study of Environmental Management Programs in the US Wine Industry." *Journal of Business Ethics* (3):463-478.

Dasgupta S, Laplante B, Mamingi N, et al. 2001. "Inspections, Pollution Prices, and Environmental Performance: Evidence from China." *Ecological Economics* 36(3): 487-498.

Debby F, Feitelson E. 2007. "Factors Affecting Environmental Behavior in Micro-enterprises Laundry and Motor Vehicle Repair Firms in Jerusalem." *International Small Business Journal* 25(4):383-415.

Freimann J, Walther M. 2001. "The impacts of corporate environmental management systems: a comparison of EMAS and ISO 14001." *Greener Management International* (36):91-103.

Gabor Harangozo, Sandor Kerekes, Agnes Zsoka. 2010. "Environmental management practices in the manufacturing sector-Hungarian features in international comparison."*Journal for East European Management Studies* (4):312-359.

Gray B, Deily E, Wayne B, et al. 1996. "Compliance and Enforcement: Air Pollution Regulation in the U. S. Steel Industry." *Journal of Environmental Economics and Management* 31(1): 96-111.

Graham D, Woods N 2006. "Making Corporate Self-regulation Effective in Developing Countries." *World Development* 34(5): 868-883.

Gregory Theyel. 2000. “Management practices for environmental innovation and performance.” *International Journal of Operations & Production Management* 20(2):249-266.

Guagnano G A, Stern P C, Dietz T. 1995. “Influences on attitude-behavior relationships: a natural experiment with Curb side recycling.” *Environment and Behavior* (27): 699-718.

Hart S L. 1995. “A natural resource based view of the firm.” *Academy of Management Review* 20(4).

Hart S L. 1997. “Beyond greening: strategies for a sustainable world.” *Harvard Business Review* 75(1): 66.

He Pan, Zhang Bing. 2018. “Environmental Tax, Polluting Plants' Strategies and Effectiveness: Evidence from China.” *Journal of Policy Analysis and Managemen* 37(3): 493-520.

Henri J-F, Journeault M. 2008. “Environmental performance indicators: An empirical study of Canadian manufacturing firms.” *Journal of Environmental Management* 87(1): 165-176.

Hines J M, Hungerford H R, Tomera A N. 1986. “Analysis and synthesis of research on responsible environmental behavior: a meta-analysis.” *Journal of Environmental Education* 18(2): 1-8.

Huq M, Wheeler D. 1992. *Pollution Reduction Without Formal Regulation: Evidence from Bangladesh*. The World Bank.

Johnston D, Lowe R, Bell M. 2005. “An exploration of the technical feasibility of achieving CO_2 emission reduction in excess of 60% within the UK housing stock by the year 2050.” *Energy Policy* 33(13): 1643-1659.

L M Andersson, T S Bateman. 2000. “Individual environmental initiative: championing natural environmental issues in US business organizations.” *Academy of Management Journal* 43(4): 548-570.

Li Ruiqian, Ramanathan, Ramakrishnan. 2018. “Exploring the relationships between different types of environmental regulations and environmental performance: Evidence from China.” *Journal of Cleaner Production* (196): 1329-1340.

Mark Cordano, Irene Hanson Frieze. 2000. “Pollution Reduction Preferences of U. S. Environmental Managers: Applying Ajzen's Theory of Planned Behavior.” *Academy of Management* 43(4):627-641.

McDonough W, William. 2002. *Cradle to Cradle: Remaking the Way We Make Things*. New York: North Point Press.

Mikaa Ilomakia, Mattib Melanen. 2001. “Waste minimization in small and medium-sized enterprises do environmental management systems help.” *Journal of Cleaner Production* 9(3): 209-217.

Mol A. 1995. "The Refinement of Production: Ecological Modernization Theory and the Chenmical Industry." *Environmental Impact Assessment Review* 16(1):57-61.

Moneva J M, Ortas E. 2010. "Industrial Management and Data Systems." *Wembley* (2): 193-210.

Pearce D W, Hamilton K, Atkinson G. 1996. "Measuring sustainable development: Progress on indicators." *Environment and Development Economics* 1(1): 85-101.

Porter M E, van der Linde C. 1995a. "Toward a New Conception of the Environment-competitiveness Relationship." *Journal of Economic Perspectives* 9(4):97-118.

Porter M E, van der Linde C. 1995b. "Green and competitive: Ending the stalemate." *Harvard Business Review* 73(5): 120-134.

Renato J. 2006. "Competitive Environmental Strategy: When Does It Pay To Be Green." *California Management Review* 48(2):127-143 .

Rozanova J. 2006. "Portrayals of corporate social responsibility: A comparative analysis of a Russian and a Canadian newspaper." *Journal for East European Management Studies* 11(1): 48-71.

Rui Mu. 2018. "Role of Law,Position of Actor and Linkage of Policy in China's National Environmental Governance System,1972—2016." *Sustainability* 4(10): 1065.

Sarkar Runa. 2012. "Public Policy and Corporate Environmental Behaviour: a Broader View." *Corporate Social Responsibility & Environmental Management* 15(5):281-297.

Sharma S. 2000. "Managerial interpretations and organizational context as predictors of corporate choice of environmental strategy." *Academy of Management Journal* 43(4):681-697.

Scholtens B. 2006. "Finance as a Driver of Corporate Social Responsibility." *Journal of Business Ethics* 68(1): 19-33.

Sheoli Pargal, David Wheeler. 1996. "Informal Regulation of Industrial Pollution in Developing Countries: Evidence from Indonesia." *Journal of Political Economy* 104(6):1314-1327.

Shi Xinzheng, Xu Zhufeng. 2018. "Environmental regulation and firm exports: Evidence from the eleventh Five-Year Plan in China." *Journal of Environmental Economics and Management* (89):187-200.

Stanwick P A, Stanwick S A. 1998. "The Relationship between Corporate Social Performance, and Organizational Size, Financial Performance, and Environmental Performance: An Empirical Examination." *Journal of Business Ethics* 17(2): 195-204.

Stefan S. 1999. "Energy and Carbon Taxes and Their Distributional Implications." *Energy Policy* 27(11):659-667.

Susmita Dasgupta, Benoit Laplante et al. 2001. "Inspections, Pollution Prices, and Environmental performance: evidence from China, Ecological Economics." 36(3): 487-498.

Swanson K E, Kuhn R G, Xu W. 2001. "Environmental policy implementation in rural China: a case study of Yuhang, Zhejiang." *Environmental Management* 27(4): 481-491.

Valentine S V. 2012. "Policies for Enhancing Corporate Environmental Management: a Framework and an Applied Example." *Business Strategy and Environment* 21(5): 338-350.

Wang Hua, Jin Yanhong. 2007. "Industrial Ownership and Environmental Performance: Evidence from China." *Environmental and Resource Economics* 36(3): 255-273.

Wu Jiawei, Wei Yehua Dennis Chen, Wen et al. 2019. "Environmental regulations and redistribution of polluting industries in transitional China: Understanding regional and industrial differences." *Journal of Cleaner Production* (206):142-155.

Zhang Bing, Chen Xiaolan, Guo Huanxiu. 2018. "Does central supervision enhance local environmental enforcement? Quasi-experimental evidence from China." *Journal of Public Economics August* (164):70-90.

Zhang Lei, Mo Arthur P J, He Guizhen. 2016. "Transparency and information disclosure in China's environmental governance." *Current Opinion in Environmental Sustainability* (18):17-24.

后记

当这份书稿交付后，我很忐忑。自认为本书在诸多方面不甚完善，有些研究问题思考得比较浅，理论深度有还有缺憾，故事阐述也不太精彩……所以，我先在此对阅读本书的读者致歉，并致谢，也希望通过介绍本书成形的过程，能为读者理解书中的故事有些许帮助。

因项目调研（详见本书第一章）的契机，我于2016年年初前往李镇（曾是定州经济发展最好的乡镇）开展为期一周的乡村基本情况调查。其间，我了解到李镇的铁网加工产业已有数十年历史，且形成了一定规模效应。更让我吃惊的是，当地绝大部分铁网产品远销海外市场，同时，该镇虽远离县城，却是人口流入地，这意味着当地几乎没有留守群体。这在我的家乡湖南并不多见。由于我的硕士论文关注农村留守现象，而我又非常认同解决留守问题的最佳方案之一是促进乡镇经济繁荣，让农村剩余劳动力在地就业。因此，最初我感兴趣的是“李镇铁网产业发展壮大的社会机制”，不过，我很快发现一个更有意思且与环境社会学直接相关的现实问题——铁网企业的环保危机，即在中央环保督察组进驻河北省期间，李镇铁网企业均被强制停产，要求进行环保升级改造。这意味着铁网产业旧有的生产方式无法继续，铁网企业何去何从？

后来，我请洪老师帮助解答调研过程中的一些困惑和选题设想，洪老师鼓励我：“绿色发展背景下的中小企业转型是个好题目，不一定要大污染、大环保，就事论事是可以的。”再后来，在项目组及社会调查与实践教学基地工作人员的全力支持下，我在田野开展为期半年的驻点调研。关于调研的具体过程在本书第一章第三节研究方法部分有详细介绍，此处不再赘述。

此外，在驻点调研之后，我与定州乡镇干部、铁网企业主等均保持线上联络，同时，除2018年没去定州调研外，基本上，每年我都会抽出一周左右的时间，再回到定州。一是去高李两镇做调研回访；二是追踪铁网产业绿色发展的新情况，比如：污水集中处理改造的推进、拆违建过程、铁网协会的组织化等；三是尝试在定州其他乡镇或其他农村产业做环境社会学相关的调研。考虑到与农村小微企业绿色转型相关的各种力量及其相互关系并未有实质转变或明显增减，后期调研的内容补充与否对于理解和阐释本书的核心问题并不会产生很大差别，因此，我未再在本书第五章中增加新内容。

我大致在2017年秋完成研究资料的收集、整理工作，并于当年10月下旬开始写作，完成初稿已是2018年春末，最终修改、提交终稿，交付出版已是2020年春。可见我的修改周期是比较长的，这与解决理论视角的选择问题有关。

我在初稿完成的时候，理论视角的选择问题没有解决好，这个问题在后期解决起来异常艰难。洪老师在我形成写作框架时，就指出“分析框架很清晰，但似乎缺少灵魂，比如有无可能用一个核心概念总领理论问题和研究框架”，并建议我尝试从社会互构论进行探索。同时，同行的老师们也在这方面给出了相应的修改建议，其中，肖晨阳老师（美利坚大学教授，中国人民大学兼职教授）与我就理论视角、创新概念、理论对话等进行了深入的讨论，给我提供了诸多支持和帮助。我虽积极检索文献，恶补社会互动相关理论，但未能形成较完善的修改思路，在经过漫长且煎熬的思考后，最终选择从社会转型论来阐释农村小微企业的绿色转型实践。实事求是地讲，书中理论视角的运用，以及理论分析与研究问题的结合度仍有待提升，但是，在书稿修订过程中，我终究没能鼓起勇气将它作彻底的改进，这是本书的遗憾。

行文至此，絮絮叨叨，大致将本书的形成过程作了交待。回顾过去漫长，但又感觉过得很快的六年，首先，我要向在本书成形过程中给我提供无限支持的诸位师友致以最深的感恩。我资质愚钝、专业基础薄弱，诸位师友的无私帮助和关怀，陪伴、鼓励和帮助，让我这六年忘却了煎熬，感到温暖和力量。能得到前辈们的指点和帮助，能与学友同行、共学是我莫大的幸运。他们是：洪大用、冯仕政、黄家亮、陆益龙、刘少杰、郭星华、肖晨阳、吴蕾、隋玉杰、杨伟民、张会平、何欣、潘绥铭、郝大海、王水雄、房莉杰、吕鹏、章东辉、时立荣、刘爱玉、王晓毅、李锁成、樊丽萍、侯荣庭、唐颖、何劭玥、卢春天、马国栋、范叶超、罗桥、吴柳芬、孙莹、张斐男、龚文娟、彭远春、童志锋、顾海娥、李阳、杨峥威、王飞、何钧力、刘齐、江沛、谭芷晔、赵国栋、梁健、朱斌、郑日强、朱展仪、张龙、龚尤倩、陆玲玲、胡莹、刘诣，等等，未能全部列出为歉。

其次，由衷感谢在田野调研过程中给我提供直接支持的政府工作人员、铁网企业主、作坊主、农商行工作人员等受访者和引路人。他们不仅坦诚地分享自己的记忆、观点和企盼，而且不遗余力地为我提供研究便利，没有他们的理解、信任和帮助，我不可能完成调研。这份特殊的乡土恩情我永存于心。

此外，我的家人自始至终给予我无限理解、支持和关爱，本书的出版离不开家庭这个温暖和坚实的后盾，这是我此生最幸运之事。我的父母本到了受子女奉养的年纪，却义无反顾地把自己“捆绑”在照料孙辈的繁重家务上。母亲是我所见最勤快、最自律的人之一，也是鞭策我前行莫大的动力。我的爱人曾在假期陪同我前往定州调研，他还时常发挥专业优势，帮我解决电脑操作方面的“燃眉之急”。

最后，我想感谢自己的努力和坚持。自知在研究和写作上还有很多需要提升的地方，此书仅是继续前行的见证，未来仍将脚踏实地以期在教研上有所长进。但愿，我奋力向前迈出的每一步，都能靠近自己向往的模样，如此才不负一路的追逐和坚持。

致敬过去六年里每一个平凡的日子！

感恩曾给予我莫大帮助的每一位师友！

谨以此书作为纪念。

刘 凌

2021 年 5 月